DICAS DE SEXO DE ASTROS DO ROCK
POR ELES MESMOS

DICAS DE SEXO DE ASTROS DO ROCK
POR ELES MESMOS

PAUL MILES

Tradução
Patrícia Azeredo

1ª edição

CIP-BRASIL. CATALOGAÇÃO-NA-FONTE
SINDICATO NACIONAL DOS EDITORES DE LIVROS, RJ.

Miles, Paul, 1969-
M588d   Dicas de sexo de astros do rock / Paul Miles; tradução: Patrícia Azeredo. – Rio de Janeiro: BestSeller, 2012.

Tradução de: Sex tips from rock stars
ISBN 978-85-7684-544-7

1. Sexo. 2. Músicos de rock – Comportamento sexual. I. Título.

11-4304.   CDD: 306.7
                                                                CDU: 392.6

Texto revisado segundo o novo Acordo Ortográfico da Língua Portuguesa.

Título original norte-americano
SEX TIPS FROM ROCK STARS
Copyright © 2010 by Paul Miles
Copyright da tradução © 2012 by Editora Best Seller Ltda.

Publicado mediante acordo com Omnibus Press, 14-15 Berners Street, London W1T3LJ, England.

Capa: Bárbara Abbês
Editoração eletrônica: Ilustrarte Design e Produção Editorial

Todos os direitos reservados. Proibida a reprodução, no todo ou em parte, sem autorização prévia por escrito da editora, sejam quais forem os meios empregados.

Direitos exclusivos de publicação em língua portuguesa para o Brasil adquiridos pela
EDITORA BEST SELLER LTDA.
Rua Argentina, 171, parte, São Cristóvão
Rio de Janeiro, RJ – 20921-380
que se reserva a propriedade literária desta tradução

Impresso no Brasil

ISBN 978-85-7684-544-7

Seja um leitor preferencial Record.
Cadastre-se e receba informações sobre nossos lançamentos e nossas promoções.

Atendimento e venda direta ao leitor
mdireto@record.com.br ou (21) 2585-2002

ÍNDICE

Prefácio 6
Apresentação: Por que os astros do rock pegam as melhores? 8
Os astros do rock 10
Beleza & atração 22
Roupas & lingerie 38
Cópula 46
Locais ousados 56
Namoro & conquista 65
Divórcio 78
Drogas & álcool (& impotência) 88
Aumentos & extensões 102
Fetiches & fantasias 116
Preliminares & excitação 128
Groupies 140
Higiene & aparência 154
Beijos & carícias 166
Casamento 174
Masturbação (autoerotismo) 185
Sexo pago 194
Sexo sem compromisso 203
Sexo oral 211
Romance & conquista 220
Sexo seguro (contraceptivos & DSTs) 230
Preferência sexual (hetero & homo) 239
Como melhorar a técnica 249
Brinquedos & ferramentas 252
Virgindade 260
O perfil da parceira preferida 269
Agradecimentos 271

PREFÁCIO

O poder de um astro do rock em cima do palco é algo inexplicável. O próprio artista entra em um estágio diferente da existência, se transforma, inspira o público a sair daquela realidade em que se encontra, e ele mesmo, o astro, está fora de seu corpo. Junto aos efeitos especiais, luzes e o alto volume, estão ali verdadeiros deuses.

Desde as rebolabas inocentes – ou não – de Elvis Presley na longínqua década de 1950, que fizeram surgir os primeiros suspiros e gritinhos das adolescentes americanas, o "rock star" foi se tornando um deus real, inspirando os homens a serem iguais a ele e as mulheres a sonharem com pelo menos um simples beijo do ídolo. Logo depois vieram os Beatles e a incrível beatlemania. Foi a partir daí que as coisas começaram a tomar uma proporção nunca vista antes, com mulheres gritando loucamente, causando tumultos em qualquer lugar que os cabeludos de Liverpool estivessem, chegando ao cúmulo de eles mesmos abdicarem os palcos por não conseguirem se ouvir, tamanho era o barulho das loucas da plateia.

A atitude desses roqueiros ajudou a derrubar muitos tabus na sociedade fechada e hipócrita da época. Eles deixaram os cabelos crescer, começaram a usar roupas mais apertadas e a mulherada começou a se soltar, a querer mais. Queriam ter um pedaço do ídolo, fazer parte da vida do mito de qualquer maneira.

Na década de 1970, as coisas ficaram realmente abertas. As drogas chegaram, os cabelos e as barbas cresceram ainda mais, a maquiagem ficou pesada e o sexo livre se tornou o esporte preferido. O sentimento de liberdade era intenso, e tanto os rock stars quanto os fãs queriam experimentar de tudo. Nasceram aí as groupies, parte essencial em qualquer show de rock que se preze. Elas estavam lá para chegar aos camarins de qualquer jeito, dispostas a satisfazer todos os desejos sexuais dos deuses do rock, sempre prontos para recebê-las. As experiências sexuais e suas consequências começaram a fazer parte do circo do rock and roll, e isso foi inspiração para muito som. As inocentes músicas de amor platônico das décadas anteriores foram substituídas por letras mais picantes e ousadas, glorificando os rock stars como verdadeiras máquinas sexuais.

Bandas como Kiss, provavelmente a que mais escreveu sobre sexo, foram pioneiras no assunto. Só para citar alguns temas de músicas do Kiss que fizeram deles lendas do sexo rock and roll: "Room Service" (relata as experiências com as garçonetes que entregam comida nos quartos do hotel), "Ladies Room" (sexo no banheiro feminino), "Christine Sixteen" (tara pelas adolescentes), "Love Gun" e "Dr. Love" são músicas clássicas do estilo Kiss de ser. O próprio baixista Gene Simmons, o Dr. Love, declarou que fez sexo com milhares de mulheres, com sua "love gun".

O Led Zeppelin tem histórias de bastidores que parecem mentira, com groupies sendo, com consentimento, violentadas por objetos e outras coisas excêntricas. Elas se sentiam especiais participando dessas orgias dos camarins. Uma famosa groupie da época até lançou um livro, contando as suas experiências sexuais nos camarins, hotéis, aviões, banheiros ou em qualquer outro lugar bizarro onde tudo acontecia.

O Black Sabbath, mestres e criadores do heavy metal mais pesado e agressivo (e que se consideravam feios demais), também tinham suas groupies, que os seguiam por toda parte. A música "Dirty Women" fala exatamente disso, uma parte da letra diz: *I need a lady to help me to get through the night* [Eu preciso de uma mulher que me ajude a passar por essa noite].

Alguns filmes também retrataram os movimentados camarins, como *The Wall*, do grande Pink Floyd. Há uma cena em que um grupo de garotas se dirige ao backstage fornecendo alguns favores sexuais aos seguranças para conseguirem o tão almejado passe, e o acesso ao rock star no seu camarim: a noite terminava no quarto do hotel. O filme *This Is Spinal Tap* é um clássico que retrata uma banda fictícia, o Spinal Tap, no mundo do rock. Apesar de ficção, as situações são inspiradas em fatos reais. Em uma cena, o baixista passa pelo detector de metais que apita sem parar. Depois de tirar jaqueta, cinto e pulseiras, finalmente abre o zíper e tira da calça um pepino gigante embrulhado em um papel laminado. É constrangedor e muito engraçado. E isso era muito comum na década de 1970, o astro queria aumentar o seu "pacote" para impressionar ainda mais as groupies. A calça, apesar das bocas de sino, quanto mais apertada em cima, melhor.

Neste livro, o autor Paul Miles instiga alguns astros a darem os seus depoimentos sobre as várias situações em que já estiveram. O próprio Paul já viveu, e sobreviveu, a muitas aventuras viajando com o Mötley Crüe, discípulos confessos do Kiss, uma banda das mais insanas na estrada, tanto no quesito drogas quanto sexo. Grandes mestres estão aqui, como Lemmy, do lendário Motörhead, Bruce Kullick, do Kiss e James Kottack, do Scorpions, bandas históricas que ainda conquistam novas groupies por onde passam, independente da idade que têm.

O mais interessante é que não somente os homens dão as suas dicas aqui, temos uma mulher, Allison Robertson, do Donnas, que dá o seu ponto de vista sobre os seus groupies, uma visão pouco conhecida no rock. Há muitas surpresas, alguns exageros e com certeza algumas mentiras, tudo para manter a áurea dos deuses do sexo. Todos aqui são infalíveis e suas groupies sempre são as mais lindas e fazem de tudo. De qualquer maneira, o livro está aqui para te ajudar, diversificar suas experiências e suas técnicas, ser aprendiz dos mestres, se não na qualidade, com certeza na quantidade – os números são fantásticos.

Aproveite a leitura, relaxe e goze. Claro, tudo no mais alto volume!!!
Long live rock and roll.

ANDREAS KISSER
SEPULTURA

APRESENTAÇÃO

POR QUE OS ASTROS DO ROCK PEGAM AS MELHORES?

"O MAIOR ESCÂNDALO FOI QUANDO UMA GAROTA PULOU NO PALCO E ME PAGOU UM BOQUETE NO MEIO DO SHOW."

APRESENTAÇÃO

Em todo o mundo moderno, milhões de pessoas tocam em bandas ou tentam carreira solo. Embora a maioria não entre de cabeça nessa história, alguns se esforçam ao máximo para "estourar". Mas as chances de fazer sucesso são incrivelmente baixas – como o AC/DC fez questão de nos ensinar na letra de "It's a Long Way to the Top".

Música é um mercado intenso e parece cada vez mais difícil ter uma vida decente como músico de rock'n'roll. Quem fracassa na empreitada geralmente procura um emprego mais seguro e, nas horas vagas, volta a se interessar – mais uma vez com um pé atrás – na esperança de ter outra chance. Para quem consegue estourar, tocando numa banda de rock que faz turnês pelo mundo, a fama os aguarda.

Junto com a fama vem o poder, e que belo afrodisíaco é o poder! Quando um astro do rock sobe no palco e ataca o acorde de abertura na guitarra, espanca a bateria de modo familiar ou diz ao microfone "olá, [insira nome da cidade aqui]", as palmas e gritos de milhares de espectadores reverberam pelo local. Durante o show, um astro do rock tem o poder de fazer cada pessoa na plateia sorrir e ser feliz, de fazê-la "viajar" naquele momento e sentir-se incrível – eufórica, até.

Isso desperta um interesse imenso e instantâneo em várias pessoas do sexo oposto, e eles (ou elas) querem se aproximar. Muitos ficam de pernas bambas, dobrando-se ao poder do astro do rock sob os holofotes. É um tremendo tesão, seja subconsciente ou consciente.

A mesma lógica se estende se a) você consegue encontrar o astro do rock, b) há uma atração mútua, c) você transa com ele ou ela e d) você mantém o relacionamento; então sua vida vai ser maneiríssima e cheia de prazer. Saber que uma quantidade incontável de pessoas deseja isso dos astros do rock traz a competitividade à tona e aumenta o magnetismo deles.

A atração causada pela fama também pode transformar seres humanos racionais e equilibrados em loucos desvairados no cio, além de atrair figuras indesejáveis pelo caminho. Sendo assim, não surpreende que astros do rock tenham um "pessoal" que atua como filtro para deixar apenas as pessoas mais atraentes entrarem em seus domínios. Mas, para alguns, isso apenas aumenta o desafio. (Você vai aprender muitas dicas sobre isso em breve.)

Saber que astros do rock permitem apenas que a nata entre em seu mundo – pessoas que estão preparadas para agradar – significa que eles se tornaram conhecidos por serem as poderosas estrelas que vivenciam situações sexuais incríveis, existentes apenas em sonhos para as pessoas comuns.

Mas como esse mundo *realmente* é? Essa é a pergunta respondida por este livro: ele fornece *a você* acesso aos bastidores da vida real de astros e estrelas do rock e conta o que eles realmente veem, experimentam, vivenciam e recomendam quando se trata de sexo – e tudo que diz respeito a ele. Tem um pouco de erotismo, um pouco de biografia, um tanto de comédia e um bocado de autoajuda.

Mas esteja avisado: é possível que no futuro você se veja em alguma situação em que pelo menos uma das dicas deste livro virá a sua mente! (espero que seja uma das boas.)

Então pegue seu passe VIP e siga-me nessa divertida sessão de perguntas e respostas com 23 astros e estrelas do rock internacional que estão prontos para dividir suas ideias e pensamentos sobre todos os instintos, desejos e experiências sexuais que tiveram.

DICAS DE SEXO DE ASTROS DO ROCK

OS ASTROS DO ROCK

"ODEIO ESSA PORRA DE CAMISINHA. SEI QUE É UM MAL NECESSÁRIO MAS, PENSA BEM: CAMISINHA É PROS CARAS DE CABELO CURTO!"

1. **Acey Slade (Murderdolls/Dope)**

2. Adde (Hardcore Superstar)

3. **Allison Robertson (The Donnas)**

4. Andrew W. K.

5. **Blasko (Ozzy Osbourne/Rob Zombie)**

6. Brent Muscat (Faster Pussycat)

7. **Bruce Kulick (Kiss/Grand Funk Railroad)**

8. Chip Z'Nuff (Enuff Z'Nuff)

9. **Courtney Taylor-Taylor (The Dandy Warhols)**

10. Danko Jones

11. **Doug Robb (Hoobastank)**

12. Evan Seinfeld (Biohazard)

13. **Ginger (The Wildhearts)**

14. Handsome Dick Manitoba (The Dictators/MC5)

15. **James Kottak (Scorpions/Kingdom Come)**

16. Jesse Hughes (Eagles of Death Metal)

17. **Jimmy Ashhurst (Buckcherry)**

18. Joel O'Keeffe (Airbourne)

19. **Lemmy (Motörhead)**

20. Nicke Borg (Backyard Babies)

21. **Rob Patterson (Korn/Otep)**

22. Toby Rand (Juke Kartel)

23. **Vazquez (Damone)**

ACEY SLADE (nascido em 1974)

Acey Slade é um multitalentoso astro do rock saído da Pensilvânia, EUA. Após liderar o Vampire Love Dolls, entrou no Dope, em 1999, como baixista e fez uma série de turnês pelos Estados Unidos, promovendo sua estreia numa grande gravadora, *Felons & Revolutionaries*, pela Epic Records. Acey passou para a guitarra no álbum seguinte da banda, *Life* – que ficou entre os 200 mais vendidos na parada da *Billboard* –, antes de sair do Dope, no meio de 2002, para ser guitarrista do Murderdolls. A banda lançou o álbum *Beyond The Valley Of The Murderdolls* e levou sua combinação única de horror punk e glam metal para excursionar pelos EUA, Japão, Europa e Austrália. Enquanto colaborava com o colega guitarrista do Murderdolls – Joey Jordison, mais conhecido como baterista do Slipknot – numa faixa que comemorava o aniversário de 25 anos da Roadrunner Records, Acey também liderava a própria banda, Trashlight Vision. Após assumir o vocal principal e tocar guitarra em dois EPs e no álbum *Alibis And Ammunition*, Acey mais uma vez excursionou pelos EUA, Europa e Japão antes de sair da Trashlight Vision, em 2007. Desde então ele está no estúdio produzindo os escoceses da banda punk acústica Billy Liar e trabalhando em músicas novas para sua próxima banda, Acey Slade & The Dark Party. Depois de dois EPs, eles lançaram seu primeiro álbum, com o mesmo nome do grupo, no início de 2010.

ADDE (nascido em 1976)

Magnus "Adde" Andreasson é o baterista fundador do Hardcore Superstar, grupo de rock/metal de Gotemburgo, Suécia. Formada em 1997, a banda levou vários singles ao topo das paradas e conquistou diversas indicações ao Grammy em sua terra natal. Eles estiveram em todos os principais programas musicais de TV e rádio e fizeram turnês de sucesso na Europa, América do Norte, Japão e Austrália. Adde teve seu despertar na época em que estudou no Musicians Institute em Los Angeles. Com a mistura de sleaze rock e thrash metal, a Hardcore Superstar ganhou o Swedish Metal Award de Melhor Álbum de Hard Rock do Ano em 2007 por *Dreamin' In A Casket*. O álbum seguinte, *Beg For It*, foi lançado no meio de 2009, após o primeiro single, a faixa-título, ter estourado na Suécia e estreado em quinto lugar nas paradas de lá. Adde continua a excursionar com a Hardcore Superstar até hoje, aproveitando a ressurreição da banda.

ALLISON ROBERTSON (nascida em 1979)

Allison Robertson é guitarrista da banda de hard rock californiana totalmente feminina: The Donnas. Começou a tocar guitarra aos 12 anos e logo formou uma banda com as melhores amigas da escola. Fez uma turnê pelo Japão pela primeira vez durante o segundo ano do ensino médio. Após uma série de singles, The Donnas lançou quatro álbuns completos pela Lookout Records, entre 1997 e 2001, antes de obter sucesso comercial no grande selo Atlantic Records. O álbum seguinte, *Spend The Night*, chegou ao número 62 na parada da *Billboard* e traz o single de maior sucesso do grupo, "Take It Off", que alcançou o 19º lugar na parada de Modern Rock da *Billboard*. Após se apresentar no palco principal do festival

Lollapalooza, em 2003, o sexto álbum da banda – *Gold Medal* – foi lançado no ano seguinte. O single "Fall Behind Me" apareceu em comerciais de TV e foi tocado ao vivo num episódio da série *Charmed*. Suas músicas também apareceram em várias trilhas sonoras de filmes e em games, como *Guitar Hero* e *Rock Band*. O álbum seguinte, *Bitchin'*, foi lançado no selo próprio Purple Feather Records, em 2007. O álbum passou um mês na parada da *Billboard,* enquanto elas excursionavam até pela Austrália. The Donnas preparava o próximo lançamento – *Greatest Hits, Volume 16* – quando Allison se uniu a ex-integrantes do Hole e Nashville Pussy, formando uma banda de covers totalmente feminina chamada Chelsea Girls. Seus primeiros três shows tiveram lotação esgotada no The Roxy, em Los Angeles, garantindo a elas residência mensal no famoso local e a atenção dos meios de comunicação. No verão de 2009, depois de esticar com a The Donnas, se juntou a Blondie e Pat Benatar numa turnê pelos EUA.

ANDREW W.K. (nascido em 1979)

O multitalentoso roqueiro norte-americano Andrew Wikes-Krier ficou conhecido por sua primeira grande gravação solo, *I Get Wet*, que chegou ao primeiro lugar na parada Heatseekers da *Billboard,* em 2001. A polêmica arte de capa trazia uma foto de Andrew com sangue escorrendo do nariz para a garganta. Aproveitando que "Party Hard" tocava muito no rádio, Andrew excursionou com o Ozzfest. Faixas do álbum entraram em diversos games, além de trilhas sonoras de filmes e séries de TV. O álbum seguinte, *The Wolf*, no qual ele tocava todos os instrumentos, também chegou aos 200 mais vendidos da *Billboard*. A canção "Long Live The Party" fez algum sucesso no Japão. Em seguida, a Universal Music lançou o álbum de J-Pop *The Japan Covers*, instigada pelos 20.000 ringtones vendidos no Japão. Um álbum solo de piano chamado *55 Cadillac* saiu em 2009 pelo seu próprio selo, Skyscraper Music Maker. Além da carreira solo, Andrew se apresentou como palestrante motivacional *new age* e de autoajuda; produziu músicas para outros artistas (do reggae a trabalhos de vanguarda) e tocou vários instrumentos em álbuns diferentes. Aproveitou os elogios da revista *Time*, que em 2008 afirmou que ele era uma gracinha, e com três parceiros abriu uma boate de vários andares e sala de espetáculos chamada Santos Party House em Manhattan, Nova York. Andrew também estrelou os programas de TV *Crashing With Andrew W.K.* e *Your Friend, Andrew W. K.* Em 2009, fez uma parceria com o Cartoon Network, para apresentar e compor música para a estreia da série *Destroy Build Destroy*.

BLASKO (nascido em 1969)

Rob "Blasko" Nicholson é um baixista norte-americano de hard rock mais conhecido pelo trabalho com Rob Zombie e Ozzy Osbourne. Começou a carreira tocando baixo na banda de speed/thrash metal Cryptic Slaughter antes de mudar para o Prong e depois para o Danzig. Deixou o Danzig para excursionar com Rob Zombie e tocou em todos os álbuns solo que renderam discos de platina a Zombie, vendendo mais de 15 milhões de cópias pelo mundo. Em 2003, Blasko substituiu Robert Trujillo como baixista do Ozzy Osbourne, tornando-se membro fixo da banda no nono álbum de estúdio de Ozzy, *Black Rain*, que estreou em terceiro lugar na parada da *Billboard* (a melhor estreia do Ozzy até hoje). O primeiro single do álbum, "I Don't Wanna Stop", chegou ao primeiro lugar na parada Hot Mainstream Rock da *Billboard* em 2007 (outra primeira vez para o Ozzy) e foi indicado ao Grammy de Melhor Performance de Hard Rock em 2008. Atualmente, Blasko continua a excursionar pelo mundo com Ozzy e mantém uma empresa de gerenciamento e consultoria musical, Mercenary Management, que conta com a banda In This Moment como uma dos seus clientes.

BRENT MUSCAT (nascido em 1967)

Brent é um dos fundadores da banda hollywoodiana de hard rock Faster Pussycat. A Elektra Records assinou com eles e lançou o álbum de estreia, com o mesmo nome do grupo, em 1987, quando o guitarrista de visual andrógino tinha apenas 20 anos de idade. A banda fez uma elogiada apresentação ao vivo no clássico filme de rock *The Decline of Western Civilization Part II The Metal Years* antes de sair em turnê pela América do Norte com Alice Cooper, David Lee Roth e o Motörhead. O álbum seguinte, *Wake Me When It's Over*, é o de maior sucesso até hoje: vendeu mais de meio milhão de cópias nos EUA, e foi premiado com disco de ouro. Com o sucesso "House Of Pain" tocando em várias rádios, o Faster Pussycat excursionou com o Kiss e o Mötley Crüe antes de regravar "You're So Vain" para comemorar o 40º aniversário da Elektra Records. Brent continuou a tocar com o Faster Pussycat até 2005, quando um diagnóstico de câncer na boca forçou sua saída abrupta. Atualmente em recuperação, Brent gosta de fazer shows em cassinos de Las Vegas com sua banda Sin City Sinners e um elenco estelar de músicos do rock'n'roll.

BRUCE KULICK (nascido em 1953)

Bruce é um guitarrista norte-americano que começou a carreira no rock internacional na turnê do *Bat Out of Hell* do Meat Loaf, em 1977-78, antes de tocar em álbuns de Billy Squier e Michael Bolton no início dos anos 1980. De 1984 a 1996, Bruce foi o principal guitarrista da banda de hard rock Kiss, trabalho pelo qual é mais conhecido. Após a entrada de Bruce no Kiss para a turnê *Animalize*, os três próximos álbuns do grupo nos anos 1980 (*Asylum, Crazy Nights* e *Smashes, Thrashes & Hits*) foram discos de platina. A banda excursionou constantemente pelo mundo e durante os anos 1990 todos os álbuns do Kiss foram discos de ouro (*Hot In The Shade, Revenge* e *Kiss Unplugged*). Quando os membros originais do Kiss se reuniram em 1996, Bruce saiu para formar o Union com o ex-líder do Mötley Crüe, John Corabi. O Union lançou três álbuns e um DVD ao vivo e excursionou pelos EUA, Europa, Austrália e América Central. Desde 2001, Bruce é o principal guitarrista do Grand Funk Railroad, banda de rock que fez muito sucesso nos anos 1970, sendo mais conhecida por seu primeiro lugar nas paradas "We're An American Band". Bruce também lançou três álbuns solo: *Audio Dog* em 2001, *Transformer* em 2003, e *BK3* em 2010.

CHIP Z'NUFF

Chip Z'Nuff é o baixista e a força motriz por trás da talentosa banda de power pop Enuff Z'Nuff. Formada em Chicago em 1984, seu álbum de estreia, com o mesmo nome do grupo, foi lançado cinco anos depois por uma subsidiária da Atlantic Records. Com tintas psicodélicas do álbum, os dois pequenos sucessos, "New Thing" e "Fly High Michelle", tocaram bastante nas rádios e na MTV, enquanto o breve romance de Chip com Madonna virava assunto do polêmico radialista e fã de longa data da banda, Howard Stern. Para atenuar um pouco sua imagem popularizada, em 1991, Enuff Z'Nuff lançou um álbum, *Strength,* que virou o favorito dos fãs, e recebeu críticas muito positivas, o que levou a banda a se apresentar ao vivo no *The Late Show With David Letterman.* Com a mudança no estilo musical e a subsequente decepção nas vendas, o Enuff Z'Nuff deixou o selo, mas rapidamente foi contratado pela Arista Records, onde, em 1993, produziu um álbum, mesmo afetado por problemas pessoais. Apesar dos revezes, como mortes de membros da banda por overdose e câncer, o Enuff Z'Nuff conquistou uma legião de fãs fiéis pelo mundo, especialmente no Japão, por meio de constantes turnês e álbuns independentes. Enquanto segue trabalhando no 15º álbum do Enuff Z'Nuff, Chip também atua como juiz para eleger a melhor maconha do mundo na Cannabis Cup promovida pela revista *High Times.* Ele também tem o próprio selo, Stoney Records, e se apresenta e grava com a banda Adler's Appetite, juntamente com o ex-baterista do Guns N'Roses, Steven Adler.

COURTNEY TAYLOR-TAYLOR (nascido em 1967)

Courtney Taylor-Taylor é o principal vocalista, guitarrista e compositor da banda norte-americana de rock alternativo The Dandy Warhols. O primeiro álbum da banda, *Dandys Rule, OK?*, foi lançado em 1995 e chamou a atenção da grande gravadora Capitol Records, que assinou contrato com eles. O próximo lançamento veio dois anos depois, quando o grupo lotava shows pela Europa e Austrália. O novo milênio trouxe mais um álbum, *Thirteen Tales From Urban Bohemia*, que chegou a disco de platina na Austrália, Reino Unido e outros países europeus. A canção "Bohemian Like You" foi amplamente utilizada pela companhia telefônica Vodafone numa bem-sucedida campanha que arremessou o single para o quinto lugar nas paradas do Reino Unido. Desde então, músicas da banda foram utilizadas em várias campanhas publicitárias, séries e filmes. O outro grande single do Dandy Warhols é "We Used To Be Friends" (com participação de Nick Rhodes, do Duran Duran, nos sintetizadores), do álbum *Welcome To The Monkey House* de 2003. O grupo segue compondo e gravando no "The Odditorium" – seu multifuncional e espaçoso estúdio situado na cidade natal da banda, Portland, Oregon.

DANKO JONES

Danko Jones é o carismático vocalista e guitarrista da banda de hard rock de mesmo nome. Formado em Toronto em 1996, o trio fazia shows constantemente enquanto Danko também trabalhava numa sex shop. O segundo EP autoproduzido do grupo, *My Love is Bold*, foi escolhido o Melhor Álbum Alternativo no Juno Awards do ano

2000, no Canadá. No ano seguinte, a Bad Taste Records da Suécia assinou com eles e a banda fez três turnês pela Europa antes de 2002, quando seu primeiro álbum completo, *Born A Lion*, foi lançado. Mais uma vez eles fizeram várias turnês pela Europa e duas no Canadá, entre elas um show de abertura para os Rolling Stones em sua cidade natal. O álbum seguinte, *We Sweat Blood*, recebeu uma indicação ao Juno Awards como Melhor Álbum de Rock. Ao longo de três anos, a banda rodou por lugares como Europa, Japão, Austrália, América do Norte e África do Sul enquanto terminava o álbum *Sleep Is The Enemy*. Nessa época, Danko também lançou seu primeiro álbum falado, *The Magical World Of Rock*, e fez duas turnês para promovê-lo. Em 2006, a banda workaholic se apresentou em arenas canadenses com o Nickelback, antes de chegar aos festivais norte-americanos e europeus, lançando, durante o processo, o DVD *Live In Stockholm*. Entre o álbum de 2008, *Never Too Loud*, e a coletânea de 2009, *B-Sides*, eles fizeram vários shows. Além disso, Danko escreve quatro colunas bimestrais para revistas europeias de rock e continua com seu programa de rádio, *The Magical World of Rock*, transmitido da Suécia para estações na Europa e no Canadá.

DOUG ROBB (nascido em 1975)

Filho de mãe japonesa e pai escocês, Douglas Robb é o vocalista da banda de rock alternativo do sul da Califórnia chamada Hoobastank, que vendeu mais de cinco milhões de álbuns pelo mundo desde que começaram em 1994. Após assinar com a Island Records, em 2000, depois de lançar alguns discos que eles mesmos produziram, a banda lançou um álbum com o mesmo nome do grupo, puxado pela música que os fez estourar, "Crawling In The Dark". Impulsionados pelo sucesso nas paradas, o álbum chegou a disco de platina e a banda excursionou pelos EUA, Europa e Ásia antes de ser convidada a tocar no Rock and Roll Hall of Fame. A faixa-título do álbum seguinte, "The Reason", fez um imenso sucesso em todo o mundo em 2004, chegando ao segundo lugar na parada Hot 100 da *Billboard*, além das 21 semanas ocupando o topo da parada de singles do Canadá – um novo recorde de semanas em primeiro lugar. A música tocou no último episódio do seriado *Friends*, levando o álbum ao terceiro lugar da *Billboard 200*. Além disso, recebeu o status de platina múltipla e três indicações ao Grammy. A banda continuou a excursionar pelo mundo e a lançar álbuns de estúdio: *Every Man For Himself*, em 2006, disco de ouro, e *For(N)ever*, em 2009 – ambos chegaram à parada da *Billboard 200*.

EVAN SEINFELD (nascido em 1967)

Formado no Brooklin em 1987 pelo baixista e vocalista Evan Seinfeld, o Biohazard é reconhecido como um dos grupos mais antigos a misturar hardcore punk e heavy metal com elementos do hip hop. O álbum de 1992, *Urban Discipline*, vendeu mais de 1 milhão de cópias pelo mundo, impulsionado pelo clipe da canção "Punishment", que se tornou o vídeo mais tocado da história do programa da MTV *Headbanger's Ball*. O álbum seguinte também vendeu mais de um milhão de cópias, levando a banda a excursionar novamente pelo mundo. Em 1998, Evan deu início à carreira de ator, interpretando Jaz Hoyt no seriado *Oz* da HBO, que ganhou vários prêmios. A atriz pornô Tera Patrick viu uma das cenas de nu feitas por ele e os dois logo engataram um romance, que levou ao casamento em 2004. Em 2006, Evan participou do reality show *Supergroup* do VH-1, também estrelado por Ted Nugent, Scott Ian, Sebastian Bach e Jason Bonham como uma banda chamada Damnnocracy. Evan ainda faz shows com o Biohazard e também com sua nova banda, The Spyderz. Usando o codinome Spyder Jones, estrelou e dirigiu vários filmes pornôs. Seu site rockstarpimp.com é o único site pornô voltado para celebridades e astros do rock. Nota: alguns meses depois da entrevista dada por Evan para este livro, ele e Tera anunciaram a separação.

GINGER (nascido em 1964)

Os Wildhearts são uma banda de rock formada no fim de 1989 em Newcastle-upon-Tyne, Inglaterra, após Ginger ter saído do The Quireboys. Ao longo de sua turbulenta e imprevisível história, os Wildhearts permaneceram à frente da cena do rock britânico. O único integrante fixo foi o fundador da banda, Ginger, vocalista, guitarrista e principal compositor. Apesar de ter vários singles no Top 20 e um álbum entre os 10 mais vendidos na Inglaterra, os Wildhearts não fizeram grande sucesso comercial, em parte devido às dificuldades com gravadoras e a vários problemas internos, geralmente ligados ao uso de drogas e à depressão. Ginger também entrou numa série de projetos solo e paralelos ao longo dos anos. As empolgantes apresentações ao vivo dos Wildhearts (entre elas o show que roubou a cena no Download Festival de 2008) levaram a popularidade da banda às alturas enquanto eles excursionavam pelo mundo e criavam a reputação de ser uma das melhores bandas de rock que o Reino Unido já produziu. Em 2009, a banda lançou seu nono álbum do estúdio, *¡Chutzpah!*, antes de embarcar em mais uma turnê.

HANDSOME DICK MANITOBA (nascido em 1954)

Em 1975, Richard "Handsome Dick" Manitoba (também conhecido como O Homem Mais Bonito do Rock'n'Roll) virou vocalista do The Dictators, a lendária banda proto-punk de Nova York. O som alto, duro e rápido da banda combinava com letras que abordavam a cultura junk e criou um arquétipo do rock'n'roll que inspirou e influenciou incontáveis bandas, entre elas os Ramones. Muitos consideraram os Dictators como a primeira banda punk da cena nova-iorquina a ter um álbum lançado por um grande selo. No início de 1999, na cidade de Nova York, abriu seu famoso bar de rock, Manitoba's, que continua sendo uma instituição no East Village. Desde o início de 2005, Manitoba é o vocalista do MC5, a emblemática banda pré-punk de Detroit, famosa por sua clássica "Kick Out the Jams". Em 2006, os Dictators tocaram nas últimas noites de sexta e sábado do lendário clube punk CBGB's. Dick também é famoso no rádio, onde atualmente apresenta o *The Handsome Dick Manitoba Radio Program* no canal Underground Garage de Little Steven Van Zandt na Sirus XM Radio.

JAMES KOTTAK (nascido em 1962)

James Kottak é um baterista norte-americano que iniciou sua fama na banda de hard rock Kingdom Come. O álbum de estreia, lançado em 1988 com o mesmo nome da banda, soava muito parecido com os primeiros discos do Led Zeppelin, e o sucesso do primeiro single, "Get It On", ajudou o álbum a virar disco de platina em vários países, entre eles Alemanha, Canadá e EUA. Eles excursionaram com o festival Monsters of Rock e abriram o show dos Scorpions em duas turnês. James saiu do Kingdom Come logo após o segundo álbum para tocar bateria nas gravações do MSG e Warrant. Ele também formou a banda punk Krunk, com a esposa Athena (irmã do Tommy Lee, do Mötley Crüe) na bateria. Tendo James como vocalista e guitarrista, eles foram considerados a Melhor Banda Punk de Los Angeles em 1997 e continuam a se apresentar até hoje com o nome de Kottak. Desde 1996 James é o baterista do Scorpions, a banda alemã de heavy metal/hard rock que vendeu mais de 75 milhões de álbuns pelo mundo. Entre os destaques do grupo, com a presença de James, estão o álbum gravado em colaboração com a Filarmônica de Berlim *Moment Of Glory*, o acústico ao vivo *Acoustica* e o DVD ao vivo *1 Night in Vienna*. O último álbum, *Humanity: Hour 1*, lançado em 2007, entrou na 63ª posição na parada da *Billboard* e sua turnê mundial de dois anos e meio percorreu lugares tão distantes quanto a Índia e a Coreia do Sul. A banda lançou o mais recente álbum de estúdio, *Sting In The Tail*, em 2010.

JESSE HUGHES (nascido em 1972)

Jesse é o líder da banda de garagem californiana Eagles of Death Metal formada em 1998 com o amigo de escola Josh Homme, que ficou famoso no Kyuss e Queens of the Stone Age. Quando a banda enfim lançou o álbum de estreia, *Peace, Love, Death Metal* em 2004, várias canções foram usadas em comerciais de TV e games, entre elas o primeiro single "I Only Want You". Em pouco tempo, Jesse se entregou seriamente às drogas, depois deu a Homme o crédito por ter salvado sua vida. O segundo álbum deles, *Death By Sexy*, tinha vocais de apoio de Jack Black, que também fez participação especial, junto com Dave Grohl, no clipe do primeiro single, "I Want You So Hard". O álbum entrou na *Billboard 200* e chegou ao 11º lugar na parada Top Independent Albums, enquanto eles excursionavam com os Strokes e faziam turnê solo nos EUA. Em 2006, a banda foi mal recebida quando abriu seu primeiro show para o Guns N' Roses, fazendo com que Axl Rose cunhasse o famoso apelido de "Pigeons of Shit Metal" – frase que agora está tatuada no antebraço de Jesse.

JIMMY ASHHURST (nascido em 1963)

O italiano Jimmy Ashhurst entrou num estúdio de gravação pela primeira vez quando foi acolhido por Rat Scabies, da seminal banda punk britânica The Damned. Dez anos depois, quando Izzy Stradlin saiu do Guns N' Roses, escolheu Jimmy para tocar baixo e excursionar pelo mundo em sua nova banda, The Ju Ju Hounds. Após passar alguns anos na prisão por problemas com drogas, Jimmy ressuscitou sua carreira musical e entrou na banda de hard rock Buckcherry, de Los Angeles. O próximo lançamento, chamado *15*, selou a volta da banda: o álbum foi disco de platina e o hit "Crazy Bitch" chegou à platina múltipla e conquistou uma indicação ao Grammy. O álbum também apresentou o primeiro sucesso a entrar para as dez mais do Top 100 da *Billboard*, "Sorry". Após ser chamada de "próxima grande banda de rock norte-americana", o Buckcherry estreou no Top 10 da *Billboard* seu álbum *Black Butterfly*, considerado Álbum de Rock do Ano no iTunes em 2008. No ano seguinte, a banda embarcou numa turnê norte-americana com o Kiss e lançou o primeiro álbum ao vivo, *Live & Loud 2009*. Jimmy continua a apreciar os encontros com moças enquanto excursiona pelo mundo com o Buckcherry.

JOEL O'KEEFFE (nascido em 1982)

Joel é o jovem e elétrico vocalista e guitarrista principal do Airbourne, uma banda de pub rock australiana formada em 2003 na área rural de Victoria. Após o lançamento de um EP independente em 2004, a Capitol Records logo ofereceu um preço mais alto que vários selos internacionais para fazer um contrato multimilionário que previa cinco álbuns a serem lançados no mundo inteiro. Acredita-se que este foi o maior acordo já feito por uma banda australiana sem gravadora. As barulhentas e contagiantes apresentações ao vivo do Airbourne fizeram com que eles conseguissem abrir shows para os Rolling Stones, Mötley Crüe e Motörhead, enquanto sua apresentação como atração principal no festival Big Day Out confirmou a reputação do grupo de ser uma das bandas de sucesso mais rápido do país. Porém, dois meses antes do lançamento do álbum de estreia, a Capitol cancelou o lucrativo contrato de longo prazo. O quarteto assinou um novo acordo global com a Roadrunner Records e *Runnin' Wild* foi enfim lançado e logo indicado a dois ARIA Awards, além de ganhar um Golden Gods Award da revista *Metal Hammer* como Melhor Álbum de Estreia. Em 2008, a banda rodou pelo mundo com seu rock'n'roll empapado de suor e álcool, passando por EUA, Japão, Europa e turnês lotadas no Reino Unido, enquanto conseguia uma valiosa exposição por meio de uma enorme quantidade de games e no WWE. O segundo álbum do Airbourne, *No Guts No Glory*, foi lançado no início de 2010 e, para promovê-lo, vários shows foram agendados. A confiança, carisma e ousadia de Joel no palco são raras num vocalista de vinte e poucos anos e combinam perfeitamente com as faixas épicas feitas para dar socos no ar e com as letras cheias de duplo sentido que garantem que o rock'n'roll jamais morrerá.

LEMMY (nascido em 1945)

Nascido Ian Fraser Kilmister numa véspera de natal, Lemmy é o vocalista de voz áspera e baixista do Motörhead, lenda do rock inglês. Após trabalhar como roadie para a The Jimi Hendrix Experience no fim dos anos 1960, Lemmy ficou quatro anos tocando com a banda de space rock Hawkwind, até ser demitido em 1975 e passar cinco dias na prisão por problemas com drogas. Em seguida ele formou o *power trio* Motörhead e teve sucesso especialmente no início dos anos 1980, quando várias músicas entraram no Top 40 do Reino Unido – entre elas a clássica *Ace of Spades* – o álbum ao vivo *No Sleep 'til Hammersmith* chegou ao primeiro lugar das paradas. O Motörhead ganhou o primeiro Grammy em 2005 na categoria Melhor Performance de Metal. Ao longo de seus mais de 30 anos de carreira, que continua até hoje com álbuns e turnês mundiais, o Motörhead se tornou sem dúvida uma das bandas mais influentes do rock'n'roll, e Lemmy, com seu estilo fodão tranquilo, é reverenciado como o Padrinho do Metal. Sua aparência inconfundível, com verrugas no rosto e costeletas, foi imortalizada num boneco de 15 centímetros. Sinônimo do estilo de vida roqueiro, fato confirmado por sua autobiografia de 2002, *White Line Fever*, Lemmy ficou entre as dez Lendas Vivas do Sexo da revista *Maxim* em 2006, depois de declarar ter dormido com pelo menos 1.200 mulheres.

NICKE BORG (nascido em 1973)

Nicke é vocalista e guitarrista da banda de rock sueco Backyard Babies desde 1989. Logo após o lançamento do álbum de estreia, *Diesel & Power*, em 1994, a banda interrompeu suas atividades enquanto o guitarrista Dregen formava o The Hellacopters. Em 1997, Dregen voltou para fazer o elogiado álbum *Total 13* e desde então a banda não olhou para trás. Lançou mais quatro álbuns de estúdio e excursionou pelo mundo várias vezes com artistas como Motörhead, AC/DC, Alice Cooper e Social Distortion. O álbum *Making Enemies Is Good* lhes deu seu maior sucesso comercial, enquanto *Stockholm Syndrome*, que veio depois, lhes rendeu um Grammy sueco. O trabalho mais recente, intitulado apenas *Backyard Babies*, foi direto para o topo da parada sueca. Para promovê-lo, a banda mais uma vez excursionou pelo mundo, tocando seu adorável rock'n'roll da sarjeta, movido a álcool e embebido em punk que fez com que o quarteto fosse mundialmente aclamado. No início de 2010, os Backyard Babies embarcaram numa turnê para comemorar o 20º aniversário antes de tirar um tempinho para recuperar o fôlego.

ROB PATTERSON (nascido em 1970)

Rob é um guitarrista norte-americano cuja primeira grande banda foi o grupo de hard rock/nu-metal Otep. Em 2001, após apenas quatro shows em Los Angeles, eles assinaram contrato sem ter um CD demo, apenas com base em suas poderosas e poéticas apresentações ao vivo e pontos de vista sinceros sobre política. Sharon Osbourne ficou tão impressionada que ofereceu um espaço para o Otep na turnê Ozzfest de 2001, antes mesmo de a banda assinar contrato com uma gravadora. O primeiro disco, *Sevas Tra*, de 2002, chegou ao 145º lugar no *Billboard 200*, enquanto o álbum seguinte, *House Of Secrets*, entrou direto em 93º lugar dois anos depois. O vídeo do Otep para "Warhead" ficou entre os dez mais tocados no programa *Headbanger's Ball* na MTV, e levou a banda a excursionar incansavelmente. Foi quando Rob decidiu tocar guitarra para o Korn em 2005, começando com uma turnê europeia e culminando numa apresentação acústica exibida na TV que rendeu o álbum *MTV Unplugged: Korn*. Lançado no mundo inteiro em março de 2007, o álbum ao vivo estreou em nono lugar na *Billboard 200* após vender mais de 50 mil cópias nos EUA naquela semana. Desde que saiu do Korn, Rob trabalha num álbum solo, apresenta-se como DJ nos EUA (em locais como o Hard Rock Hotel na Flórida e duas festas do VMA em Los Angeles) e está de novo com o Otep preparando o próximo álbum da banda. Atualmente Rob namora Carmen Electra, a modelo, atriz e dançarina e símbolo sexual, famosa por suas aparições na série de TV *S.O.S. Malibu* e na revista *Playboy*.

TOBY RAND (nascido em 1977)

Toby é um cantor de rock australiano mais conhecido por sua aparição no reality show *Rock Star: Supernova*, transmitido mundialmente para milhões de pessoas em 2006. No programa, ele tentava ser o vocalista principal do novo supergrupo formado pelo baterista do Mötley Crüe, Tommy Lee, o ex-baixista do Metallica, Jason Newsted, e o ex-guitarrista do Guns N' Roses, Gilby Clarke. Ao conquistar algumas das apresentações mais votadas entre os competidores, ele ficou em terceiro lugar na final do programa. Isso ajudou a divulgar a sua própria banda, Juke Kartel, que excursionou por arenas pela América do Norte com o Rock Star Supernova e ainda continua a impressionar plateias com suas apresentações em eventos de alto nível como o MTV Video Awards da Austrália, a Copa do Mundo de Rugby e o Grande Prêmio da Austrália de Fórmula 1. Notório conquistador, em 2008 Toby também foi finalista do premio Solteiro do Ano, da revista *Australian Cleo*. A Juke Kartel excursionou para vários lugares a fim de promover o álbum de estreia *Nowhere Left to Hide*, lançado no início de 2009. Entre os shows está incluída uma apresentação para 30 mil pessoas na Noruega no Quartz Music Festival, antes da banda se mudar para Los Angeles.

VAZQUEZ (nascido em 1976)

Vazquez é baixista e garanhão oficial do Damone, uma banda de rock norte-americana de Waltham, cidade que fica a oeste de Boston, Massachusetts. Em 2002 o Damone conseguiu seu primeiro contrato com uma grande gravadora, a RCA, e entrou com tudo em seu disco de estreia, *From The Attic*. Rapidamente estavam em turnês por toda a América do Norte, chegando ao ponto de contar com a participação de Butch Walker, que, durante uma parte da turnê, subia ao palco com eles todas as noites para cantar a versão de uma música de Lita Ford. Eles trabalharam muito para chegar ao palco principal do festival Warped e excursionaram pelo Japão antes de lançar o segundo álbum, *Out Here All Night*, que mais uma vez os levou a percorrer os EUA e o Japão, além de algumas turnês pelo Reino Unido. Suas músicas apareceram em vários games, entre eles *Madden NFL 07*, *Project Gotham Racing 2* e *Tony Hawk's Downhill Jam*. As canções da banda também foram incluídas em vários filmes e séries de TV, e "Revolution" virou o hino oficial do time de futebol New England Revolution, que joga pela Major League Soccer. O terceiro álbum do Damone, *Roll The Dice*, marca a estreia de Vazquez como vocalista na música "Talk of the Town", famosa pelo videoclipe cheio de cenas picantes.

DICAS DE SEXO DE ASTROS DO ROCK

BELEZA & ATRAÇÃO

"GAROTAS QUE FODEM COM ASTROS DO ROCK SABEM FAZER ISSO SÓ COM O OLHAR."

O que você acha mais atraente num parceiro sexual?

ACEY SLADE: Confiança, sem dúvida. Mas se a garota for agressiva ou fácil demais, é totalmente broxante. Acho que é importante diferenciar quando queremos apenas sexo de quando estamos buscando algo mais. Claro que em primeiro lugar vem a atração sexual, porque ninguém tem um relacionamento longo com alguém que não o atraia sexualmente – assim espero. Em geral, a estética conta, mas personalidade, confiança e senso de humor são fundamentais.

ADDE: Eu sempre gosto de garotas másculas, por algum motivo, e elas gostam de mim, porque eu me pareço um pouco com uma mulher máscula. Gosto de mãos. Não ligo muito para peitos ou bundas. Olho para as mãos e realmente gozo com elas... Ainda mais se eu conseguir enxergar as veias. Gosto de mãos másculas... É meu fetiche... e olha que sou totalmente hétero!

ALLISON ROBERTSON: Se ele é maior do que eu. Sou relativamente *mignon*, mas não necessariamente me sinto atraída por um cara mais baixo ou mais magro que eu, o que exclui vários roqueiros porque são todos tão magrelos, parecem gafanhotos. Gosto de caras grandes e fortes. Acho também – e isso é muito relativo – que quando você tem um pouco mais de neurônios, consegue apreciar alguém que seja divertido de verdade. Não só no sentido de ser pateta. Eu preciso de alguém que realmente consiga me fazer rir, porque eu não rio tanto com comédias, a menos que seja algo não convencional. Acontece muita coisa quando se viaja com banda, então já vimos praticamente de tudo em termos de comédia. Por isso, se um cara for um pouco mais engraçado que eu, o resto já me excita. Acho realmente sexy.

BLASKO: Eu adoro cabelo escuro. Gosto de peitos grandes e também de um belo sorriso, uma bela risada, isso realmente me atrai. Também gosto bastante de algo exótico. Não fico muito atraído por uma pessoa comum. Gosto de um pouco de exotismo, seja asiática ou latina... Algum tipo de ascendência espanhola.

BRUCE KULICK: Sou fissurado em olhos. Se ela for bonita, tiver peitos lindos e uma bela bunda, está tudo ótimo, mas se for feia para caralho, isso atrapalha. Há sempre uma espécie de conexão quando se olha nos olhos de uma garota. Por mais que role o tesão e eu pense "ela tem um corpo sensacional", também quero sentir algum tipo de ligação quando olho nos olhos de uma garota. É assim que essa conexão acontece. Então, para mim, tem sempre algo a mais quando olho nos olhos dela. Obviamente, todo o resto eu já avaliei no primeiro nanossegundo. Eu já me senti atraído por algumas mulheres que são tão problemáticas que nem conseguem olhar outra pessoa diretamente nos olhos. Então eu fico "tá, é uma gostosa, mas não vou criar um clima com ela". Quero me sentir confortável com a pessoa, por isso eu preciso dessa sensação. Preciso ser capaz de olhar nos olhos dela e ver que eles demonstram sentir atração e que aceitam o meu afeto, aí sim eu posso levar a relação adiante.

CHIP Z'NUFF: A primeira coisa que me chama a atenção é a postura da pessoa, como ela se comporta. Tocar numa banda de rock te dá muita oportunidade de conhecer gente nova. É uma ótima profissão para encontrar o sexo oposto. Porém, você sabe de cara quando conhece uma pessoa se ela faz o seu estilo ou não.

COURTNEY TAYLOR-TAYLOR: Está comprovado que o que atrai o olhar é basicamente o mesmo para todo mundo: uma determinada quantidade de espaço entre os olhos e a região entre a maçã do rosto e a boca. São características padrão. Para mim, escolher especificamente alguém tem muito a ver com os sinais do corpo: é confiante ou cautelosa? É o equilíbrio das psicologias aparentes na linguagem do movimento do corpo. Sou muito específico em relação a isso. Eu realmente acredito que o que nos atrai nas pessoas é apenas uma questão de ciência e matemática. Quando era mais novo, achava que bastavam roupas e cabelos legais, quer dizer: qualquer mulher relativamente saudável com as roupas e o cabelo certo – e isso está parcialmente correto. Em parte porque é assim que transmitimos o que nos interessa e o que queremos nesta vida, visualmente falando, sem ter que entabular uma conversa ou estar a três metros de alguém. Em cada decisão que tomamos sobre como nos vestimos, transmitimos quem somos, quem gostaríamos de ser, quem esperamos ser, com quem desejamos estar, quais amigos nos interessam, com quem desejamos nos enturmar. Quando pensei nisso pela primeira vez eu queria uma garota que tivesse ouvido Buzzcocks e lido Ayn Rand. Passei por muitas coisas diferentes e nunca achei que ficaria atraído por alguém legal pra caralho, que não está apenas fingindo ser boazinha e que, depois de entrar com tudo na sua vida, no seu coração, nos seus dias e noites, começaria a mostrar que, na verdade, é cruel e se sente superior aos outros.

DANKO JONES: Preciso ser sincero: tem que ser gostosa! Para mim, pelo menos, tem que ser muito bonita e ter um corpão, mas se não tiver, não acaba com o lance. A menos que seja insegura e muito carente. Isso acaba com qualquer coisa, não importa o quanto ela seja gostosa, porque mostra que a garota não será capaz de lidar com semanas, às vezes meses, em que fico longe de casa, quando estou em turnê. Isso sempre acaba com qualquer lance para mim: se ela for muito carente e insegura, não importa o quanto seja gata. Essa é uma característica que, ao longo dos anos, se tornou muito importante para mim.

DOUG ROBB: Para ser sincero, a primeira coisa que me vem à mente é a confiança. Logo em seguida, o rosto. Acho que você pode ter um corpo lindo e maravilhoso e um rosto muito bonito, mas se ficar intimidada ou insegura, seja lá por que motivo, é broxante. Se você tem um rosto comum ou não tem o melhor corpo do mundo, mas exala confiança, fica extremamente sexy.

EVAN SEINFELD: Com certeza é um ar intangível e indescritível de confiança sexual fora do comum. Gosto de mulheres que sabem o que querem e não estão fingindo. Eu encontro muitas mulheres que não estão somente interessadas em sexo, e sim no que podem obter *com* o sexo. Mas os homens estão mesmo mais interessados no sexo *pelo* sexo. Gosto de garotas que estão em forma; adoro uma barriga lisinha. Amo uma bunda empinadinha e tão dura que você pode quicar uma moeda nela. Adoro peitos de todos os tamanhos. Não importa se são grandes ou pequenos, eles têm que desafiar a gravidade.

"COM OS PEITÕES VÊM UMA MULHER CONFIANTE, E EU GOSTO DE MULHERES CONFIANTES. GOSTO DE UMA MULHER QUE TENHA CONFIANÇA E PEITÕES."

HANDSOME DICK MANITOBA: Minha primeira resposta é peitos e bunda, é a primeira coisa que me vem à cabeça. Mas tudo começa com o primeiro passo, que é aquele olhar. É no olhar que você percebe que rolou uma conexão. Ela pode surgir durante uma conversa com alguém, quando de repente você percebe "Puta merda! Rolou um clima!" É a coisa mais sexy do mundo, porque o que isso faz... Não dá para botar comida na mesa sem ter uma bela toalha. Essa ligação é a toalha de mesa.

JAMES KOTTAK: Cabelo, e tem que ser louro. E tenho que assumir que gosto de peitões. Com os peitões vêm uma mulher confiante, e eu gosto de mulheres confiantes. Gosto de uma mulher que tenha confiança e peitões.

JESSE HUGHES: A atração definitivamente está nos olhos de quem vê, digamos assim. Algumas pessoas ficam atraídas por peitos e por isso algumas mulheres colocam silicone, o que é uma vergonha. Alguns caras acham a facilidade mais atraente do que tudo. Para mim, depende do meu humor. Se eu estiver andando à noite pelo circuito de livrarias, sou definitivamente outra pessoa. Sou o tipo de cara que quando você fala sacanagem baixinho no meu ouvido eu sorrio, mas olho ao redor para ter certeza que mais ninguém ouviu.

JIMMY ASHHURST: Tendo a considerar o todo, mas a higiene conta muito na minha lista de exigências. E sou um grande fã de pernas e bunda.

JOEL O'KEEFFE: O desejo sexual e o quanto ela deixa isso transparecer. Garotas que se jogam em cima de mim e falam um pouco de sacanagem, desde o começo, já têm minha total atenção. É como uma garantia de que, quando estivermos sozinhos, vou me divertir muito na cama.

LEMMY: A beleza está nos olhos de quem vê, como todos sabemos. Parece clichê, mas é verdade. Eu já vi cada casal que você não acreditaria. Você vê uma garota gostosona com um cara esquisito, sujo e de óculos e pensa: "Por quê? Ele nem tem dinheiro". Realmente está nos olhos de quem vê. Nunca se sabe. Já eu sou um cara que gosta de pernas e peitos.

NICKE BORG: Acho que a compreensão. Primeiramente, prefiro uma pessoa que se apaixone pela sua aparência ou pelo que você é, sem saber que você faz parte de uma banda. Ou alguém que talvez saiba que você está numa banda, mas entende que isso às vezes é muito solitário e trágico. E não algo do tipo: "quero te comer todinho porque vi o seu videoclipe, cara."

ROB PATTERSON: Cérebro, essência sexual e bunda! Tem que ter uma bela bunda!

TOBY RAND: Confiança. Por exemplo, se uma garota entra numa sala, ela é imediatamente vista e notada. Você sabe que ela está lá, está presente e juntamente com isso vem uma atitude positiva, o sorriso... E uma bela bunda.

VAZQUEZ: Eu realmente procuro uma mulher voluptuosa. Quero bundão, peitão. Garotas magrelas não têm graça. Simplesmente não me sinto bem, sabe? Eu quero uma mulher que pareça uma mulher.

Qual é a melhor forma de fisgar um roqueiro milionário?

EVAN SEINFELD: Está tudo no olhar, na linguagem não falada. Garotas que transam com astros do rock sabem fazer isso só com o olhar. Às vezes eu olho para a multidão quando estou fazendo um show, nossos olhos se encontram e de repente eu nem preciso transar com ela, porque de certa forma já rolou, sabe?

JIMMY ASHHURST: Parece que Los Angeles virou a meca para esse tipo de garota. Tem aos montes em qualquer boate. Elas são espertas o suficiente para conferir a porra da parada da *Billboard* antes de sair com você. E verificam seu histórico de crédito também. Virou uma profissão hoje em dia. Parece que não é mais tanto um ato de rebeldia quanto costumava ser. Antigamente, se uma garota fisgasse um marido roqueiro milionário, ela teria que aturar muita merda da parte dele para "pagar" o relacionamento. Agora parece que elas procuram caras mais calmos e racionais.

JOEL O'KEEFFE: Provavelmente da mesma forma que se fisga qualquer homem: deixe o cara bem bêbado ou chapado.

ROB PATTERSON: Eu não saberia dizer, mas pelo que eu ouço por aí: não fique perseguindo o cara! Seja você mesma!

TOBY RAND: Ser confiante e tratá-lo exatamente do mesmo jeito que você trataria qualquer outra pessoa. Ele não é melhor que ninguém.

VAZQUEZ: Tudo o que você precisa fazer é ser você mesma. Às vezes eu vejo uma garota num show, ela me encontra, fala "oi" e não rola nada; ela é tímida e isso não dá certo. Ela não precisa ser superavançada, apenas o suficiente.

Quem tem cabelo louro realmente se diverte mais?

ACEY SLADE: Não.

ADDE: Provavelmente, provavelmente. Conheço muitas louras que se divertiram horrores. Talvez seja coisa de mulher, acho que não se aplica aos homens.

ALLISON ROBERTSON: Bom, nasci com cabelo bem claro e à medida que fui envelhecendo e ele ficou castanho, eu fiquei muito mais tímida. Assim que meu cabelo ficou castanho eu virei nerd... Estou brincando! Mas realmente acontece de muita gente nascer com cabelo alourado e depois ficar castanho. Para ser sincera, sempre pintei meu cabelo mais escuro do que realmente é. Ele é meio dourado, mas há dois anos estou loura e tenho que dizer que realmente libera a criança mais do que eu esperava. Eu já havia descolorido o cabelo quando estava no ensino médio e ele era muito curto, mas tenho que dizer que você realmente se sente mais sensual e poderosa loura. Eu pedi para o meu cabeleireiro deixar a raiz aparecendo, pois queria que ficasse bagunçado como o cabelo do David Lee Roth. É interessante quando você abre a janela do carro e dirige por Hollywood com os cabelos louros ao vento. Você realmente se acha sensual. E é divertido. Acho que isso atrai as pessoas que também estão procurando diversão. As pessoas olham para você e dizem: "Olha, ela parece divertida!"

ANDREW W. K.: Não sei se elas se divertem mais, mas uma loura natural é muito bonita. Eu estive com uma garota que era assim e fiquei muito empolgado, porque nunca tinha saído com uma loura antes, apenas com garotas de cabelo castanho. Acho que essa foi a segunda ou terceira garota com quem transei. Foi antes de começar a excursionar. Eu estava morando em Nova York, começando minha carreira como Andrew W. K. e começava a ficar mais confiante. Eu estava tão empolgado por sair com uma loura... Não só por ela ser loura natural, mas por ela ter pele clara, olhos azuis, isso era realmente novo para mim. Aí, no dia em que tivemos nosso primeiro encontro oficial após termos passado muito tempo juntos, ela aparece com o cabelo pintado de castanho! Foi uma decepção tão grande que eu não me contive e falei: "nossa, você está linda, mas estou meio decepcionado. Estava tão empolgado com você loura". Tive uma queda por uma garota no ensino médio que era simplesmente linda. Fiquei gamado por alguns anos. Ela estava uma série a frente da minha e era loura. Todo o rosto da pessoa fica diferente quando ela tem cabelo louro, especialmente quando é natural. É totalmente diferente quando é pintado.

BRENT MUSCAT: Não, eu não acho. Já saí com louras antes, mas acho que prefiro morenas. O que me atrai é uma mulher de mente aberta. Alguém que você leva para jantar e se mostre disposta a experimentar comidas diferentes porque tem cabeça aberta em relação a tudo. Algumas das minhas ex-namoradas não eram consideradas muito atraentes, mas isso não é o mais importante para mim. Além da aparência, preciso ter um envolvimento mais intenso.

BRUCE KULICK: É engraçado: tenho cabelo escuro e olhos castanhos e adoro louras, olhos azuis e tal. Eu me sinto muito atraído por mulheres latinas e asiáticas. Melhor dizendo, por mulheres em geral! Por algum tempo Cindy Crawford foi a mulher ideal para mim e ela passa longe da loura típica. Uma das minhas favoritas sempre foi Heather Graham e ela parece o tipo de garota que poderia ser sua vizinha. Pamela Anderson, eu acho incrivelmente gostosa e é por isso que fiquei maluco quando Tommy [Lee] e Kid Rock estavam saindo com ela, mas eu não duraria um minuto na presença dela. Não seria nem capaz de formular uma frase completa, não conseguiria relaxar de verdade. Eu preciso de uma garota de aparência mais comum, que poderia ser minha vizinha. Sim, a Pamela é gostosa demais, mas eu não sobreviveria a isso. Para mim tudo é uma questão do envolvimento e da beleza que está no olhar. Por mais que as louras sejam minhas prediletas, nunca deixei de sentir tesão por mulheres que não eram louras.

CHIP Z'NUFF: É só um boato que rola há anos. Talvez depois de mudar o visual você possa achar que a vida está melhor, porque a sua disposição muda. Então, talvez, de certa forma seja verdade. Mas a maior parte eu acho que é só um clichê.

COURTNEY TAYLOR-TAYLOR: Elas devem se divertir mais do que as góticas, mas provavelmente não tanto quanto as ruivas de cabelo encaracolado.

DANKO JONES: Sim, eu prefiro esta cor de cabelo.

DOUG ROBB: Acho que não. Estava até falando com minha mulher sobre isso há alguns dias, porque eu acho que a maioria das garotas com quem saí na vida era loura, mas eu nunca preferi as louras. Jamais. Eu sempre vou pelo rosto, a cor de cabelo é insignificante. Não acho que necessariamente elas se divirtam mais.

EVAN SEINFELD: As louras com certeza não se divertem mais. Eu amo louras, mas prefiro as morenas. Em primeiro lugar estão as asiáticas e eurasiáticas, as latinas vêm em segundo lugar, em terceiro ficam as morenas e em quarto, as louras. Já fiz sexo com mulheres de todas as etnias e nacionalidades imagináveis, e acho que as louras não naturais, que eu chamo de louras de farmácia, geralmente são as mais inseguras e acabam aproveitando menos. Elas fazem as coisas por uma questão de vazio, solidão e desespero. Algo que me broxa são as garotas que se esforçam pra caralho para melhorar a autoimagem em vez de tentar simplesmente se divertir e gostar de si mesmas. Não digo que seja uma regra absoluta, é só minha experiência pessoal.

HANDSOME DICK MANITOBA: Não faço ideia. Todos na minha família têm olhos e cabelos castanhos. Eu saí com poucas louras na vida. Sou um judeu nova-iorquino, como você pode ou não saber, e as deusas inatingíveis como Claudia Schiffer e as belezas arianas louras de olhos azuis que todos desejam, na verdade, não são o meu tipo de garota. Meu estilo é mais o da Adriana Lima, mediterrânea, com pele cor de oliva ou morena de olhos e cabelos castanhos. As louras até podem se divertir mais, mas as morenas ardentes são as melhores.

JAMES KOTTAK: Claro que sim! É verdade, é verdade!

JESSE HUGHES: Porra, claro que não! Não mesmo. As louras são de ouro, é o que as faz especiais. Elas são douradas e, por isso, mais cobiçadas, mas daí a se divertirem mais? Porra, claro que não! Vou te dizer isso agora! As morenas parecem secretárias gostosas ou a mãe daquele amigo que você adora admirar quando vai pegar uma piscina na casa dele.

JIMMY ASHHURST: As louras definitivamente chamam mais a atenção, são mais berrantes, como se dissessem: "oi, cheguei!" Como defensor das oportunidades iguais, acho as morenas ardentes e gosto delas, mas, analisando superficialmente, acho que as louras realmente se divertem mais.

JOEL O'KEEFFE: Louras, naturais ou não, são a minha verdadeira fraqueza. Já bati o carro três vezes olhando para elas na rua e gastei todo o meu dinheiro levando-as para sair. E quando você as conquista e fica sozinho com elas, sempre vale a pena. Louras, naturais ou não, sabem automaticamente que são sexy, então eu tenho que dizer que *sim*, as louras se divertem mais. Elas gritam mais alto, gozam mais gostoso, trepam com mais vontade, estão sempre excitadas e com um tesão do caralho, e quando você acha que acabou, elas estão sempre prontas para outra.

LEMMY: Não sei, nunca fui louro.

NICKE BORG: Sim, cara. Eu sou louro. Mesmo que eu raspe a cabeça, sou louro, porra.

ROB PATTERSON: Depende. No meu caso, sim.

TOBY RAND: Não, é mentira. Garotas de cabelos pretos se divertem mais... Qualquer garota se diverte. Não importa a cor do cabelo, pois muitas louras na verdade têm cabelos pretos.

VAZQUEZ: Hummm... estou repassando mentalmente o meu caderninho de telefones. Acho que louras falsas se divertem mais.

Tatuagens e piercings excitam astros do rock? Em que locais eles ficam mais sexy?

ACEY SLADE: Ficou meio previsível agora, e provavelmente é raro achar uma garota, especialmente uma groupie, que não tenha tatuagem ou piercing. Gosto de garotas de rosto e mãos limpas. Talvez um suéter. E quando ela tira o suéter, aparece um braço totalmente tatuado ou uma tatuagem legal nas costas.

ADDE: Acho que sim... na verdade, não importa.

ALLISON ROBERTSON: Tatuagens podem ser bem sexy, mas precisam ser inteligentes. Eu costumo brochar quando elas são horríveis. É tudo uma questão de gosto, e cada um tem o seu. Tatuagens tribais não fazem meu estilo. Também não curto caracteres chineses e nem... Eu estudei japonês e sei o significado de alguns caracteres kanji. Às vezes eu pergunto: "você ao menos sabe o que isso quer dizer?", responde ele: "ah, acho que significa que eu sou tranquilo." E não significa nada disso, quer dizer "árvore", "vou mijar na sua casa" ou qualquer outra coisa. Tatuagens são sexy apenas quando realmente significam algo, quando você pode dizer que alguém viajou muito, por exemplo. Acho legal quando as pessoas se tatuam como caras ou garotas de alguma banda e colecionam desenhos no corpo, como se fazia com adesivos ou selos na infância. Elas são de diversos lugares do mundo, essa merda toda. É muito mais sexy ter um motivo em vez de apenas tentar parecer legal. Piercings? Para ser sincera, nunca saí com alguém que tivesse um. Talvez um na orelha que tenha fechado há muito tempo. Não é brochante, mas nunca fiquei com caras assim.

ANDREW W.K.: Nunca gostei de tatuagem e piercings, então eu não me sentiria mais atraído por uma garota que tivesse. Nunca cheguei a brochar literalmente, mas com certeza houve momentos em que não funcionei muito bem com garotas cheias de tatuagens e piercings. É que essas garotas têm outro estilo e esse estilo não combina muito comigo. Não acho que sejam as tatuagens e os piercings em si. Estou muito feliz agora, pois minha esposa tem as orelhas furadas e não tem tatuagens. Acho incrível, porque há tantas garotas tatuadas. Tatuagens são legais. Eu tenho, mas são apenas desenhos. Existe algo em olhar para essas figuras o dia todo que é bem intenso para mim. É como ter algumas pinturas na parede de casa. Se você vai passar por ali todos os dias durante 50 anos é melhor gostar mesmo delas. Mesmo assim, aposto que às vezes dá vontade de mudar tudo de lugar, para não ter sempre a mesma cara, a mesma decoração. Por isso acho que decorar o corpo com pinturas e imagens é muito intenso, eu admiro quem faz isso. Eu curto. Tenho as orelhas furadas. Pensei em furar o nariz também e fazer outras coisas desse tipo. Mas se estiver vendo fotos de mulher nua, por exemplo, prefiro que ela não tenha piercings ou tatuagens.

> "PIERCINGS NA LÍNGUA SÃO MUITO, MUITO IRRITANTES, PORQUE ELAS GERALMENTE PASSAM A MAIOR PARTE DO TEMPO BATENDO AQUELE TROÇO NOS DENTES."

BLASKO: Piercing nos mamilos são legais, mas eu fico por aí. Na língua são muito, muito irritantes, porque elas geralmente passam a maior parte do tempo batendo aquele troço nos dentes, é como se alguém arranhasse um quadro-negro. Nos mamilos são ótimos. Quanto às tatuagens, não ligo para elas, depende do tipo. Acho que há uma linha tênue entre uma tatuagem bem-feita e pensada e um "foda-se" escrito no ombro, como eu já vi.

BRENT MUSCAT: Acho piercing no umbigo sexy. Não sou superfã de tatuagens que fecham o braço nem de muitas tatuagens no rosto. Se forem nas costas, num lugar legal, tudo bem, mas não vou dizer que prefiro assim. Por mim, não tem problema, desde que sejam atraentes. Acho que o pior é quando uma garota tem uma tatuagem que parece coisa de cadeia. Não acho sexy. Nem as tatuagens no colo que algumas garotas estão fazendo agora. Gosto de algo que possa ser escondido e, se for revelado no quarto, fica ainda mais sexy. Engraçado... Estou todos esses anos no rock'n'roll e não tenho uma tatuagem sequer.

BRUCE KULICK: O astro do rock comum, que já tem tatuagem, provavelmente vai achar muito legal. Não acho horrível, mas não me dá nenhum tesão. Se forem feitas em locais de bom gosto, tudo bem, mas se a garota for totalmente tatuada, não vai nem se sentir atraída por mim porque eu não correspondo a isso. Tenho uma orelha furada, e só. Alguns amigos, que me acham um cara legal, bom guitarrista e músico, têm os braços totalmente tatuados, mas acho que não teria um relacionamento com uma garota assim, toda tatuada. Uma ou duas até vai, mas... Sei que é muito rock'n'roll e muito atual. Não se pode negar a moda, mas reconheço que sou meio antiquado em relação a isso. Mesmo que Angelina Jolie seja uma ótima atriz e eu a ache linda, não entendo aquilo tudo no corpo dela. Simplesmente não entendo. Ela não é roqueira nem musicista. Até entendo que algumas mulheres coloquem um piercinzinho no nariz... Algumas colocam na vagina. Não chego a brochar, mas definitivamente não é o tipo de garota que eu curto. O negócio na língua também... Algumas garotas acham que isso auxilia no prazer sexual tanto do homem quanto delas, mas eu não sei dizer se isso é verdade. Não tive experiências suficientes para saber. Simplesmente não me atrai.

CHIP Z'NUFF: Bom, parece que tatuagens e piercings tornam os roqueiros atraentes, pois a maioria dos caras tem. Mas se você puder não ter, acho que isso te deixa ainda mais original. Eu me lembro de ficar à toa no A&M Studios em Los Angeles, onde o Enuff Z'Nuff gravava um álbum. Ozzy Osbourne estava na sala ao lado e não deixava ninguém entrar. Tinha uma placa na porta que dizia "absolutamente proibida a entrada". Então nós colocamos uma placa na nossa porta dizendo "absolutamente proibida a entrada – a menos que você tenha o seguinte: cocaína, crack, heroína, maconha, álcool, boceta." Eu estava sentado do lado de fora com o Ozzy, quando finalmente consegui uma oportunidade de falar com ele. Por sinal, adoro esse cara. Então ele diz: "Você quer ser original? Não faça a porra de uma tatuagem!" Por isso, sem tatuagens e piercings para mim.

COURTNEY TAYLOR-TAYLOR: Jamais consegui entender ou tolerar os piercings. Eu gostei quando as argolas de nariz ou sobrancelha viraram moda. Achava aquilo muito legal. E ainda acho. Gostei mais ainda quando saíram de moda, porque quem ainda tinha esses piercings, que eu realmente curtia, estava refazendo uma declaração bem individualista, dez anos depois. Agora, qualquer tipo de argola nos mamilos, ou esse negócio de piercing genital, é apenas triste. No estilo: "putz, sempre achei que você fosse legal, mas agora não acho mais. Você tem problemas – muitos – e é simplesmente triste, uma pessoa triste." É tudo o que essa merda me diz agora. Sempre foi, desde a primeira vez que vi anéis nos mamilos ou um piercing peniano. Também não gosto daquela tatuagem aparecendo no cóccix.

DANKO JONES: Conheço caras que ficam muito atraídos por uma garota cheia de tatuagens e outros que realmente sentem tesão por garotas que têm o braço fechado. Não faz diferença para mim. Além do visual, é mais uma questão de personalidade. Tatuagens não decidem se eu vou chamá-la para sair ou algo assim. Na verdade, não tem nada a ver com coisa alguma.

DOUG ROBB: Eu, pessoalmente, não acho piercing excitante. Tatuagens podem ser legais, especialmente se forem bem-feitas, como uma garota que tem um quarto do braço fechado ou o braço totalmente fechado. Ou aquelas na parte da frente dos quadris. Isso é legal. A típica fadinha nas costas ou o bracelete tribal definitivamente não são sexy. Na verdade, se estas são as *Dicas de sexo de astros do rock*, acho que hoje em dia você não ter tatuagem é mais rock'n'roll. Tatuagem era um símbolo de rebeldia, mas agora, sinceramente, além de mim e do nosso guitarrista, não sei quem não tem. Todo mundo tem essa porra! Nós somos uma espécie em extinção.

EVAN SEINFELD: Acho que muitas mulheres acreditam que como os astros do rock são tatuados ou têm piercings, vamos querer que elas tenham também. Sou muito seletivo em relação a isso. Não sou fã de mulheres tatuadas como sou de garotas com poucas tatuagens ou nenhuma. Se uma garota fizer uma tatuagem, tem que ser de qualidade. Não gosto quando elas fazem desenhos iguais aos que eu teria no corpo. Ficam parecendo meio másculas. Garotas, vocês não precisam daquela tatuagem de piranha no cóccix, e definitivamente não precisam de tatuagem nos seios ou entre eles. Odeio tatuagens coloridas em qualquer pessoa. Sexy para mim é uma garota com uma pequena tatuagem no pescoço, no dedo ou atrás da orelha. Piercings: ultimamente gosto muito daquele pontinho na bochecha igual ao da Marylin Monroe. Chamam de Monroe mesmo, acho. Gosto disso. Acho legal uma garota com piercing. Pode ser no lábio, no septo ou um anelzinho na narina, mas colocar um monte deles chega a distrair a minha atenção. Nessa porra de cultura pop em que todo jogador de basquete, futebol americano, rapper... em que as tatuagens ultrapassaram as fronteiras das normas da cultura pop *mainstream*, muitas mulheres acham que vão atrair roqueiros com uma coisa tribal, como quem diz "ei, eu tenho tatuagem e você também, viu? Temos algo em comum." Não vou dizer que não transo com mulheres tatuadas, mas, com certeza, não é minha preferência.

GINGER: Não acho que tatuagens ou piercings façam qualquer diferença. Atração está além do inicial "que gracinha." É a compatibilidade entre as pessoa que faz qualquer relacionamento funcionar. Uma vez estabelecida a atração de ambos os lados, a estabilidade faz qualquer relacionamento ser bem-sucedido.

HANDSOME DICK MANITOBA: Não acho que precise de nada disso para dar tesão, mas tenho que conviver com a realidade do mundo ao meu redor. Eu lido com isso. Minha esposa acabou de tatuar o braço inteiro, e eu dei a tatuagem de presente para ela. Parte de estar num relacionamento consiste na arte de ceder e de aceitar. Você pode trepar o quanto quiser, mas a base principal que compõe os relacionamentos no dia a dia diz respeito a aceitar a outra pessoa e ceder.

JAMES KOTTAK: Sou totalmente a favor de tatuagens. Não gosto de tatuagens masculinas em mulheres. Gosto delas soltas aqui e ali. Não me importo com braço fechado em meninas. Piercings no rosto, estou fora. Eu não gosto. Sexy de verdade é quando a garota tem tatuagem de mulherzinha. Adoro isso.

JESSE HUGHES: Eles excitam quem já está com tesão. Na verdade, astros do rock são o que são porque estão sempre com tesão, não importa o quanto você queira manter-se vestida. Você pode fingir que é uma questão de arte, para salvar as baleias ou qualquer merda dessas, mas na verdade sempre diz respeito a alguém com muito tesão. Acho os piercings muito irados, a menos, é claro, que sejam do tipo que parece que vão cortar seu pau ao meio ou algo que impeça você de aproveitar o que está prestes a acontecer. Tudo que uma pessoa usa no corpo é uma mensagem, e às vezes é você que tem que captá-la.

JIMMY ASHHURST: Não mudo minha rotina para procurar esse tipo de coisa. Eu tendo a gostar daquelas que também têm... emprego. Seja atriz, modelo, tanto faz. Essas são as que raramente têm muitos piercings.

JOEL O'KEEFFE: Tinta e aço são sexy pra cacete! É sempre uma surpresa bem-vinda quando arrancamos as roupas um do outro e você descobre uma bela obra de arte no corpo dela ou sua língua encosta naquele pedacinho de aço úmido e morno. É como achar um tesouro enterrado e ficar com ele todinho para você.

NICKE BORG: Varia muito de pessoa para pessoa. Não há nada mais sexy do que uma garota inocente que nem sabe o que é uma tatuagem ou um piercing. Mas não há nada mais brochante do que um pequeno golfinho desenhado no ombro dela. Um dragão bem grande ou uma caveira tatuada nas costas da garota é legal, porque você não vê aquela porra de primeira. Elas estão andando de minissaia e quando você descobre, pensa: "puta merda!" Então depende do caso. Tatuagens são sensuais de certa forma, mas golfinho ou coelhinho no ombro? Tô fora.

ROB PATTERSON: Para mim, sim. A garota não pode ser totalmente coberta por tatuagens, mas é legal em certos lugares, como atrás da orelha, nos pulsos... nada muito radical.

TOBY RAND: Acho tatuagens extremamente sexy e, acho que, nas garotas, o melhor lugar para elas é na nuca, nos pulsos ou tornozelos e na área pélvica.

VAZQUEZ: Amo argolas em mamilos. Não curto piercings genitais e toda aquela merda. Outro que realmente detesto em garotas (e em caras também) é o que alarga o lóbulo da orelha. Eu me lembro de estar num show conversando com uma garota. Como o som estava alto, eu me aproximei, e aquilo fedia. Fiquei pensando que porra era aquela. Troço nojento! As orelhas são feitas de um determinado jeito, não precisa foder com elas.

Astros do rock preferem fazer sexo com jovens e inexperientes ou maduros e experientes?

ACEY SLADE: Eu prefiro as maduras e experientes a qualquer hora. Se você brinca com bebês, acaba tendo que limpar fraldas.

ALLISON ROBERTSON: Acho que depende do que você está procurando, mas eu prefiro alguém que tenha um pouco mais de experiência e seja um pouco mais maduro. Porque se você está numa banda, acaba procurando quem esteja em bandas ou no mercado fonográfico. Só que as pessoas não amadurecem direito quando estão em turnê o tempo todo. Elas não fazem as mesmas coisas que alguém que ficou em casa, frequentou a escola e teve um monte de empregos de merda. Um cara que só ficou com algumas garotas e nunca teve uma namorada de verdade, nem sempre sabe o que está fazendo. Caras assim são acostumados a terem tudo o que querem e não sabem ceder num relacionamento. Então eu tendo muito mais a escolher alguém que, seja um pouco mais velho do que eu. A idade na verdade não importa, mas o nível de maturidade, sim. E muito.

BLASKO: Maduras e experientes.

CHIP Z'NUFF: Maduras e experientes, sem dúvida. Juventude e inexperiência ajudam só até certo ponto, mas não há nada como ter conhecimento. Conhecimento é tudo, como diria meu avô. Com conhecimento, nada pode te impedir, só você mesmo.

DANKO JONES: Para mim, seria ótimo se ela fosse mais nova que eu e tivesse experiência. Esse seria o meu ideal. Não gosto de ser professor. Quando eu era garoto, toda aquela história de pegar uma virgem era o ápice da fantasia para os homens. Quando cresci e fiquei sexualmente ativo, percebi rapidinho que isso é brochante. É desestimulante estar com uma mulher inexperiente. Essa fantasia toda de virgem não faz meu estilo. Eu realmente gosto de estar com uma mulher que sabe o que quer na cama, e isso só vem com a experiência. É isso, que faz com que a mulher seja mais segura, saiba o que desejar e seja boa de trepar.

EVAN SEINFELD: Acho que depende da hora e do lugar. Em outras palavras, se for quarta-feira à noite, eu estiver me apresentando na Eslováquia e o ônibus da turnê estiver saindo em duas horas, não vou ter tempo de ensinar nada a ninguém. Eu quero uma garota que... Ela não tem que ser experiente, mas pelo menos saber o que quer. Tem tanta garota que é insegura. Muitas estão apenas em busca de atenção, e eu vou mandar a real: não percam seu tempo. Nós não queremos ser seus amigos, não queremos ter que bater papo com vocês. A maioria de nós tem esposa ou namorada em casa para passar nosso tempo que é curto, mas valioso. Então, se você quiser sexo, ótimo. Se não for o caso, deveria haver uma lei que proibisse a propaganda enganosa! E que incluísse um parágrafo de indenização. Há algo de sexy numa garota jovem e inexperiente. Parte da série na qual eu faço sexo, feita para uma nova empresa que Tera e eu criamos chamada Iron Cross... Se você entrar no rockstarpimp.com vai ver que há séries diferentes para morenas gostosas, louras gostosas, asiáticas gostosas, latinas gostosas... Algumas das minhas favoritas são duas magrelas gostosas, garotas que pesam 47 quilos ou menos. E tem também adolescentes gostosas. Tem algo muito sexy nelas, a idade da inocência. Para mim, muitas garotas que já rodaram por aí e ficaram um pouco mais velhas, mesmo aos vinte e poucos anos, são bem complicadas, porque foram sacaneadas por um ou dois namorados e ficaram saturadas, é óbvio. Há algo muito sexy na inocência de uma garota que só quer viver o momento, isso me dá muito tesão. Quando minha esposa e eu conversamos sobre as garotas com quem vamos transar nos filmes, ela sempre diz: "Evan, pegue as mais gostosas e mais novinhas que encontrar, porque elas ainda não estão estragadas." Minha esposa é especialista nessas merdas todas, ela é a rainha das gostosas.

HANDSOME DICK MANITOBA: Odeio dar uma resposta detalhada para uma questão simples, mas quando você pergunta "você prefere..." bom, eu sou um homem. Sou um homem das cavernas. Homens das cavernas nunca mudam, e nunca evoluem. Não quero parecer pervertido, mas, mesmo aos 55 anos, se estou assistindo a um programa adolescente com meu filho de seis anos e vejo uma garota de 16, acho uma gracinha! Não fico pensando: "tenho 55, não posso achá-la uma gracinha." Se estivesse a fim de uma trepada sem compromisso, eu iria atrás de qualquer uma que me desse tesão. Se estivesse procurando uma garota bonita para exibir por aí, eu enjoaria dela em três dias. Então, quando você diz "o que você procura", tenho que fazer este prólogo. Se fosse solteiro, eu iria com qualquer uma que me fizesse sentir bem na hora. Como uma mariposa na direção da luz (que acaba morrendo por isso). Mas se eu estivesse procurando alguém para ficar junto e passar um bom tempo, ir ao nível B, C e D de um relacionamento, eu teria que ficar com uma garota um pouco mais velha.

JIMMY ASHHURST: Eu prefiro as jovens e inexperientes. Acho que a experiência é valorizada demais.

JOEL O'KEEFFE: Hoje em dia as jovens são experientes e as experientes ficam em forma e parecem jovens. A gente sai ganhando de qualquer jeito.

LEMMY: Você procura o que gosta, não é? Não vai ficar perguntando sobre o passado delas. Não é corrida presidencial. Se você gostar, você pega, não?

NICKE BORG: Eu diria que muda com a idade. Não tenho mais paciência para aquele lance de ir com calma, ser gentil. Quero que se dane. Mas quando elas chegam falando: "enfia o seu celular no meu rabo", aí eu não curto. Deu para entender? Acho que é um meio-termo. É um tesão estar com alguém que não seja muito experiente, mas pode ser brochante sair com uma garota depilada que fala: "enfia sua cabeça na minha boceta." Aí eu digo não.

"EU REALMENTE GOSTO DE ESTAR COM UMA MULHER QUE SABE O QUE QUER NA CAMA, E ISSO SÓ VEM COM A EXPERIÊNCIA."

ROB PATTERSON: Maduras e experientes!

TOBY RAND: Inicialmente a gente investe nas jovens porque elas são elétricas e ansiosas para agradar, mas depois que passamos pelas mais novas, gostamos da maturidade.

VAZQUEZ: Acho que depende do que você quer. O melhor é um pouco de cada. Tipo, não tão experiente que o sexo pareça uma transação de negócios. Eu me lembro de uma vez em que a garota chegou ao hotel com um vibrador na bolsa e eu pensei: "puta que pariu, você precisa disso tanto assim?" Achei um desaforo e dei a ela os melhores 45 segundos que consegui.

Como alguém pode impressionar um astro do rock o suficiente para chegar à próxima etapa sexual?

ACEY SLADE: Ah, isso é fácil: não transe na primeira noite... A menos que você só queira dar, aí você tem mais é que dar mesmo.

ADDE: Eu tenho tendência a não me apaixonar por garotas roqueiras. Tendo a me apaixonar pelas que chegam dizendo "não, eu só estou aqui porque minha amiga queria ver vocês. Sou bibliotecária" – ou algo assim. Costumo me apaixonar por esse tipo de garota. Quanto menos roqueira for, mais eu me interesso.

JOEL O'KEEFFE: Astros do rock estão sempre com fome de amor, então basta dar a eles algo atraente para comer e tudo vai dar certo.

ROB PATTERSON: Se você tem, você tem. Se não tem, não tem.

TOBY RAND: Assuma. *Diga-me* o que fazer.

DICAS DE SEXO DE ASTROS DO ROCK

ROUPAS & LINGERIE

"EU GOSTO DAQUELAS QUE DEIXAM AS COXAS E A BUNDA PRONTAS PARA SE APERTAR E BELISCAR NAQUELAS ÁREAS ONDE A CARNE É REALMENTE MACIA."

Qual é a lingerie mais sexy?

ACEY SLADE: Cinta-liga, sem dúvida alguma. E coisas caras: gostos das garotas que vestem Agent Provocateur ou coisas assim.

ADDE: Os clássicos... Quando se trata de mulher, basicamente prefiro o visual clássico. Gosto que elas se escondam para que tenha mais a ser revelado, mais para tirar. Quando elas estão nuas, isso me faz pensar "caramba, isso é tão proibido." Eis porque sou a favor dos clássicos, dos verdadeiros clássicos.

ALLISON ROBERTSON: Gosto de renda. Sei que muitos caras gostam de renda preta e tal, mas eu prefiro cores pastéis... Para ser bem sincera, deixa eu te falar: sou virginiana (não sei se isso tem algo a ver com o meu gosto, mas tudo bem) e gosto de coisas que parecem quase virginais. Sabe aquela lingerie que você usaria na lua de mel? Não que eu use isso todos os dias, mas acho que prefiro peças brancas e aquele visual puro, no estilo "garota boazinha". É evidente que não sou tão boazinha assim. Faço parte de uma banda de rock e visto roupas pretas o tempo todo. Também acho mais interessante quando alguém não sabe o que você vai usar por baixo. Adoro ser um personagem diferente quando uso lingerie. O estilo dos anos 1980 realmente me atrai. Como no clipe de "Girls, Girls, Girls" do Mötley Crüe e aqueles lances de stripper dos anos 1980. Essa é a lingerie sexy para mim. Ainda fazem peças nesse estilo. Se você for a uma boate de strip-tease, vai ver esse tipo de lingerie, mas as coisas mudaram com o tempo. Eu ainda gosto quando vejo um vídeo assim. Curto esse tipo de corpo numa garota e acho que mulheres devem ser mais desse jeito, voluptuosas. Para mim este é o máximo em termos de lingerie: o visual stripper dos anos 80.

ANDREW W.K.: Cinta-liga. Eu gosto daquelas roupas que deixam as coxas e a bunda prontas para se apertar e beliscar naquelas áreas onde a carne é realmente macia. Você pode ver a renda ou o elástico apertando e criando uma marquinha. Lingerie que cria belas marquinhas – é isso que eu procuro.

BLASKO: Não sou fã de lingerie. Eu gosto de roupas, gosto de tirar roupas e gosto de nudez. Não importa o que esteja embaixo, é disso que eu gosto. Por isso tirar alguma coisa para colocar outra e depois tirar de novo é meio irritante para mim.

BRENT MUSCAT: Gosto de meias arrastão. Gosto de transparências. Até pijamas normais são muito bonitinhos se forem mais justinhos, mas eu definitivamente gosto de algo transparente e sexy, no estilo das meias arrastão.

BRUCE KULICK: Eu sempre fui dessa opinião e certamente expresso isso quando estou num relacionamento: adoro garotas de meias arrastão. É a coisa mais sexy que uma garota pode vestir. Não faço ideia do motivo. Claro que é uma parte importante da lingerie. Mas por que esta especificamente é minha favorita, não sei. Quando uma garota quer se vestir de empregada doméstica ou estudante, eu acho legal porque começa numa inocência que acaba virando "agora vou meter até você não aguentar mais". Ou secretária, em que a garota fica com o cabelo preso e de óculos, e depois tira tudo. Tudo isso funciona para mim. Mas se a garota for de cara sensual, meio vadia e estiver vestida dessa forma e agindo dessa forma, então eu vou sair correndo. Quero um joguinho, um pouco de mistério. Não vou usar a palavra "bonitinha", mas quero que a garota represente para mim, que eu provoque algum tipo de efeito nela. Quero ter certeza de que elas vão me divertir e não vão fazer aquele estilo bonita e burra. Esse tipo de roupa, do jeito que estou descrevendo, inspira uma certa submissão e pudor que eu acho divertidos. Obviamente essas fantasias são populares no dia dos namorados... e no Halloween, se a garota quiser. Não gosto das coisas de terror e nem sinto tesão nisso. Tenho amigos que acham legal transar com dentes de vampiro e sangue, mas isso não é para mim.

CHIP Z'NUFF: Gosto de sutileza. O exagerado até pode ser excitante em alguns momentos, mas se eu tivesse que escolher, seria algo realmente sutil. As pequenas coisas que chamam a atenção. Além disso, deixar algo a ser desejado, de modo que você não saiba exatamente o que vai encontrar, sempre é sedutor.

COURTNEY TAYLOR-TAYLOR: Qualquer coisa de algodão branco. Qualquer coisa sem renda, larguinho e nada de fio dental. Na verdade, vou ser ainda mais específico: gosto daquelas calcinhas de algodão branco, de cintura baixa e maiores atrás, que ficam na altura do quadril. Depois é só colocar uma blusinha de alça, meio esticada e gasta, fina e largona.

DANKO JONES: Não gosto de lingerie. Gosto de uma mulher de bunda de fora. Se for para usar algo, talvez salto alto e só. Mas salto alto na cama é ridículo! Simplesmente não funciona. Funciona na revista *Hustler*, mas não na vida real.

DOUG ROBB: Cara, isso sempre muda de acordo com a época. Acho que calcinhas do tipo shortinho, que mostram metade da bunda, provavelmente dão o melhor visual. Talvez uma camisetinha curta por cima. Acho isso incrivelmente sexy.

EVAN SEINFELD: Minha lingerie favorita é a linha criada pela minha esposa, Mistress Couture. Ela criou uma marca de lingerie, porra! É realmente sexy, com muito preto, cintura bem baixa. Acho que tem que fazer o estilo jovem. Tem que ser vintage ou então jovem. Gosto de vintage, estilo lingerie francesa, com cintura alta, corseletes... Além disso, se você quiser saber o que é bonitinho, veja o que elas estão usando no Spearmint Rhino, em Las Vegas. As garotas precisam procurar o que lhes cai bem, e não o que parece ter ficado bom em outra pessoa. Para as mais novas, calcinhas de algodão e coisas simples também ficam bonitinhas. Nem tudo exige uma grande produção. Acho que as garotas devem se vestir de acordo com o tipo de corpo. Gosto de mulher com presença sexual de liderança, que pode ser dominadora, que consiga usar... uma mulher que pareça minha esposa deve usar um corselete, meias arrastão e sapatos bonitos. Já uma garota mais fortinha tentando usar esse visual fica muito forçado. Se ligem, meninas: a regra número um é sempre usar sapatos legais; a regra número dois é nunca tirá-los, não importa o que aconteça.

HANDSOME DICK MANITOBA: Sou um grande fã do que chamo de "marca púbere". Ela surgiu quando eu tinha 12 ou 13 anos e via as revistas *Playboy*. Na verdade, um dos meus sites favoritos na internet é a história dos pôsteres da *Playboy*. Não só porque eu posso ver Bebe Buell, que é uma amiga minha, como uma garota chamada Karen Hafter, que estudou comigo no ensino médio por volta de 1976, eu acho. Como qualquer outra lembrança – um cheiro, uma canção, uma série de TV –, eu posso olhar um daqueles pôsteres e voltar aos meus 11, 12 anos de idade. Acho que abrir a revista e ver aquelas mulheres nuas foi marcante para mim. Por isso eu costumo voltar a este estilo que está marcado bem fundo na minha psique. Um estilo que envolve garotas de cabelo castanho com uma faixa branca no corpo, batom claro e penhoar branco, curto e transparente. Tudo é natural. É como aquele tipo de roupa íntima dos anos 1960. Transparências e tecidos finos tendem a ser meus favoritos. Não sou tão chegado naquela calcinha superfina, que parece um fio dental para a bunda. Gosto que seja um pouco coberto e um pouco à mostra. Algo que seduz e atiça a imaginação mais do que peitos excessivamente óbvios pulando do decote.

JAMES KOTTAK: Nenhuma! Nada vulgar, eu acho. Apenas uma lingerie bonita, meio antiga, rosa-bebê e de oncinha.

> "TRANSPARÊNCIAS E TECIDOS FINOS TENDEM A SER MEUS FAVORITOS. NÃO SOU TÃO CHEGADO NAQUELA CALCINHA SUPERFINA, QUE PARECE FIO DENTAL PARA A BUNDA."

JESSE HUGHES: Lingerie sexy? Eu tenho tantas favoritas, meu Deus! Gosto daquele tipo de garota de bunda bem arredondada. E quando ela usa um fio dental aparecendo por cima do jeans, mesmo que seja clichê e besta, ainda assim é um tesão. Mas também curto lingerie clássica. Gosto de uma meia-calça sete oitavos bonita e adoro meias na altura do joelho com [Converse] All-Stars.

JIMMY ASHHURST: Os franceses parecem ter ótimas ideias sobre lingerie. Eles sempre parecem fazer a coisa certa... Tem a fantasia de empregadinha francesa – esse tipo de coisa é bem animador.

JOEL O'KEEFFE: Bom, quando você está num restaurante e sua mão desce como quem não quer nada em direção à coxa da garota, não há nada mais divertido do que descobrir que ela está sem nada por baixo! Mas, se eu tivesse que escolher, um baby-doll de renda na cor branca ou preta é o que há.

LEMMY: Algo chamado teddy. Sabe esse traje que lembra um maiô e vem com uma calcinha junto? Gosto dos brancos. Sou muito virginal. Mentira, mas eu gosto que elas pareçam virgens.

NICKE BORG: Hoje mesmo estava falando com meu técnico de som sobre o fio dental. Na verdade, falávamos sobre a corda G da guitarra*, a mais complicada de afinar, difícil pra caralho de controlar, e imaginei que deve haver alguma relação com o nome da peça de roupa. Então eu responderia: uma bela bunda com um fio dental mínimo.

ROB PATTERSON: Eu adoro meias arrastão... rasgadas, é claro.

TOBY RAND: Um fio dental vermelho com uma camisetinha é sexy pra cacete. E talvez um gorro. Adoro um gorro!

VAZQUEZ: Ah, cara, eu amo shortinhos. Não são calcinhas; cobrem um pouco a bunda, mas não totalmente. É algo entre uma calcinha comum e a da vovó. Fica sexy pra caralho. Acho que deixa a bunda... cai muito bem.

Algum método para tirar a roupa é mais excitante para você?

ACEY SLADE: Com os meus olhos.

ADDE: Não. Basta arrancá-las.

ALLISON ROBERTSON: Não necessariamente. Depende muito do momento. Não sou o tipo de pessoa que gosta de tirar a roupa lentamente. Nunca joguei strip pôquer, é algo que não tem apelo para mim, parece chato. Sou mais do tipo "e aí, tira logo, acaba logo com isso".

ANDREW W.K: Depende do tipo de roupa. Talvez o mais sexy para mim seja uma garota usando uma camisetinha branca bem justa. Só uma camisetinha comum, de algodão normal ou talvez de algodão mais fino, sem sutiã. Mesmo se for sem manga, essa que chamam de *wifebeater* (embora eu deteste esse nome). Tem alguma coisa nisso que me agrada. O jeito que o tecido estica e aperta faz tudo aparecer. A carne

---

* Em inglês, tanto a corda G quanto o fio dental são chamados de *G-string*. (N. da T.)

fica ótima através desse tecido. E o jeito que a parte inferior da camiseta fica quando está sendo tirada do corpo, por cima, o tecido lutando contra as curvas, empurrando as áreas mais cheinhas e depois as soltando, com uma balançadinha na carne... Tirar uma camiseta é algo realmente forte. Do contrário, são botões, vestidos e zíperes. Gosto quando uma mulher tira a própria roupa. Isso é o mais excitante.

BLASKO: Acho que lentamente funciona melhor para mim.

BRENT MUSCAT: Se você não puder esperar e estiver impaciente, arrancar tudo é sempre divertido.

BRUCE KULICK: Isso traz à tona toda a história das preliminares. Em alguns momentos elas são divertidas, mas em outros o melhor é arrancar as roupas o mais rapidamente possível, ficar logo nu, pular na cama e se agarrar com vontade. Eu gosto da dança de manter algumas peças, depois, ao ganhar mais intimidade, ir tirando as roupas aos poucos em vez de "tá, estou pelada na cama, agora me come!" Acho que é mais divertido tirar a roupa. Sim, porque, vamos falar a verdade, é óbvio que você pode agir de modo sexual se estiver totalmente nu, mas é muito mais difícil quando pego minha namorada, vamos para aquele motel e começamos a nos despir enquanto nos encaminhamos para a cama, apenas nos beijando e acariciando. Isso é sexy para mim! Quando você acaba nu na cama, já está doido para mandar ver. Mas se for algo no estilo "tá, vou tomar um banho agora e depois vou para a cama", grande coisa! Você provavelmente vai para a cama nua de qualquer forma, então o que há de sexy nisso? Não estou dizendo que uma garota nua não é sexy, mas não dá aquele sinal de "ei, você me quer? Então vem e pega." É por isso que a minha garota sabe colocar uma camisola e sabe qual vai ser a minha reação.

CHIP Z'NUFF: Sim, tirar tudo imediatamente. Despir-se de imediato me dá tesão rapidinho.

COURTNEY TAYLOR-TAYLOR: O estilo 14 anos de idade: apertadíssima... é bem sexy quando a roupa fica repuxando. A parte inteligente do seu cérebro acha ridículo, mas ao mesmo tempo é incontrolável, eu gosto disso. É superdivertido e supersexy, dá o maior tesão.

DANKO JONES: Todo o lance de tirar a roupa é meio entediante para mim. Gosto de entrar num quarto e já estar tudo pronto para começar. Sou muito impaciente, digamos assim.

DOUG ROBB: Acho que devagar é sempre melhor, não? Provocar um pouco durante o processo. Mas vai depender do clima: se o lance é pedir a retirada rápida das roupas e isso significar rasgar alguma coisa no processo, então, sim, isso é sexy pra caralho.

EVAN SEINFELD: Se a garota for muito atraente, gosto de vê-la se despir bem devagar.

GINGER: Lentamente, bem lentamente. Para que a pressa? Se for uma garota nova, eu gosto de deixá-la de calcinha até o último momento, e tirar seus sapatos primeiro, para deixá-la confortável, como se estivesse em casa.

HANDSOME DICK MANITOBA: Sim, rasgando e arrancando.

JAMES KOTTAK: Não, basta arrancá-las.

JESSE HUGHES: Claro, primeiro você coloca álcool... tá, estou brincando. Esse é um segredo complexo. Você tem que criar o clima. Considero a música uma ferramenta essencial. Para tirar as roupas, você precisa de uma música lenta e sutil, porque a serpente foi a mais sutil de todas as criaturas do Jardim do Éden. Portanto, se você vai corromper e enganar uma mulher, tem que ir aos poucos. A meia-luz é muito útil. Na verdade, acho melhor criar uma situação do tipo "você não pode tirar as minhas roupas", entende o que eu quero dizer? Pregar uma peça nas garotas nunca é demais.

JIMMY ASHHURST: Depende das circunstâncias. Acredito que há certas ocasiões em que deve ser o mais rapidamente possível, e outros momentos em que o interessante é prolongar a excitação o máximo. Às vezes, manter-se vestido por um bom tempo é um bom truque.

JOEL O'KEEFFE: Devagar e suavemente ou com força e rapidamente, ou ambos. Tanto faz, o resultado é o mesmo.

LEMMY: Não, de qualquer jeito está bom, desde que se tire a roupa.

NICKE BORG: Depende da quantidade de roupa que a garota está usando. Quando você mora aqui, na Suécia, tem que ter isso em mente, porque é frio pra caralho e elas usam muitas roupas. Você deve mantê-la vestida o máximo possível, acho que isso dá tesão, e então deixá-la tirar de forma bem sensual. Costumo ir aos clubes de striptease em todos os lugares que vou e dá para saber se aquela cidade é boa ou não pelo jeito que as garotas tiram a roupa.

ROB PATTERSON: O mais rapidamente possível?

TOBY RAND: Sim. Se a garota tirar primeiro a parte de cima, e depois fizer um striptease para você de um jeito lento pra caralho, de modo que você não imagine o que ela vai fazer a seguir.

VAZQUEZ: Se a luz estiver ligada e eu puder ver tudo o que está acontecendo, então estou mais do que feliz. Não precisa ser um striptease, entende?

O quanto alguém deve mostrar ou esconder com as roupas?

ACEY SLADE: Se uma garota mostrar muito e for bastante agressiva, provavelmente eu vou achar que sou apenas mais um na fila, mas isso nem sempre é um problema. Eu me lembro de ler sobre um baterista de rock dos anos 1970 que sempre levava umas professoras para o ônibus e mandava ver.

BLASKO: Acho que depende do indivíduo. Por exemplo, eu não gosto do estilo de roupas baggy que fazem a garota parecer gorda, mas essa é uma linha tênue. Você pode arrasar num decote e exibir um cofrinho de vez em quando, desde que isso seja feito de um jeito que você não pareça uma vadia. Há maneiras diferentes de fazer isso, mas essa é uma linha tênue. Depende de o indivíduo decidir se quer ou não algo assim.

COURTNEY TAYLOR-TAYLOR: O máximo possível: mostrar a silhueta, mas esconder 69% da textura. Gosto dos braços e ombros expostos, mas um belo par de calças boca de sino de 1971, bem apertadas e gastas, com botas de caubói e uma camisetinha velha, não há nada igual.

NICKE BORG: Há algo realmente sexy numa garota que se veste muito bem e que não se exibe nua, mas um corpo nu com pouquíssimas roupas também é sexy.

ROB PATTERSON: Se você tiver estilo, isso não importa.

TOBY RAND: Adoro uma gata que use camiseta de rock, em vez daqueles vestidos elegantes com glitter e coisa e tal. Uma gata com jeans apertados, sexy pra caralho, talvez pagando um pouco de cofrinho, sem sutiã, com uma camisetinha justa... e um gorro.

VAZQUEZ: Acho que você deve mostrar tudo o que tem. Como já dizia o David Lee Roth: "You'd better use it before it gets old." [É melhor usar antes que envelheça.]

DICAS DE SEXO DE ASTROS DO ROCK

CÓPULA

"LÁ NO ORIENTE DISTANTE ELAS SÃO UM POUCO DIFERENTES. ELAS GOSTAM POR TRÁS."

Que posição sempre leva o parceiro à loucura?

ACEY SLADE: Provavelmente quando estou entre as pernas dela.

ADDE: Tenho que falar do papai e mamãe porque é algo pessoal. Preciso fazer sexo com alguém que me olhe nos olhos. É muito, muito difícil estar com uma garota tímida, que não te olha diretamente nos olhos. Eu não sinto aquela conexão, e o papai e mamãe proporciona isso.

ALLISON ROBERTSON: Não sei. Tive alguns parceiros e cada um é de um jeito. Acho que, para a maioria dos caras, quanto mais eles puderem ver, melhor. Por isso, eles adoram quando podem ver você e o seu rosto. Mas eu não sei. Para mim, todas são boas.

ANDREW W.K.: Não sou muito fã da expressão "de quatro", mas é assim que a maioria das pessoas se refere a essa posição. Por trás, sempre, com todas as garotas.

BLASKO: Acho que de quatro é a resposta para essa pergunta.

BRENT MUSCAT: Quando a mulher fica por cima, de costas para o homem, é muito divertido. Eu gosto de quatro, quando você pode acariciar a garota na parte da frente, isso é sempre bom. Então, eu diria... Bem, não sei como você chamaria, mas é quase como de quatro: ela está de lado, mas é possível estender a mão e brincar com o clitóris. Acho que esta é uma boa posição para elas.

> "GOSTO DE QUATRO, QUANDO VOCÊ PODE ACARICIAR A GAROTA NA PARTE DA FRENTE, ISSO É SEMPRE BOM."

BRUCE KULICK: Acho que sou um bom amante e já me disseram isso. E por mais estranho que pareça, consigo deixar o negócio bem interessante quando estou por cima, mesmo que pareça óbvio. Gosto quando a garota fica por cima, porque você consegue vê-la em todo o esplendor, o que é divertido. Sou muito alto e já saí com garotas de todos os tamanhos, tenho que admitir. Minha atual namorada é um pouco mais alta que o tipo *mignon*, mas dependendo do tamanho da parceira, algumas posições não funcionam. De quatro, por exemplo. É ótimo com alguns tipos de corpos, mas com outros o ângulo não dá certo e simplesmente não rola. É uma dança. É preciso ter certeza que você e sua parceira se encaixam. Eu topo todas, gosto de todas, mas no fim das contas só vou curtir mesmo aquelas que fazem sentido com o físico da minha amante. É o que vai dar certo. Gosto de todas as posições, mas não vou fazer algo com uma garota se não funcionar para ela, ou se ela não gostar. Acho que muitas garotas realmente curtem quando o cara fica por cima. Elas se sentem dominadas, e a maioria delas provavelmente vai ter um orgasmo assim, especialmente se estiverem muito excitadas, lógico.

CHIP Z'NUFF: Sessenta e dez, que é um sessenta e nove com uma a mais.

DANKO JONES: De quatro ou papai e mamãe. Em pé sempre é um tesão para elas, mas, para ser sincero, eu fico cansado.

DOUG ROBB: Minha esposa ama ficar por cima. Ela bota as pernas para trás, como se estivesse se sentando em cima de mim. Funciona sempre.

EVAN SEINFELD: De quatro não há dúvida, as mulheres parecem amar essa posição. Entrevistei centenas delas diante das câmeras para o rockstarpimp.com e foi quase unanimidade. Eu diria que 85% das mulheres preferem assim a qualquer outra posição. Quando elas firmam bem os joelhos para apoiar o corpo. Eu costumo machucar garotas nessa posição. Gosto um pouco disso e acho que elas também. Encontrar aquele ponto entre a dor e o prazer... acho que as mulheres gostam de se sentir subjugadas. Mas minha favorita é definitivamente o papai e mamãe. Adoro ver o olhar que elas fazem quando meto meu pau inteiro dentro delas.

HANDSOME DICK MANITOBA: Não quero fugir da resposta, mas nove anos depois ainda ficamos bem empolgados com o básico. Não somos muito bizarros. Não precisamos de mais seis pessoas ou de candelabros. O básico ainda é totalmente excitante.

JESSE HUGHES: A posição em que estou exatamente dentro delas... brincadeira. Algumas mulheres são diferentes, cara. Acho que o sexo mais incrível que já fiz com minha garota foi de quatro. É, de quatro, sem dúvida. De quatro na cama – é isso!

JIMMY ASHHURST: Todas em que elas estão por cima: a essa altura do campeonato, quanto mais elas fizerem o trabalho, melhor eu me saio.

JOEL O'KEEFFE: O corpo dela é um templo e a boceta, a porta da frente. Então faça questão de fazer uma entrada triunfal e ela vai querer que você repita a dose.

LEMMY: Provavelmente em pé, fora de casa, gritando pela janela. Não sei, deixa eu pensar. Na verdade, é difícil descrever, mas eu sei como é.

NICKE BORG: Por trás, eu acho. Ou meio por trás. Tem algo especial no sexo estilo cachorrinho. Não costumo pensar nisso, mas mesmo as garotas mais depravadas tendem a achar que há algo a mais em fazer sexo nessa posição.

TOBY RAND: Acho que se chama caubói reverso, e sempre funciona. Você está deitado ou sentado, talvez na beira da cama, a garota está virada para o outro lado e vocês dois estão olhando num espelho enquanto transam. Isso é bem sexy. Assistir é sempre algo interessante.

VAZQUEZ: Sempre por trás! As mulheres gostam disso pra caralho. Sabe de uma coisa? Eu não tenho um pau grande, então, se estou atrás delas, faço a coisa valer a pena. Desde que eu não fique em pé na cama, não tenho problema com isso. Posso deixar rolar o quanto eu quiser.

Você acha que pessoas de determinados países preferem certas posições?

ACEY SLADE: Não sei quanto a posições, mas existem diferenças. As europeias são definitivamente mais livres e fáceis. As japonesas, por sua vez, fazem os ruídos mais estranhos. O que pode ser muito útil, porque eu namorava uma garota que fazia barulhos muito, mas muito estranhos e isso me fazia segurar a ereção por bastante tempo. Quanto mais eu demorava a gozar, mais estranhos eram os barulhos, e eu ficava imensamente feliz pela luz estar desligada, porque estava chorando de rir. Então, sim, as japonesas definitivamente fazem barulhos estranhos, mas quanto a posições, nunca percebi nada diferente.

ADDE: Na verdade, não, mas quando eu morava em Los Angeles, namorava uma menina negra que pagava boquete muito, mas muito bem. Ela me disse que sempre ouvia o N.W.A. e eles tinham uma música que ensinava a pagar boquete. Ela era ótima nisso. Era assim... incrível!

ALLISON ROBERTSON: Não! Eu sou uma garota certinha. Não transei com todos os caras em todas as cidades, mas definitivamente acho que a maioria é bem entediante. Para aquilo que se propõem a fazer... Muitos deles apenas gostam de ficar por cima, inclusive caras de outros países.

ANDREW W.K.: Nunca estive com uma garota que não tenha passado a maior parte da vida nos EUA. Você é a primeira pessoa a fazer essa pergunta. Nunca tinha me ligado nisso antes. Uma das garotas morou muito tempo no Canadá, então acho que isso conta um pouco, mas não muito, porque é um país muito parecido com os EUA. Mas é uma ótima pergunta e eu gostaria de ter pesquisado mais o assunto, embora eu prefira investir minha energia sexual em relacionamentos de longo prazo.

BLASKO: Eu não seria um bom parâmetro, pois não estive em muitos países.

BRENT MUSCAT: Pela minha experiência, as inglesas são sempre divertidas e bem loucas. As japonesas também são divertidas. No Japão, o sexo parece mais natural e elas não têm tantas noias em relação a isso. Já nos EUA, um país criado com base em valores cristãos, há muitas pessoas que têm grilo com sexo. Nem todas, isso melhorou muito, mas ainda existem... A formação dos EUA foi protestante, ou algo assim. A virgindade era uma virtude, você não podia fazer sexo antes do casamento e deveria fazer apenas o papai e mamãe. Há algumas pessoas meio problemáticas. Já um país como o Japão com uma cultura totalmente diferente, não há tantas noias em relação ao sexo.

BRUCE KULICK: Não posso dizer que sim. É interessante isso. Tive a sorte de namorar algumas mulheres pelo mundo e não posso dizer "nossa! Lá elas gostam assim." Acho que sexo é universal. Eu conheço algumas culturas um pouco mais... As sul-americanas por exemplo, são muito voltadas para a bunda (e não estou dizendo que elas gostam de sexo anal). Isso significa que elas preferem de quatro? Não sei. As garotas de lá que eu gostei, fiz sexo com elas do mesmo jeito que faria com uma nova-iorquina ou com uma garota de Los Angeles. Você ouve falar que supostamente existem certas ligações com certas culturas, mas não vivi nada radicalmente esquisito nesse sentido, geograficamente falando. Sexo bom é sexo bom e não importa de onde vem.

CHIP Z'NUFF: Eu já excursionei pelo mundo, mas não comi uma garota em cada cidade, disso eu tenho certeza. Eu me preocupo com minha segurança por aí. Estou numa área profissional complicada e não dá para confiar em todo mundo. Dito isso, sim, é diferente em outros países. O Japão é muito estranho, sim. Lá no oriente distante elas são um pouco diferentes. Elas gostam por trás. Cada lugar é único, claro, mas nós nos comportamos de certa forma, e isso passa de pai para filho. Não acho que você mude muito quando está em outro país. Há culturas diferentes e há pessoas diferentes, mas você é o que é em qualquer lugar.

COURTNEY TAYLOR-TAYLOR: Quanto mais perto do equador, mais depravado e mais ligado em bunda. E acho que a tendência é ficar mais oral quanto mais você caminha direção aos polos.

DANKO JONES: Não. Eu não notei isso. Em termos de geografia, não.

DOUG ROBB: Não, e o único motivo pelo qual posso dizer isso é que eu nunca transei com alguém fora deste país [EUA].

EVAN SEINFELD: Já transei em provavelmente em uns cem países e acho que pessoas são pessoas. As garotas gostam que a gente meta por trás e pela frente, e vão ficar por cima sempre que você der uma chance. Na minha opinião, as garotas mais travadas são as inglesas. A Inglaterra é provavelmente o país que tem as garotas menos atraentes. A posição que eu menos gosto é uma britânica nua e falando. Parece que é algo popular na Grã-Bretanha esse negócio delas quererem falar enquanto estão nuas.

JAMES KOTTAK: Eu nunca notei nada em relação a isso. Com certeza, não.

JESSE HUGHES: É possível que países diferentes permitam que cenários sexuais aconteçam sob certos termos, o que exige que o sexo seja rápido, furioso e acabe logo. Algumas culturas desvalorizam de tal forma as mulheres que elas parecem quase irrelevantes. Para essas mulheres, eu tenho certeza, o sexo é algo como ser molestada pelo professor de educação física. O país definitivamente dita a posição. Como os EUA querem ser os reis do mundo, nós gostamos de inúmeras posições.

JIMMY ASHHURST: A maior parte das experiências que tive fora deste país, em termos de posições sexuais, normalmente aconteceu num beco perto da lixeira e coisas desse tipo. Cara, nunca tinha pensado nisso. Tenho que pesquisar a respeito. No Japão, há uma diferença cultural da qual não sou muito fã. Sempre fico traumatizado quando estou lá por causa da barreira entre idiomas. Então eu nunca sei bem o que está rolando e acho que eles gostam que seja assim. É meio "ela está gostando, vai chamar a polícia ou o quê?" É um mistério; o oriente é misterioso.

LEMMY: Não, não. Eu realmente nunca percebi. Acho que todo mundo é mais ou menos igual. Desde que seja bom, a gente faz, né?

NICKE BORG: Não, na verdade não.

TOBY RAND: Sim, as sul-americanas adoram ser bem expressivas com o movimento corporal. Elas querem ser vistas, querem mostrar, por isso adoram ficar por cima.

VAZQUEZ: Não, pela minha experiência é tudo bem universal.

Há alguma maneira de estimular o parceiro a experimentar uma nova posição?

ACEY SLADE: Estou aberto a tudo. É bem legal quando uma garota assume as rédeas. Pode ser meio esquisito no começo. De repente você percebe algo na expressão dela, então você diz: "Ok. Não vamos ficar nessa posição, vamos mais para estibordo."

CHIP Z'NUFF: Seja legal, confiável e gentil. Em geral, um pouco de álcool ou drogas ajudam a convencer a pessoa a experimentar qualquer coisa.

COURTNEY TAYLOR-TAYLOR: Na verdade a gente não costuma sentar e planejar. Onde quer que você esteja, essa é a posição.

JOEL O'KEEFFE: Apenas pegue-a e coloque-a onde você quiser. Não faça perguntas.

TOBY RAND: Acho que a melhor maneira é simplesmente trepar, facilitar o caminho em direção a isso. Ou talvez deixar a situação bem divertida, transformando num jogo como "eu desafio você, se você me desafiar". Esse tipo de coisa. Gosto de rir e brincar durante o sexo. Fazer com que todos se sintam confortáveis, isso é importante.

VAZQUEZ: Porra, cara, eu sou um artista. Faço o que eu quero. Então, para mim é "garota, eu prometo que você vai gostar."

Qual a posição mais estranha que um parceiro o estimulou a tentar?

ACEY SLADE: Provavelmente com ela plantando bananeira contra a parede.

ADDE: Provavelmente comigo posicionado como uma mulher. Quer dizer, eu estava por cima, montado nela como se fosse uma garota, mas com o meu pau. Eu me senti meio estranho.

ALLISON ROBERTSON: Para ser sincera, eu não acho que fui tão sortuda a ponto de levar alguém a fazer isso comigo. Geralmente sou mais aventureira, gosto de experimentar e os caras com quem estou costumam dizer "ai, isso dói" ou "eu não me sinto bem com isso". Já namorei muitos bebês chorões na vida, vou ser sincera. Por isso, na verdade, eu não tenho o privilégio de dar uma resposta ousada a essa pergunta.

ANDREW W.K.: Eu tive a sorte de estar com uma garota que era stripper. Há anos. Não sei há quanto tempo ela trabalhava nisso. Parecia experiente, mas como era nova, achei que não devia ser tanto tempo assim. Ela ficava hospedada lá em casa, nós transávamos e ela era muito avançada em termos de sexo. Não me lembro se o sexo foi tão bom, mas foi ela quem quis fazer isso comigo. Essa foi de longe a experiência mais estranha: ela colocou o dedo em mim, fez um fio terra. Depois, cismou que ia usar um vibrador em mim, mas a isso eu disse que não, teria que trabalhar muito para chegar lá. Eu estava realmente me forçando a entrar num mundo no qual nunca havia estado e só fui capaz de fazer isso porque alguns amigos me garantiram que já tinham feito antes com garotas. Apesar de não terem gostado, foi uma daquelas experiências interessantes de se ter vivido. Eu tentei, e deixá-la ser a força dominante foi uma sensação estranha. Nós fizemos uma vez só, acho. Fui apresentado a uma parte do corpo com a qual eu nunca havia interagido antes. Isso mudou a minha vida, só o fato de ter tentado. Foi interessante, mas nunca mais fiz. Nunca tive vontade. É interessante, porque, embora, não tenha sido o melhor sexo que já fiz, de jeito algum, foi o mais louco em termos de conceito.

BLASKO: Desde que envolva relação sexual, eu não sei o que é tão estranho assim. "Posso colocar um cinturão com um consolo e comer o seu cu?" Esse é o meu limite.

BRENT MUSCAT: Hummm, bom, acho que já experimentei todo tipo de posição. Não acho que houve algo assim *tão* estranho. Transar no banco da frente de um carro, onde é preciso ficar numas posições esquisitas para conseguir terminar... Já fiz tanta coisa que não sei dizer se existem posições estranhas.

BRUCE KULICK: Ih, essa é uma pergunta difícil e não sei se consigo me lembrar de algo assim tão incomum. Não costumo escolher garotas muito dominadoras porque isso não funciona para mim. Então, se eu estou conduzindo a dança, digamos assim, provavelmente vamos ficar em posições com as quais estou acostumado. Não sou o tipo de cara que chega e fala "vamos transar em pé. Vou colocar você na mesa agora." Portanto, não tenho uma boa resposta para essa pergunta.

CHIP Z'NUFF: Com a cabeça mergulhada num bidê. No Japão, ouvi dizer que essa é uma prática interessante. Numa banheira cheia de cubos de gelo. Não tentei nenhuma dessas, mas foram as primeiras que me vieram à mente.

DANKO JONES: Nada é realmente louco para mim. Não vivi nada extravagante nesse sentido, como transar em cima de um candelabro ou algo do gênero. Já fiz umas loucuras, mas nenhuma em termos de posição.

DOUG ROBB: Você pode me considerar sortudo ou azarado, mas nunca recebi um pedido que tenha me feito dizer "tá de sacanagem comigo, porra? Sério?" Portanto, não fiz nada que já não tenha sido visto num filme pornô. É bem o normal mesmo.

EVAN SEINFELD: Tive muitas garotas que queriam coisas realmente elaboradas, como brincar de estupro, de invasão... Um tipo de pedido em que elas foram bem específicas. Um exemplo: "quero que você entre de mansinho pela minha janela, use uma máscara preta de esqui e depois quero que me amarre, me esconda num armário e me coma contra a minha vontade." E eu fico "bom, se você me pediu para fazer isso, então não é realmente contra a sua vontade, não é?" Muitas queriam uma trepada em lugar público. Tive pedidos bem sérios de garotas que queriam que eu as comesse na frente dos namorados. E certamente tive lá a minha cota de meninas que queriam que eu as dominasse. Esse é um pedido bem comum.

HANDSOME DICK MANITOBA: Se não está no meu repertório, a essa altura da vida eu não pretendo experimentar. Você nunca sabe o que vai encontrar por aí, mas acho que sou meio comum sexualmente em termos de peitos, bunda e vagina. Todo o básico ainda é o bastante para mim. É uma ótima invenção, não tem nada de entediante e não acho que seja preciso acrescentar nada [ao sexo].

GINGER: No meio da rua, na hora do rush.

JESSE HUGHES: Sabe essa merda de Kama Sutra, essa merda hippie? Elas adoram isso. Acham ótimo ver essa pornografia antiga. Uma garota tentou me convencer a fazer uma posição em que eu deveria ficar com as pernas abertas de alguma forma. Não sou totalmente contra isso, mas eu sou um caubói, sabe o que eu quero dizer?

JIMMY ASHHURST: Amarrado na parede com silver tape é a que se destaca na minha lembrança. Essa porra de silver tape é realmente sensacional... e está em todo lugar. Ela realmente sustenta o peso de um ser humano. Eu testei e comprovei. Da próxima vez que nos encontrarmos, vamos tentar achar alguém que colabore e eu te mostro: é realmente possível prender alguém na parede com silver tape.

> "TIVE PEDIDOS BEM SÉRIOS DE GAROTAS QUE QUERIAM QUE EU AS COMESSE NA FRENTE DOS NAMORADOS."

LEMMY: Acho que ninguém me estimulou a tentar nada estranho. Não é esquisito? Você não acha que alguém teria feito isso em todos os meus anos de rock'n'roll? Não em lembro de nada que tenha me surpreendido, mas eu não me surpreendo muito facilmente.

NICKE BORG: Fui amarrado numa cruz e ela me perguntou se havia algum problema se ela usasse uma máscara de gás. Eu disse "tudo bem." Isso aconteceu num bar de striptease.

ROB PATTERSON: Hum... Eu poderia responder essa, mas meus amigos iriam me zoar.

TOBY RAND: O mais estranho foi ter que bancar uma tesoura. Com as pernas abertas – e ela também –, com uma das minhas pernas ficou embaixo dela e a outra por cima. Ao mesmo tempo, eu tinha que usar as mãos para empurrá-la e fazer um negócio parecido com uma tesoura. Foi bem interessante.

VAZQUEZ: Sinceramente, não acho que alguém já tenha me pedido para fazer algo depravado pra caralho. O sexo é muito simples, cara: de quatro no chão. É tudo o que você precisa.

DICAS DE SEXO DE ASTROS DO ROCK

LOCAIS OUSADOS

"MINHA ESPOSA E EU SOMOS EXIBICIONISTAS. TRANSAMOS NO ALTO DA TORRE EIFFEL."

Qual o lugar mais louco em que você já fez sexo?

ACEY SLADE: Um cemitério no Japão. Foi realmente engraçado porque a garota não falava inglês muito bem e eu tinha mapeado o caminho para o hotel antes. Já estava amanhecendo, estávamos no quarto e eu sugeri "vamos dar uma volta". O inglês dela era péssimo e meu japonês não era melhor. No meio do caminho ela perguntou: "aonde você está me levando? O que está acontecendo aqui?" E lá fomos nós pro cemitério.

ADDE: Provavelmente quando vivi em Hollywood: transei no terraço do meu prédio, justamente onde havia uma chaminé. Fizemos tanto barulho que meu vizinho subiu, com uma cara de "que porra é essa que está acontecendo aqui?" Nós estávamos deitados bem em cima do fogão dele, e dava para ouvir o som... como se fossem pássaros gigantes transando.

ALLISON ROBERTSON: Provavelmente... bom, não acho exatamente louco... mas foi no ônibus [da turnê]. Toda banda faz isso. Muito possivelmente é algo normal, mas se você parar para pensar que as portas não têm trancas e a cama é realmente desconfortável, parece coisa de maluco. É como se você estivesse transando num caixão. E se você pensar bem, num carro em movimento pode ser algo meio perigoso. A verdade é que isso é muito comum para quem está numa banda.

ANDREW W.K.: Não creio que exista um lugar que eu possa considerar louco. Foi bem louco transar no ônibus da turnê, porque a cama ficava muito perto de outras pessoas. Para mim, essa foi a coisa mais louca que fiz. Ouvir as vozes nos cômodos ao lado, saber que tem alguém a menos de um metro de distância em praticamente todas as direções... Além disso, quando se está na cama do ônibus, você fica tão espremido... É um espaço muito pequeno para trabalhar. Em termos de lugares públicos, acho que já fiz algumas coisas dentro de um carro, mas não cheguei a concretizar o ato. Isso nunca teve apelo para mim, não sei por quê.

BLASKO: Minha história provavelmente vai sair perdendo em comparação a dos outros caras com quem você falou, mas para mim talvez tenha sido no telhado de um hotel ou no banheiro de uma boate. Acho que isso é bem padrão, mas foi o lugar mais louco em que já trepei.

BRENT MUSCAT: Já recebi um boquete num canto escuro de uma boate. E também, já transei no banco de trás do meu carro, claro. Na escola, no ensino médio, com uma garota no canto de uma sala de aula. Com uma de minhas namoradas na adolescência na sala da casa dela, olhando pela janela para ver se os pais da garota não estavam chegando. Isso foi bem louco.

BRUCE KULICK: Tive uma namorada meio agressiva, que estava sempre pronta para transar a qualquer momento. Eu excursionava nessa época, e ela se amarrava em transar no carro. Às vezes eu curtia, outras eu dizia "olha, o ônibus da turnê está só a 45 metros de distância" – não que eu estivesse saindo em defesa da privacidade. Daí eu ficava tenso, indeciso. "Topo. Não topo. Topo." Eu sei que isso dá tesão em algumas pessoas – o lance do sexo em público –, e eu me lembro de uma história quando eu era bem novo e fiquei excitado pela primeira vez. Tem coisas que você faz aos 18 anos que não faz nunca mais. Fazer sexo em lugar público nunca teve apelo para mim. Acho que sou um tanto mais reservado, só isso.

CHIP Z'NUFF: Em Roppongi, no Japão, tem uma pequena boate chamada The Lexington Queen. Eu estava lá de bobeira quando Julian Lennon chegou com Lucy, a garota da banda de Robert Plant. Passamos um tempo juntos, bebemos uns drinques e nos divertimos bastante. Depois, Julian perguntou se meu irmão e eu gostaríamos de ir com ele a um jantar que seria servido mais tarde, às quatro da manhã. Então fomos a um restaurante mexicano, ótima comida, tudo perfeito. Não sou muito de beber, mas resolvi tomar uns drinques só para acompanhá-lo. Lá fora, dei de cara com duas deusas (ambas japonesas), que me levaram para o Roppongi Prince Hotel onde estavam hospedadas. E foi muito interessante. Elas insistiram em desligar as luzes. Eu, meio cabreiro, porque não tinha certeza se era uma armação. E se houvesse alguma câmera registrando tudo para um programa de TV? A última coisa que eu queria era um flagrante. Ficar vendido sem conseguir sair da situação. Contudo, elas me tentaram e ganharam, foi uma bela experiência. Só que, quando acordei, na manhã seguinte, a cama estava cheia de sangue. Uma das garotas estava naqueles dias e eu não me toquei já que as luzes estavam apagadas. Até aquele momento, estava tudo ótimo. Ela ficou muito envergonhada mas eu disse "não se preocupe", arranquei os lençóis e joguei longe. A ideia era fazer com que ela se sentisse melhor, mas o estrago já estava feito.

COURTNEY TAYLOR-TAYLOR: O *dark room* [quarto escuro] na faculdade.

DANKO JONES: É um lugar bem comum. Foi num beco. Aliás, estava mais para uma garagem. É isso. Estávamos andando numa rua residencial, vimos a garagem de alguém aberta, entramos e transamos.

DOUG ROBB: Algumas pessoas se excitam fazendo sexo em lugares públicos ou em locais onde possam ser flagradas, mas isso não necessariamente aumenta o prazer, pelo menos para mim. Já fiz algumas coisas muito eróticas num avião. Não cheguei a trepar, mas praticamente tudo o mais que se pode fazer. E não foi no banheiro, foi nos assentos mesmo.

EVAN SEINFELD: Minha esposa e eu somos exibicionistas. Transamos no alto da Torre Eiffel e em várias aeronaves diferentes. É sexy transar num avião com sua parceira, mas transar com uma estranha num avião ultrapassa os limites. É muito louco transar com alguém que você nunca viu antes.

> **"É SEXY TRANSAR NUM AVIÃO COM SUA PARCEIRA, MAS TRANSAR COM UMA ESTRANHA NUM AVIÃO ULTRAPASSA OS LIMITES."**

HANDSOME DICK MANITOBA: Vamos voltar aos anos 1970. Minhas duas primeiras experiências sexuais foram ao ar livre. Houve um momento na vida em que meu apelido era Nature Boy Manitoba. Talvez eu devesse voltar a esse apelido, porque ouço muitas piadas com o Dick do meu nome*. Depois dos 35 anos, fica um pouco demais. Ninguém entende, é um nome que veio da luta livre profissional, mas eu devia reassumi-lo (Nature Boy Manitoba). Ninguém iria me torturar com isso. Enfim, eu ganhei este apelido porque minha lista de atividades sexuais ao ar livre é infinita. A primeira foi quando eu tinha uns 15, 16 anos e estava a mais ou menos 15 metros atrás do banco de um parque no Bronx onde todos os garotos costumavam passar o tempo. Eu me lembro da garota que estava me masturbando. Quando gozei, as pessoas viraram e começaram a aplaudir. Mais ou menos uma semana depois, eu transei com ela. Naquela época era o surgimento do Quaaludes e eu estava sempre doidão de Quaaludes, como se estivesse bêbado, mas a seco. Ou seja, estava sempre meio fora de mim. Também transei com uma garota numa autoestrada do estado de Nova York e num parque de St. Louis, quando trabalhei lá de barman por duas semanas em 1983.

JAMES KOTTAK: Foi no banheiro feminino do Harrah's Casino em Laughlin, Nevada. Fomos expulsos. Foi com Athena que isso aconteceu. Nós dois fomos escorraçados de todos os cassinos de Laughlin. E olha que há mais ou menos uns 14 por lá.

JESSE HUGHES: No rock'n'roll sempre surge a oportunidade de criar cenários loucos. Já transei atrás de uma igreja, num ônibus da Greyhound em Indio, Califórnia... Onde mais eu já transei? Ah, essa eu tenho que contar: Transei numa reunião para um evento beneficente da Associação de Pais e Mestres no McCallum Theatre. Foi com a esposa de um dos professores num daqueles armários empoeirados.

---

* Como em inglês "dick" é um dos sinônimos vulgares do órgão sexual masculino, Handsome Dick pode ser entendido como Pau Bonito. (*N. da R. T.*)

JIMMY ASHHURST: Japão!

LEMMY: Uma vez eu fiz sexo em cima de uma dessas cabines fotográficas na Chester Station, em plena hora do rush, e ninguém notou. As pessoas não olham para cima. Engraçado, né? Teve também o Roundhouse, em Londres. Do lado de fora do restaurante havia uma carruagem, um daqueles carrinhos antigos com grandes rodas. E comi uma garota ali. As pernas dela caíam para os lados, ela gemia sem parar "ai, ai, ai". Mais uma vez ninguém notou. Onde mais? Ah, em todo tipo de lugar. Até num vagão do metrô. Essa garota topou. Mais ou menos às seis da manhã, após virar a noite, nós entramos no último vagão do trem. A porta da cabine do maquinista estava aberta (eles têm uma cabine em cada ponta do trem), e nós entramos. Fiquei lá de pé enquanto ela me pagava um boquete. O metrô entrando na estação, as pessoas saindo e eu acenava para elas com uma cabeça loura me chupando. Mas maior escândalo provavelmente aconteceu durante um show, no início da carreira do Motörhead: uma garota pulou no palco e me pagou um boquete.

NICKE BORG: Em geral, não faço o tipo que gosta de natureza; é muita formiga nas calças. Nunca comi ninguém num avião, o que a maioria das pessoas diz que já fez, pois se você está numa banda, então tem que ter entrado para o clube das Dez Mil Milhas – ou seja lá o nome que eles dão. Eu não entrei, mas uma vez, me bateram uma punheta num trem, então eu nem posso contar muita vantagem. Então, lugar mais louco? Não sei.

ROB PATTERSON: Na sala de um cinema, quando eu tinha 17 anos, na fila, atrás da mãe da minha namorada.

VAZQUEZ: Eu tive uma namorada que trabalhava numa lavanderia em uma área bem populosa. O balcão ficava a quase dois metros da entrada e havia uma espécie de templo religioso na porta ao lado – era como um shopping. Fui para trás do balcão, abaixei as calças dela e mandei ver. Foi ótimo, porque nós transávamos enquanto as pessoas passavam, e elas não faziam a menor ideia do que estava rolando. Foi fantástico, cara. Deus abençoe aquela garota!

Qual a melhor maneira de não ser pego em flagrante?

ACEY SLADE: Não fazer barulho. Mas eu acho que ser flagrado faz parte da diversão.

ADDE: Não sei qual seria a melhor forma. Se pegaram você, pegaram, não tem jeito.

ANDREW W.K.: Não fazer barulho. Eu gosto de ficar em silêncio. Sempre achei isso bem legal. Já tive garotas que gritavam muito, e isso pode ser ótimo, mas também curto quando elas ficam em silêncio, porque você acaba ouvindo outras coisas. Quando você não está gritando ou fazendo *vocalise*, há uma infinidade de sons nos quais se concentrar. Ficar em silêncio sempre é bom: na casa dos seus pais, na casa de um amigo, onde quer que seja. Também acho respeitoso. Já transei com pessoas que juro que pareciam estar tentando gritar bem alto para que os outros ouvissem, pois isso as deixaria com tesão. Acho uma falta de consideração. Claro que elas estavam excitadas com a ideia, mas eu acho muito invasivo, agressivo, meio perturbador.

BLASKO: Se você está num lugar público, o elemento de perigo, o risco de ser pego faz parte; é o fator de excitação. Então eu não sei se você realmente vai querer fazer de tudo para evitar ser flagrado.

CHIP Z'NUFF: Não transe. Simples assim. Sempre há repercussões depois, não importam quais. Apenas seja capaz de dizer não. É difícil, mas você vai se sentir melhor no dia seguinte. Cuide de si mesmo.

DANKO JONES: Trepar num beco escuro à noite. Foi o que eu fiz.

DOUG ROBB: Num avião, cubra-se com algumas mantas e tenha certeza de escolher um daqueles voos noturnos. A melhor forma de não ser surpreendido é transar num lugar onde você jamais será flagrado! Pense bem. O sexo espontâneo é um tipo de sexo que pode levá-lo a ser pego no ato.

EVAN SEINFELD: Acho que transar em público é como pichar: você simplesmente tem que fazer. Se ficar olhando ao redor, tenso, vai acabar chamando atenção e ser flagrado. Apenas relaxe, aproveite o momento e tente se misturar ao ambiente. Eu e Tera, num dos nossos primeiros encontros, transamos num estacionamento lotado do aeroporto de Long Beach. E não foi dentro do carro. Nós nos encostamos atrás dele e enquanto víamos os aviões e helicópteros sobrevoando o local, ficamos com o maior tesão. Tera e eu amamos transar em provadores de lojas de departamentos, onde, obviamente, existem câmeras. Gostamos de imaginar que, do outro lado, algum cara está batendo umazinha, pensando "ah, meu Deus! Não posso acreditar nisso."

GINGER: O que há de errado em ser pego no flagra? Às vezes essa emoção eleva a experiência sexual a níveis inacreditáveis.

HANDSOME DICK MANITOBA: O único medo que eu tenho é ser pego em flagrante pelo meu filho. Eu não quero que o garoto tenha aquele momento dramático que definirá a vida sexual dele: "ah, meu Deus! Eu abri a porta e lá estavam eles!" Esse é um grande medo que eu tenho, mas quanto a outro tipo de flagrante, sou do tipo que pega uma garota de cada vez. Não sou bom em ser canalha e esconder as coisas. Isso é muito estressante.

JAMES KOTTAK: Transe em casa, no banheiro e com a porta fechada.

JESSE HUGHES: Você nunca esconde algo intencionalmente, apenas deixa em aberto. É isso. As únicas pessoas que são flagradas por policiais quando fumam um baseado são os caras que ficam olhando para os lados como se estivessem assistindo a uma porra de uma partida de tênis.

JIMMY ASHHURST: Sempre tente achar uma porta com tranca. Caso não seja possível, o que geralmente acontece, é preciso ter um bom amigo para ficar de guarda.

JOEL O'KEEFFE: Bom, depende do quanto você consegue se adaptar ao ambiente. Por exemplo: se estiver num parque, um lugar com muitos arbustos é uma boa. Num elevador, aperte o botão de parada de emergência. No cinema, fique nas últimas filas ou use o banheiro, pois quase ninguém vai lá durante o filme. No banheiro de um avião, a melhor hora é quando eles desligam as luzes da cabine, pois todo mundo vai dormir. Na praia, transe em pé dentro d'água e os passantes vão apenas pensar que vocês estão muito felizes por se encontrarem.

LEMMY: Vá para outro país. Transe num cofre de banco.

ROB PATTERSON: Não seja flagrado!

VAZQUEZ: Eu nem me preocupo com isso. Quando estou no clima e a fim de mandar ver, pode ser numa sala cheia de gente transando. Eu não estou nem aí.

Existe algum bom lugar que você recomende experimentar pelo menos uma vez na vida?

ACEY SLADE: Uma vez no Central Park, Nova York, e uma vez na praia em Gold Coast, Austrália.

ALLISON ROBERTSON: Transar na praia. Este é o ápice para mim. Ter pessoas ao redor é muito sexy, por isso acho que todo mundo deveria experimentar.

BLASKO: Sempre fiquei curioso com o Mile High Club, aquele pessoal que transa em avião. Nunca fiz, mas parece que o elemento do perigo pode ser legal. Por isso, vou recomendar essa modalidade, mesmo sem ter tentado, vou recomendar para mim mesmo.

BRENT MUSCAT: A praia é uma boa. Num carro é fundamental; o banco de trás é sempre divertido. No ônibus da turnê também é bom. Na parte de trás, na "sala de estar" é bem divertido.

BRUCE KULICK: Na parte de trás do ônibus da turnê, eu acho bem divertido. Não chega a ser um lugar público, mas certamente não é um quarto de hotel nem a sua casa. Até consigo imaginar a praia como um lugar bastante erótico, mesmo detestando areia, mas eu nem pensaria em transar numa praia. Para ser sincero, a experiência do parque foi bem divertida. Não há nada errado com um pouco de grama e brisa numa bela noite de verão em Nova York.

CHIP Z' NUFF: Amsterdã, com certeza! Tem alguma coisa na água de lá que deixa você de pau duro por horas e horas. Não sei o que é: se é algo na comida, na água, mas alguma coisa tem. Além disso, você fica ao redor de toda aquela fumaça e é tudo de graça. Não tem brigas nem nada do tipo. Outro bom lugar que eu recomendaria, se você for norte-americano, é a Austrália, . Elas gostam muito da gente por lá. Por fim, mas não menos importante, a Polônia. Lá é muito bom. Elas são bem abertas, tratam bem seus homens, têm classe, são limpas, articuladas e só querem saber de se divertir, não são do tipo reprimidas.

COURTNEY TAYLOR-TAYLOR: Enquanto você ainda mora com a família, tente no closet dos pais do seu amigo naquela festa que rola quando eles estão fora. Essa foi uma das experiências sexuais mais incríveis que tive quando eu era mais novo.

DANKO JONES: Não, só o fato de conseguir transar já é bom o bastante, não importa onde.

DOUG ROBB: Na praia. Não que eu tenha achado assim tão sensacional, apenas me lembrei: já fiz sexo na praia.

EVAN SEINFELD: Acho que todo mundo deve tentar um lugar para se expor bastante, como um shopping ou campo de futebol, e ver se acha excitante. Afinal, é o tipo de coisa que ou você gosta ou não. Eu gosto. Há muitas coisas que dão tesão nas pessoas e não me dizem nada, mas, definitivamente, transar em público... Acho que é mais pela espontaneidade. Por exemplo, eu poderia estar recebendo um boquete exatamente agora, enquanto nós conversamos.

HANDSOME DICK MANITOBA: Ah, você tem que experimentar na praia! Qualquer lugar onde o ambiente acrescenta detalhes, como o vento. Além disso, o legal de transar ao ar livre é que há risco envolvido. Quer dizer, não aqueles que dão cadeia, mas o ar de perigo, a possibilidade de ser pego, é muito mais excitante do que trepar num lugar de porta trancada. E ainda tem o vento, os cheiros e o desconhecido... Recomendo que você faça isso pelo menos uma vez na vida.

JAMES KOTTAK: Ah, na praia, claro. Ou logo após uma festa, quando você está no carro e estaciona no acostamento. Funciona sempre.

JESSE HUGHES: No porta-malas do carro de um assassino.

JIMMY ASHHURST: Se você não transou na parte de trás de um ônibus de turnê, transe. Especialmente as mulheres que quiserem falar com a gente da próxima vez que nos apresentarmos.

JOEL O'KEEFFE: Sei que é um clichê, mas não há melhor maneira de tornar um voo de muitas horas excitante do que transar no banheiro do avião.

LEMMY: Em cima de uma árvore. Num poço dos desejos. No balcão de um bar. Uma vez eu recebi um boquete num bar em Nova York. Lembro bem disso.

NICKE BORG: No topo de uma montanha em algum lugar... calçando esquis.

ROB PATTERSON: Em cima de um carro.

VAZQUEZ: Ao ar livre. De dia. É especial ver o sol brilhando no seu saco enquanto você está comendo alguém. Não sei como descrever. Eu diria para evitar a praia por causa do fator areia. Portanto, transe no seu jardim.

DICAS DE SEXO DE ASTROS DO ROCK

NAMORO & CONQUISTA

"A GAROTA AVISA QUE FISGOU VOCÊ. AS GAROTAS ESTÃO NO COMANDO DOS RELACIONAMENTOS. ELA VAI DIZER QUANDO ESTIVEREM NAMORANDO."

Que cantada grosseira sempre funciona com você?

ACEY SLADE: Eu não passo cantadas grosseiras. Geralmente eu digo: "Vamos para o ônibus assistir a um filme?" É péssimo. Ainda mais agora: além de não estar em turnê, estou solteiro, então não sei o que dizer, fico perdido. Preciso fazer o curso daquele cara, Anthony Robbins, para conquistar mulheres, porque eu não faço a menor ideia.

ADDE: Não sou o tipo de cara que passa essas cantadas. Eu só quero ser pé no chão, um cavalheiro. Não tenho uma frase padrão.

ALLISON ROBERTSON: Nenhuma, eu odeio cantadas. E geralmente não gosto nem um pouco de caras que vêm atrás de mim, a menos que eles sejam realmente criativos. Gosto quando um cara não é cruel, porque a impressão que eu tenho é que eu atraio homens que dizem "ei, seu solo foi uma merda" – ou algo do tipo. Eu atraio esses tipos implicantes, que acham que debochando vão fazer você dizer "ah, eu quero trepar com esse cara". Fico muito mais interessada se a pessoa for legal, me tratar bem e me respeitar. Eles acompanham o que eu faço no palco, mas não me tratam como uma pessoa melhor do que eles. E eu realmente detesto quando me tratam como se eu fosse diferente. Só porque toco guitarra não quer dizer que seja máscula. Só porque estou numa banda não quer dizer que sou vadia. Por isso, me agrada quando alguém chega para mim e diz "ei, o que você faz é legal e eu faço isso." Para mim é muito mais sexy quando eles são confiantes e não ficam repetindo todas aquelas frases feitas ou me bajulando.

ANDREW W.K.: Sou bem direto: "Que tal uns beijos e uns amassos?" Isso geralmente funciona, mas eu nunca tentei chegar em alguém do nada. Não sei se isso conta como cantada, talvez seja uma proposta. Aprendi observando os caras mais velhos. Eles chegavam e diziam: "Oi, meu nome é Fulano" Isso funcionava sempre, porque eu duvido que qualquer garota não diga pelo menos "oi" de volta. Isso faz com que elas se sintam à vontade e uma vez descoberto o nome dela, você pode usá-lo como forma de começar o papo. Mas, às vezes, acho que as mulheres gostam da cantada padrão. Afinal, ao revelar seu nome, você também se torna vulnerável.

BLASKO: Sempre achei cantadas meio bregas. Não sei se as pessoas já tentaram usá-las comigo.

BRENT MUSCAT: Nunca passei cantadas. Se passei, foi espontaneamente, sem ensaiar ou premeditar. Primeiro você deve procurar fazer amizade e conversar sobre o que vocês têm em comum. Não sou fã de cantadas. Acho que o melhor é ser você mesmo e agir naturalmente.

BRUCE KULICK: Cara, descobri que algumas garotas se sentiram atraídas por mim porque sou direto e ajo naturalmente. Eu não tenho uma cantada, mas vou contar o que funcionou com a minha namorada. Não foi nada que eu tenha dito diretamente a ela. Foi um comentário que fiz que a deixou com tesão. Eu estava conferindo minhas guitarras (tenho vários modelos diferentes para os shows que faço com o Grand Funk), porque não as via há uns dois meses. Ela gosta de música e ia me anunciar para o show, ela trabalha na rádio local. Ela entrou no palco e nos cumprimentamos. Continuei verificando minhas guitarras e falei algo do tipo "espero que elas se comportem esta noite". Ela achou o máximo o fato de eu tratar as guitarras como trato as mulheres. E claro que eu estava flertando com ela. Tanto que ela comentou isso no nosso primeiro encontro. "Quando você disse que queria que suas guitarras se comportassem me deu um tesão danado." Agora, eu nunca poderia ter planejado algo assim; falei sem pensar, não foi para conquistá-la.

Uma vez chamei uma garota para sair. Era fim de noite, havia terminado o show, e tinha uma garota atraente sozinha. "A quem você pertence?", perguntei. De certa forma eu estava dizendo "eu não tenho chance. Você é bonita demais para estar disponível". Foi o que veio na minha boca. No fim das contas ela não estava com ninguém e *adorou* aquilo, é claro. Sei que existem caras que vivem dando cantadas. Um dos meus colegas de banda, do Union, costuma dizer algo bobo tipo "vou lamber você igual a um selo". Para mim, não é a melhor forma de quebrar o gelo com uma garota. Há algo espontâneo que eu digo que faz com que toda garota que encontro se sinta especial em relação ao que está rolando no momento.

CHIP Z'NUFF: Você poderia pensar que eu tenho uma coleção de cantadas a essa altura da vida, mas não tenho. Basta ser sincero, gentil e carinhoso e não as desrespeitar. Se você começar uma conversa, já tem uma chance. As mulheres são como gatinhos – essa é a minha filosofia. Você segura, faz carinho, beija, abraça e ama, mas se apertá-lo com muita força ele vai acabar te arranhando, mordendo e fugindo. Use esse raciocínio e terá boas oportunidades de conhecer pessoas legais. Ninguém quer ser sufocado. Eu recomendo ser gentil, mesmo sabendo que alguns músicos de rock (não vamos citar nomes) pensam diferente. Minha abordagem sempre deu muito certo.

COURTNEY TAYLOR-TAYLOR: Não sou bom em cantadas grosseiras. Não é a minha, acho muito vulgar. Para mim, sempre foi uma questão de conversar, e funciona assim: ou sou violentado ou não pego ninguém. Sempre adorei ler e sempre fiquei muito envolvido pela música, que está em todos os lugares. A música é uma fonte de energia que está ao seu redor o tempo todo. Sempre tive péssimas habilidades sociais por estar permanentemente absorto pela música, seja boa ou ruim, sendo que música boa simplesmente me faz esquecer de tudo. Eu saio da existência, e não adianta esperar que eu ouça o que você acabou de me dizer. Com música ruim isso acontece em menor escala porque fico me perguntando que porra é aquela. É assim desde os meus seis anos de idade. Deixei passar tudo o que um jovem pode conseguir por relacionar-se bem socialmente. Era algo que não conseguia fazer, acabava perdendo oportunidades. O sexo se encaixa nessa categoria.

DANKO JONES: Sou péssimo nessas coisas. Não tenho nenhuma cantada para citar. Não funciona para mim, simplesmente não dá certo. Sou horrível nisso. Não tenho nem mesmo uma frase de efeito, dessas que pegam todas a qualquer hora. Nada.

DOUG ROBB: Não sou muito conhecido pelas minhas cantadas. Acho que ser o mais encantador possível é a única forma de lidar com isso. Uma vez, uma garota se aproximou e perguntou se poderia me pagar um boquete no banheiro com o namorado dela em pé, assistindo. Eu disse "porra, você tá falando sério? Tá de sacanagem comigo, porra?" Ela respondeu "não tem problema. Ele não liga". Essa foi uma cantada interessante!

EVAN SEINFELD: Num mundo onde as pessoas esperam cantadas e babaquices eu sempre preferi uma abordagem direta: ao contrário dos reality shows com roteiro, prefiro a realidade verdadeira em que sou conhecido por chegar numa garota e dizer: "você é muito atraente. Eu quero de verdade fazer sexo com você." Essa é a minha "cantada." E sabe de uma coisa? Os caras que dizem besteiras para as meninas são sempre os mais fracos. Existe um astro do rock que mora em Los Angeles e envia mensagens de texto para todas as garotas dizendo que está pensando nelas. Isso é incrivelmente gay. Minha regra é nunca fingir ser mais do que realmente sou, nunca agir como se eu estivesse mais interessado numa garota do que realmente estou. Também... Eu sou casado, por isso não fico interessado em outras. Então, em termos de cantadas, sou o tipo de cara que chega diretamente e diz: "quero estar dentro de você agora." Ou "eu realmente quero te machucar." Se ela captar o que eu quero dizer com isso, provavelmente estaremos transando em poucos minutos. Se não entender, significa que não tínhamos nada a ver mesmo. Na maior parte das vezes, e eu não sou mentiroso, há uma energia e uma linguagem não falada, algo como um "vamos lá, vamos nessa." Essa é minha cantada: "Vem comigo."

HANDSOME DICK MANITOBA: Eu não tenho cantada, não sou tão inteligente assim. Não tenho mesmo. Se eu gosto de uma garota, basta olhar direto nos olhos dela e falar com ela. Não há nada mais sexy no mundo. As pessoas estão em bares, em lugares onde o que importa é o que estão fazendo lá, não precisa ter um sistema de piloto automático. Apenas deixe fluir e diga algo que realmente esteja sentindo. Já colocamos as mulheres num pedestal: o sucesso sexual do homem é medido pelas mulheres que ele pode conseguir, como pode conquistá-las e tudo o mais. Não tem pressa, não tem que chegar logo com uma cantada. Há muitas mulheres no mundo, alguns bilhões delas. Algumas cantadas ruins podem até funcionar, mas eu não faço esse tipo de joguinho. Eu apenas gosto de criar uma conexão com alguém, conversar com a pessoa e pronto: não preciso de cantada.

JAMES KOTTAK: "Ei, eu estou numa banda de rock." Isso sempre funciona.

"UMA CANTADA DEVE SER, NA VERDADE, UMA ISCA. É SÓ ISSO. É UM CONVITE. DEVE FACILITAR A ENTRADA."

JESSE HUGHES: "Você já esteve no paraíso?" Não, estou brincando. Na verdade, quero deixar bem claro, essa nunca funciona. Tente olhar para a pessoa. Se ela tiver um olhar de enfado, diga "este lugar é um saco" e dê meia-volta. Isso funciona. Uma cantada deve ser, na verdade, uma isca, um convite. Deve facilitar a entrada. Seguir um padrão não aumenta suas chances. Só faz com que você siga o padrão. Se você estiver realmente tentando encontrar alguém, vai chegar nelas, mas se só quiser trepar, então o jogo é diferente.

JIMMY ASHHURST: Nós estamos nos apresentando para muitas plateias jovens ultimamente e o velho "nós temos cerveja no ônibus" tem funcionado maravilhosamente, por mais ridículo que pareça. Isso sempre me surpreende. Também observei que alguns hotéis agora têm as camas Sleep Number, tema de um comercial nos EUA que pergunta qual é o seu Sleep Number. Descobri que o meu é 35. Então gosto de me aproximar das moças dizendo "eu sei meu Sleep Number, você quer saber o seu?" Esta cantada tem feito sucesso com as norte-americanas.

JOEL O'KEEFFE: Qualquer coisa engraçada funciona.

LEMMY: Eu nunca sei até chegar a hora. "Você mora aqui perto?" é uma boa. "Oi, e aí? Quer trepar ou não?"

ROB PATTERSON: Nenhuma; odeio cantadas.

TOBY RAND: "Você já está se divertindo?" Esta é a minha cantada. Seja lá qual for a resposta, você pode partir daí.

VAZQUEZ: Eu me lembro da primeira vez que fui a Los Angeles e fiquei todo empolgado todos aqueles livros que li, com os filmes que vi... Era a minha primeira vez que estava na cidade. Fui ao Viper Room e, na época, o Metal Skool estava fazendo show lá. Eu estava feliz da vida. Nunca tinha estado na Califórnia antes. Enquanto assistia ao show, que era do caralho, vi uma menina linda de morrer, simplesmente linda! Ela estava saindo do banheiro e eu só olhei para ela, não disse nada, apenas abri os braços para lhe dar um abraço. E, quando percebi, estávamos no Holiday Inn, no banheiro do meu empresário, completamente enlouquecidos. Foi do caralho.

Que cantada deve ser evitada a qualquer custo?

ACEY SLADE: "Belos sapatos."

BLASKO: Acho que *todas* as cantadas devem ser evitadas a qualquer custo.

CHIP Z'NUFF: "Sou novo na cidade. Você pode me dar seu endereço?" Essa é a cantada mais manjada de um famoso roqueiro. Funcionou para ele algumas vezes. Mas eu não cometeria tamanho desrespeito.

JAMES KOTTAK: "E aí? O que está rolando?" Tem frase mais sem graça para começar uma conversa?

JIMMY ASHHURST: "Sua amiga é uma gata!"

JOEL O'KEEFFE: "Eu ficaria bem em você!"

LEMMY: "E aí, vamos trepar ou não?" Não que isso deva ser evitado a qualquer custo.

NICKE BORG: "Posso dar uma olhada nas suas tatuagens?"

ROB PATTERSON: "Qual é o seu signo?" Essa é a pior!

TOBY RAND: "Como você gosta dos ovos no café da manhã?"

VAZQUEZ: Bom, sinceramente não sei. Acho que sou tão lindo e tão pouco ameaçador para as mulheres que qualquer coisa que eu diga, não importa o quanto seja bobo, elas vão rir. Eu consigo me sair bem em qualquer situação, cara. Não sei por quê.

Qual é a melhor forma de garantir um "sim" quando se chama alguém para sair?

ACEY SLADE: Se é a garota que está tentando pegar um cara, o que sempre funciona é "onde está o seu ônibus?" A que deve ser evitada, porém, é "ei, eu conheço o seu empresário." Se ela conhece o empresário ou a equipe, significa que já rodou por aí ou que já passou muito tempo com outras bandas.

DANKO JONES: Eu sou péssimo nisso. Preciso que a garota me telegrafe dizendo que está interessada. Eu ando por aí sem saber. Não sei mesmo. Sinceramente não faço ideia. Eu sempre suponho que elas não estão interessadas, por isso preciso que alguém me dê a dica. Isso me prejudica. Só descubro que a pessoa está interessada em mim depois, quando não posso fazer mais nada.

JOEL O'KEEFFE: "Eu estou pagando, então o que você tem a perder?"

ROB PATTERSON: Não tem nenhuma, cada pessoa é diferente.

TOBY RAND: O sim é garantido se você falar para uma garota: "vamos nos divertir pra caralho e botar para foder". Nada mais.

Qual é o lugar ideal para ir no primeiro encontro?

ACEY SLADE: Nova York. Sou um ótimo guia para Nova York. É o meu quintal e conheço milhares de lugares. É ótimo ter a vantagem de jogar em casa.

ADDE: Um show do King Diamond, que é minha banda favorita. Se ela puder me suportar depois disso, então nós nascemos um para o outro.

ALLISON ROBERTSON: Eu adoro comida; então, se ele me levar para um dos meus restaurantes mexicanos favoritos... Adoro quando um cara lê minha mente e eu não preciso perguntar o que ele prefere porque ele curte as mesmas coisas que eu. Um primeiro encontro ideal seria se ele me convidasse para assistir ao meu filme favorito, mas como ele não vai saber qual é o meu filme favorito, então só vamos comer uma boa comida mexicana ou uma pizza. Eu sou fácil de agradar. Tão fácil que chega a ser triste. Gosto de alguém com quem se possa fazer coisas normais e sair para fazer uma loucura. Seja qual for a opção, é sempre sexy e confortável. Para mim, é um equilíbrio muito difícil de encontrar.

ANDREW W. K.: Sempre pensei que o primeiro encontro deveria acabar em pegação e sexo. Não sei de onde tirei essa ideia, mas por isso eu acho que ir à casa da garota ou fazer com que ela venha a sua casa não é algo que eu considere excessivamente louco. Você até pode ir ao restaurante primeiro, mas a ideia é sempre acabar na casa de um dos dois. É no que ambos estão pensando, se querem fazer isso ou não. Para mim, ir a um restaurante, cinema ou sair com amigos, não conta como encontro, porque é apenas a preparação, as preliminares para se chegar à casa de alguém. Assim, o primeiro encontro tem a ver com chegar lá e é quando você realmente descobre mais sobre alguém. Acho justo e aceitável querer ver a casa da outra pessoa – como ela vive, onde vive, como é o quarto dela. Se eu quiser fazer sexo com ela, isso é mais importante do que qualquer coisa que eu possa descobrir no jantar.

BLASKO: Porra, cara, eu sou casado há tanto tempo que estou meio por fora. De modo geral, eu imagino lugares-padrão. Um jantar num restaurante é padrão – e sempre funciona.

BRENT MUSCAT: Quando eu morava em Los Angeles havia um hotel no centro da cidade com um restaurante na cobertura que girava 360 graus. Você podia sentar lá e em uma hora dava para ver todo o centro de Los Angeles. Numa noite clara era possível admirar o oceano, as montanhas. Esse era um dos meus lugares favoritos naquela cidade. Um dos meus lugares secretos. Era só chegar lá e tomar um drinque. Nem precisava comer, bastava pedir um drinque. Chamava Bona Vista Lounge.

BRUCE KULICK: Eu sei que assistir filme pode ser um programa chato. Adoro levar uma garota a um show de guitarras ou numa loja e mostrar a ela: "este é meu hobby. Esta é minha vida. É divertido." Não estou dizendo que vai ser legal para ela, mas eu deixo rolar. Sugiro que a gente vá comer alguma coisa ou tomar um café e andar por uma rua arborizada. Tem sempre um lugar para ver vitrines e coisas interessantes... Uma vez eu tive um encontro desastroso com uma atriz pornô que ficou interessada por mim durante a Kiss Expo. O fato de ela ter demonstrado seu interesse foi um choque. Obviamente, quando eu contei aos amigos, eles ficaram: "ai, meu Deus! Você vai sair com ela?" Eu não sei se queria sair e transar com ela. Fico intimidado com esses lances. Eu quero fazer meu próprio filme pornô com uma garota comum, uma pessoa de verdade e não uma profissional do ramo. Uma stripper não me dá tesão porque eu sei que aquilo é um teatro, que elas só estão representando tudo pelo dinheiro. Então o que era melhor e mais fácil fazer? "Third Street Promenade em Santa Monica, te vejo lá!" Comida, compras, caminhadas, até levei meu cachorro para quebrar o gelo. Fiquei feliz pelo relacionamento não ter ido adiante, porque eu não ia conseguir passar cinco minutos com ela. Uma coisa é ver que ela é gata e outra é ter certeza que ela sabe tudo o que deve ser feito para enlouquecer o cara na cama. Isso não funciona para mim. Eu preciso de algum tipo de envolvimento. Não estou dizendo que ela era má pessoa, apenas que eu não conseguiria me ligar nela. Ela provavelmente teve a mesma sensação, e ainda que quisesse levar a relação adiante, eu não toparia.

CHIP Z'NUFF: Tenho que ser sincero com você. Acho que um ótimo restaurante seria perfeito para começar. Mas saio com muitas garotas que adoram cinema. Lembra dos velhos filmes de drive-in? Você pagava o ingresso, abaixava a janela e colocava o alto-falante no carro? Se você conseguir levá-la a um drive-in, com certeza já começou bem. Se ela topar o convite, significa que viu algo em você que a agradou. Portanto, você certamente está no caminho certo.

COURTNEY TAYLOR-TAYLOR: Um lugar ideal para um primeiro encontro é uma cafeteria na parte gay de uma cidade. Lá você encontra desde a galera alternativa, passando pelos garotos moderninhos, até o pessoal mais largado. É um lugar interessante para observar como ela vê as outras pessoas e como você reage às opiniões dela. Ela fica à vontade? Empolgada ou muito empolgada? Intimidada? E, principalmente, ela vai comer um pedaço de cheesecake e tomar café às dez da noite? Ou tem distúrbios alimentares? Porque isso acontece bastante, e vocês vão comer muito juntos. Como ela lida com os funcionários do local? Como reage diante de um pedido que veio errado? Ou com a necessidade de um garfo extra? Acho que é uma forma perfeita de se avaliar alguém. Eu sempre fiz isso quando estava no ensino médio. Nunca falhou. Até eu começar a sair com garotas fora da minha cidade e acabar em uns lugares estranhos e passei a viver umas situações muito embaraçosas do tipo: "como é que eu vim parar aqui?", ou "ela fica me perseguindo" ou ainda: "essa pessoa é maluca".

DANKO JONES: Eu costumo fazer algo bem comum: jantar é sempre uma boa forma de conhecer alguém. Estou falando de alguém em quem você está muito interessado. Não estou falando de uma trepada sem compromisso. Mas para uma pessoa de quem você está realmente a fim e vê a possibilidade de algo mais, é legal levar para jantar. É simples. Ou até para um café. Eu não faço planos muito elaborados. Sei que outros fazem, mas não sou bom nisso. Então, para conhecer a pessoa, o melhor para mim é um jantar. Se for uma droga, você diz "valeu, tenho que ir. Obrigado pelo jantar. Tchau!"

DOUG ROBB: Um clube de striptease? Não sei quem levaria uma pessoa numa casa de strip no primeiro encontro, mas isso provavelmente ditaria o tom do relacionamento.

EVAN SEINFELD: Quando eu era solteiro e procurava uma namorada, sempre levava as garotas ao mesmo restaurante ou à mesma boate. Uma boate para homens no primeiro encontro faz você ter certeza de que ela não é insegura quanto a outras garotas, porque as inseguras só falam merda sobre todas as strippers: "ah, ela é gorda, ela é feia" ou então "que vadia" – e meu tesão acaba na hora. Mas se elas flertam com as outras garotas e gostam do lugar, eu fico superexcitado. Isso funciona como um ótimo medidor de temperatura.

GINGER: Um parque. Se você não tiver assunto para manter a conversa ao falar da natureza, pode desistir e dar adeus. Evite comer na frente do outro até o segundo encontro. Pode ser desconfortável, e você não vai querer ficar preso num jantar com alguém com quem você não consegue se comunicar. Lembre-se de que não há nada de errado em não se dar bem com alguém num encontro. É sempre melhor ser honesto com as suas emoções.

HANDSOME DICK MANITOBA: Meu primeiro encontro ideal não é muito premeditado. Não acho uma boa ideia ir ao cinema, porque vocês ficarão sentados lado a lado e não é uma boa ideia comer. Comer é muito pessoal. Tem os sons da mastigação, é meio animalesco. Você não quer dividir isso com alguém logo de cara. Pelo meu histórico, minha ideia de um encontro perfeito sempre foi: "ei, vamos nos encontrar e dar uma volta." Depois de uns 15 minutos de conversa, quando estiver rolando um clima, você diz: "vamos..." e aí você vai fundo. Podem sair, comer, ir ao cinema, ao parque...

JAMES KOTTAK: Um bom lugar? Um show de rock, claro. Vocês não vão precisar se falar.

JESSE HUGHES: Depende da companhia. É preciso levar a garota em conta. Um lugar ideal talvez seja aquele onde o pai dela nunca a levou.

JIMMY ASHHURST: Qualquer lugar longe de um ambiente de rock'n'roll, onde seja possível entender o que o outro está dizendo. Para mim, já são 20 anos de "o quê?" para lá e para cá – o que é ótimo, mas você acaba descobrindo tarde demais que não entendeu uma palavra do que ela disse durante todo o período em que ficaram juntos... o que também é ótimo, às vezes. Se eu estiver em casa, um bom restaurante sempre é a solução.

JOEL O'KEEFFE: Um bar, porque a) vocês dois ficam bêbados, o que acaba abaixando a guarda dela, e b) se ela "não estiver a fim" você já está bêbado mesmo, e há várias opções (agora muito belas, por sinal) ali disponíveis. Todo mundo sai ganhando!

LEMMY: Bom, costumava ser um cinema, né? Nós costumávamos ir, mas agora os filmes são tão ruins que não vale mais a pena. Um bom restaurante, e uma boa comida.

NICKE BORG: Como eu sou doido por um bom vinho e uma boa comida, recomendo levar a pessoa a um ótimo restaurante com pratos e vinhos bons pra caralho. Se ela aproveitar tanto quanto você, é bem provável que ela vá gostar de qualquer coisa que você planeje fazer. Acho muito, muito sexy alguém que aprecia um bom vinho e uma boa comida na sua companhia.

ROB PATTERSON: Starbucks?

TOBY RAND: O primeiro encontro para mim seria algo realmente casual: assistir ao show de uma banda ou ir a uma cervejaria ao ar livre, beber um pouco e depois ficar sentado na praia, beber mais um pouco e apenas beijar. Se for na neve, vocês simplesmente transam, não é? Vão fazer snowboard e, então, se sentar em frente à lareira.

VAZQUEZ: O ideal seria na minha casa... Mas eu não gosto muito de encontros, não é assim que funciona para mim. Eu conheço uma garota, a gente passa um tempo juntos, dá uma volta de moto ou algo assim, entende?

O quanto a personalidade é importante em relação à aparência?

ACEY SLADE: Depende do que você está procurando: estou numa fase da vida em que a personalidade é tudo. Obviamente elas têm que ser atraentes de alguma forma. Já estive com algumas mulheres extremamente lindas, mas muito vazias. Se você quer trepar, isso é ótimo. Mas para levar a pessoa para sair e passar um tempo com ela, a personalidade é o mais importante, com certeza.

ADDE: Ah, a personalidade é tudo. Eu não ligo tanto para o rosto e coisas assim. A personalidade é muito mais importante!

BLASKO: Inicialmente a aparência e depois a personalidade. Quer dizer, veja desta forma: eu nunca fiquei com uma feia e depois de conversar com ela percebi que a moça era realmente legal. Mas eu certamente peguei muitas gatas, que depois percebi que eram umas piranhas e não quis nada com elas.

"VOCÊ PODE SER UM ABSURDO DE LINDA, MAS SE ABRIR A BOCA E SÓ SAIR VENTO, NÃO VAI DURAR MUITO."

DOUG ROBB: É muito importante. Você pode ser um absurdo de linda, mas se abrir a boca e só sair vento, não vai durar muito. Para casinhos, a personalidade não pesa, é tudo uma questão de aparência. Mas se você quiser passar algum tempo com alguém, a personalidade conta muito, tanto quanto a aparência.

JOEL O'KEEFFE: Bom, ambos são realmente importantes… mas você não vai ficar de papinho ou olhar para o teto quando estiver mandando ver, é ou não é?

ROB PATTERSON: É o mais importante. Você só consegue olhar para uma pessoa quando ela está de boca fechada.

TOBY RAND: Recentemente descobri que a personalidade é da maior importância… Embora eu também adore olhar para as garotas.

Como você sabe quando o negócio ficou mais sério e vocês viraram um casal?

ACEY SLADE: Quando ela pede para você arrumar um emprego.

ALLISON ROBERTSON: É difícil saber. Por ser mulher, não gosto de pressionar ninguém para descobrir isso, então eu nunca sei a menos que eles digam: "você quer ser minha namorada?" Acho justo supor que se alguém está com você o tempo todo e nenhum dos dois está saindo com outras pessoas, então provavelmente vocês são um casal, mas algumas pessoas não se sentem confortáveis com isso. Sendo assim, eu não suponho nada, a menos que seja dito… E haja um contrato assinado.

ANDREW W.K.: Acho que é quando a ideia de estar com outra pessoa não tem mais apelo. Você até pode sair e ver outras pessoas, mas quando o encontro com determinada pessoa e você sente vontade de ficar ou voltar no dia seguinte e não sente vontade de ficar com nenhuma outra, aí a coisa ficou mais séria.

BLASKO: Acho que você simplesmente sabe.

BRENT MUSCAT: Quando você começa a sentir ciúme. Quando bate esse sentimento, é porque está rolando um envolvimento maior. Quando você começa a ficar preocupado sobre com quem ou onde ela está e fica se perguntando o que ela está fazendo. Quando você começa a sentir essas coisas, um vínculo foi criado.

BRUCE KULICK: Se vocês se falam todo dia e você pensa nela quando quer companhia, então você realmente não está mais solteiro. É hora de me concentrar nela e saber se é digna de toda essa energia, porque eu não estou mais de brincadeira.

CHIP Z'NUFF: Geralmente é autoexplicativo. A mulher, só pelo jeito que ela se comporta, vai te dizer. Se ela disser: "foi maravilhoso. Mal posso esperar para te ver de novo", isso significa que você venceu. "Eu te ligo depois" é outro sinal. Acho que aquela velha regra de ouro "não ligue para a garota por alguns dias depois do encontro" é babaquice. Você sempre quer ser respeitado. É sempre bom ligar e dizer: "oi, como você está?" Sem sufocar, lógico. Apenas ligar para ver se ela está bem. Acho que é algo muito legal de se fazer. É importante ter consideração. Uns presentinhos também ajudam, e não apenas flores, porque isso é chato. Um presente especial, mandado por FedEx, sempre pareceu funcionar para a maioria dos meus amigos.

COURTNEY TAYLOR-TAYLOR: Bom, obviamente há várias formas, como a primeira vez em que ela diz "ei!", quando você está falando com outra garota por muito tempo ou quando está recebendo uma massagem nos ombros de uma velha "amiga", talvez uma paixão mútua que nunca rolou, ou aconteceu e você deixa que ela faça a massagem para não ferir seus sentimentos. Sabe aquelas merdas muito esquisitas que você deixa acontecer? Por exemplo, ela te abraça quando está falando com outra pessoa, mesmo que seja apenas uma amiga, ou amigo. Tem uma primeira vez para muita coisa. Então, quando ela diz "'Ótimo. Eu vou ficar na Europa por enquanto", e quando você volta ela, de fato, ficou na Europa por dois meses, no seu apartamento, e ela está simplesmente permanecendo na sua casa agora. É quando você sabe que são um casal.

DANKO JONES: Humm... Não sei. Eu não sei. Por exemplo, já saí com garotas quatro ou cinco vezes e não nos consideraí como namorados, mas elas sim. Acho que houve um desencontro de percepções. Eu não acho que quatro ou cinco encontros sejam o bastante para dizer: "tá, agora somos namorados." É mais uma sensação. De ambas as partes.

DOUG ROBB: Talvez quando você começa a pensar na pessoa com quem você está "saindo" e a imagina com outro cara. Se você pensar: "ah, tanto faz. Eu ainda posso sair e conquistar outras garotas", nesse caso você está apenas saindo. Mas se chega ao ponto em que isso te faz sentir um tanto desconfortável e com raiva, provavelmente há algo de sério aí.

EVAN SEINFELD: Quando a mulher vira uma prioridade em relação a novas bocetas.

HANDSOME DICK MANITOBA: Não sei. A garota avisa que fisgou você. As garotas estão no comando dos relacionamentos. Ela vai dizer quando estiverem namorando.

JAMES KOTTAK: Quando ela paga o jantar.

JESSE HUGHES: Quando você começa a apagar mensagens de texto do seu telefone antes de chegar em casa.

JIMMY ASHHURST: Quando você começa a ouvir um monte de merda sobre os comentários na sua página do MySpace.

JOEL O'KEEFFE: Se você se vê atrás de uma mulher a ponto de pegar um avião para encontrá-la entre os shows, e se ela fizer o mesmo em relação a você, então vocês caíram de quatro um pelo outro. Outra forma menos custosa e mais violenta é quando ela briga com sua namorada de verdade, aí você está na merda! É nessas horas que você tem que agradecer pela bolha de segurança que pode ser o ônibus da turnê, capaz de levá-lo para bem longe, um novo paraíso onde você pode começar tudo de novo.

"DIZEM QUE A PERSEGUIÇÃO É MELHOR QUE A CAPTURA. É VERDADE."

LEMMY: Quando o pai dela bate na sua porta com a espingarda. Eu não sei, é individual, você sabe disso. Geralmente só um de vocês tem essa sensação. É sempre um caçando o outro. Quer dizer, tudo muda dentro da relação. Pode acontecer de alguém estar sendo caçado, aí a coisa se inverte e a caça vira o caçador. É esquisito assim. Tenho certeza que todos vocês sabem do que estou falando. Dizem que a perseguição é melhor que a captura. É verdade.

ROB PATTERSON: Você simplesmente sabe. Por exemplo, quando saio em turnê e meu coração dói porque não estou com minha noiva.

TOBY RAND: Quando você sai para um pub ou boate sem ela e volta para casa sozinho. É assim que você sabe.

VAZQUEZ: Ah, cara, isso é fácil: assim que ela começar a gritar com você sem motivo, você está num relacionamento!

DICAS DE SEXO DE ASTROS DO ROCK

DIVÓRCIO

"MAS QUANDO VOCÊ COMEÇA A CAGAR ENQUANTO SUA MULHER ESCOVA OS DENTES, AÍ É HORA DO DIVÓRCIO."

Quando você sabe que chegou a hora do divórcio?

ACEY SLADE: Quando ela diz a outro cara da sua banda que ela se casou apenas para conseguir o green card.

ADDE: Quando ela não gosta de você pelo que você é. Quando ela tenta te botar para baixo por você ser quem é.

ALLISON ROBERTSON: Eu já me divorciei. Para mim, o que leva ao divórcio é sentir-se confortável demais. Acho que é preciso um equilíbrio entre acomodar-se e ter empolgação. É aquela coisa rara que as pessoas procuram e nunca encontram. Você se sente realmente entusiasmada com alguém, mas a relação fica chata; ou você está sempre empolgada, mas vocês traem um ao outro e isso não é lá muito estável. Num casamento, se você fica confortável demais e não há sinal de diversão, isso geralmente leva ao divórcio. Ou separa ou briga sem parar, mas no meu caso era confortável demais e não era suficientemente excitante para se manter interessante no futuro.

ANDREW W.K.: Eu não sei e espero nunca descobrir, mas só pelas relações que poderiam ter se transformado em casamentos, sei que terminar um relacionamento é igual a um divórcio. Por outro lado, é diferente: estar casado não é igual a estar numa relação com compromisso. Tem mais força porque você tomou uma decisão. Eu fiz uma escolha baseada na eternidade. É um estado mental bem diferente. Mesmo se você não pensar dessa forma, só o fato de estar envolvido em algo que se entende que deve ser assim, muda tudo. Quando eu era mais novo, pensava que no momento em que ambos não gostassem da companhia um do outro, era a hora do divórcio. Ou então, se uma pessoa está traindo a outra, o ideal é se divorciarem. Ou se não há mais interesse um no outro. Eu vi casamentos superarem isso, não o meu, mas de outras pessoas que estão casadas há muito tempo. Em geral, a ideia é que devem ficar juntos não importa o que aconteça. Quando eu era mais novo achava isso realmente perturbador, porque parecia que as pessoas estavam jogando a vida fora ou desperdiçando oportunidades de ser feliz. Porém, à medida que envelheci, me dei conta de que é algo extremamente corajoso sacrificar certas oportunidades e tipos de felicidade por outros considerados mais valiosos, como manter uma família, se vocês têm filhos, manter uma promessa ou trabalhar com essa ideia de que você se comprometeu com algo e pode melhorá-lo. Há tantos aspectos do conceito de casamento que pareciam antinaturais e aparentavam ir contra os anseios reprodutivos, contra essa ideia que duas pessoas podem continuar as mesmas de um jeito que lhes permita ficarem a vida inteira conectadas da mesma forma que estavam num dado momento da relação. Parece loucura, mas ao mesmo tempo essa é a força do casamento, porque você escolhe fazer algo desafiador e extraordinariamente poderoso em termos de compromisso. Mas acho que este é o objetivo: o fato de que em tese nós podemos fazer sexo com quem quisermos – por isso a força está em não fazê-lo. Você direciona essa energia para o relacionamento, para si mesmo ou para essa parceria com outra pessoa. Esse é o conceito.

BRENT MUSCAT: Nunca me divorciei, então não sei.

BRUCE KULICK: Como diria meu terapeuta... É claro que um relacionamento de verdade vai passar por algumas lombadas na estrada, você tem que lidar com isso, é isso que o faz verdadeiro. As pessoas que sempre agem como se tudo estivesse cem por cento são as que serão surpreendidas pelo pior. Então, acho que um dos sinais seria quando ela te acerta abaixo da linha da cintura. Não digo fisicamente, claro. Se ela bater em você, você tem que sair correndo, óbvio. Quando alguém diz algo tão injusto, que magoa demais, fica impossível retirar o que foi dito. Mas eu não estou dizendo que a primeira vez que você ouvir uma dessas, é hora de pedir o divórcio. Primeiro você tem que conversar com a sua parceira. Ela tem que saber que pegou pesado, que você não vai aceitar isso de novo e é melhor nem pensar em repetir se quiser que o relacionamento dure. Eu nem posso dar um exemplo do que seria esse golpe baixo, mas você sabe. Varia de pessoa para pessoa. É pisar naquele seu calo, e se alguém pode lhe dizer algo que o magoe tanto, algo que você não diria a um amigo, entende? Se você é um amante e sua parceira deve ser sua melhor amiga, então por que dizer isso? Mas infelizmente é o que acontece em relacionamentos. Elas dizem que estamos fingindo, tentando corrigir a relação dos nossos pais, tem toda essa psicologia por trás disso, quem sabe? Mas eu sei que assim que ouvi algumas dessas coisas, eu disse: "não quero continuar casado com esta pessoa."

CHIP Z'NUFF: Eu soube no dia em que me casei. Foi em Las Vegas com minha namorada do colégio. A primeira vez que me casei foi ótima. Nós tínhamos uma relação sensacional, mas eu estava em turnês o tempo todo. O Enuff Z'Nuff fazia muito sucesso, viajávamos o país inteiro, e ela encontrou outra amizade, as drogas. Isso mata qualquer relação: o vício. Tentei fazer dar certo, mas não deu mesmo, e eu me casei de novo uns anos depois com minha segunda esposa. Era um dia perfeito para um casamento. Eu estava em Las Vegas em turnê com a banda The Wild Bunch, formada por Clem Burke do Blondie, Wayne Kramer do MC5, Pat do The Smithereens, Gilby Clarke... As garotas do Go-Go's estavam lá, todos esses astros do rock foram. Foi um momento perfeito. No dia da cerimônia eu olhei para a câmera e disse: "estou perdido!" Eu sabia, dava para sentir. Seria muito melhor ficar apenas como namorados, mas ela insistiu, queria minha atenção total e eu cedi a um capricho. Passei mais sete anos apenas me afogando na dor. Então, se alguém aí está pensando em se casar, é melhor ter certeza do que está fazendo. Ninguém se casa pensando em fracassar. Porém, eu falhei duas vezes.

COURTNEY TAYLOR-TAYLOR: É hora de se divorciar quando você pela primeira vez percebe um problema no comportamento dela que realmente, do fundo do seu coração, sabe que não vai tolerar pelo resto da vida. Quando você pensa em aguentar aquilo pelo resto da vida, você quer morrer. E aí, você dá todos os descontos, transfere a culpa para si mesmo, finge que não está vendo o problema, mas quando resolve abrir os olhos, já se passou um ano, dois anos, três anos, e você fica: "caralho, fodi com tudo. Eu não sabia... Ela me enganou. Nós namoramos por quatro anos e ela fez essa merda." Nesse momento você sabe que é hora de se divorciar. Nessa hora, é melhor não ter que encarar um ao outro quando forem ter a conversa. Com sorte, ambos acabarão deitados num sofá de dois lugares, distantes o suficiente para não se tocarem e não conseguirão encarar ou olhar para o rosto um do outro durante a conversa. Você terá de dizer a ela que não sabe se pode viver com isso, algo como: "eu fui legal todos os dias e foi divertido, mas você provavelmente já notou que não sou mais tão carinhoso, não abraço e beijo você como antes etc. Então eu prefiro que a gente termine agora para que nós dois possamos seguir em frente. Vai ser difícil por um ano, um ano e meio, mas depois seremos felizes e livres." Ou a outra pessoa reage de modo completamente calmo: "é, eu não vou mudar isso em mim mesma" e tudo bem, ou fica puta, não consegue lidar com a ideia de falar sobre essa parte de si mesma e, quatro horas depois, ainda não se acalmou. Você lida com isso como conseguir. Apenas acabe com isso, e deixe a vida seguir. Um divórcio é exatamente como terminar um relacionamento sério de longa data. Eu já vivi relacionamentos mais longos, sérios e substanciais que provavelmente a maioria dos casamentos. Então, chamar de divórcio ou de término uma relação longa é tudo a mesma coisa, exceto talvez a merda jurídica que acontece na sua vida depois de uma união.

DANKO JONES: Ah, Deus. Também sou péssimo nisso. Eu tenho uma verdadeira tendência a dar murro em ponta de faca – não literalmente. Fico até o último minuto. Então o que acaba acontecendo é que eu fico de lado e a garota se adianta: "você não percebe? Vamos fazer isso ou eu vou ter de fazer?" Então elas sempre têm a iniciativa porque eu simplesmente não consigo. Acho sempre: "ah, podemos consertar isso." Eu sou desses.

DOUG ROBB: Eu não faço ideia. Eu me casei recentemente, cerca de oito meses atrás, e espero nunca descobrir.

EVAN SEINFELD: Eu já me divorciei. Acho que intuitivamente nós sabíamos. É uma questão de ser sincero consigo mesmo em relação a isso. E sei que no meu caso, ou quando há crianças envolvidas, é necessário um terapeuta, mentor ou um ombro amigo com quem se possa conversar e ouvir seu próprio discurso. No fim das contas acho que temos todas as respostas. Quando chegamos ao ponto em que precisamos fazer uma lista de prós e contras para pesar se devemos ficar no relacionamento ou não, é hora de seguir em frente. Se você precisou chegar a esse ponto, então acabou.

GINGER: Quando a comunicação termina. Quando vocês param de aprender um com o outro. Quando vocês param de inspirar um ao outro. Quando a honestidade se perdeu. Você pode resolver tudo, menos a desonestidade.

HANDSOME DICK MANITOBA: Eu nunca me divorciei, mas diria que é quando a amizade, a comunicação e o respeito vão pelos ares. É algo muito difícil.

Você deseja que sua parceira seja uma parceira sexual louca, amiga e cúmplice. Se algumas dessas coisas fundamentais sai dos trilhos então é sinal de problema.

JAMES KOTTAK: Quando a jaqueta do namorado dela não te serve mais.

JESSE HUGHES: Bom, no meu caso, quando a ex-esposa se muda de uma casa mobiliada pode ser uma pista. Mas é hora de se divorciar quando tudo o que você faz no relacionamento é tentar conseguir igualdade com a outra pessoa. E nunca se case com alguém cujos pais não sejam casados.

JIMMY ASHHURST: Eu não sei. Nunca estive nessa situação. Venho tentando corajosamente evitá-la, então não teria mesmo como saber.

LEMMY: Eu nunca fui casado, então vou ter que passar essa. Mas provavelmente quando a esposa pega os cogumelos e eles estão vermelhos com pontos brancos. Como na piada: o sujeito diz "eu não tive sorte no amor, cara. Fui casado duas vezes e as duas morreram. A primeira, por comer cogumelos envenenados." "Ah, é? E a segunda morreu de quê?" – o outro cara pergunta. "Uma porrada na cabeça.", responde ele. "Como isso aconteceu?" "Ela não comeu os cogumelos."

NICKE BORG: Com sorte eu não vou precisar passar por isso, mas acho que varia de pessoa para pessoa. Mas quando você começa a cagar enquanto sua mulher escova os dentes, aí é hora do divórcio.

ROB PATTERSON: Quando sua esposa está dando para outro.

VAZQUEZ: Eu nunca fui casado, mas já tive minha cota de relacionamentos. Isso vai parecer totalmente maluco, mas quando tudo deixa de girar ao meu redor, então estou pronto para ir embora. É o que acontece. Tem essas garotas que dizem: "ah, mas o mundo não gira a sua volta." E eu: "É realmente uma gracinha que você pense assim, mas, sim, baby, o mundo gira ao redor de mim. Mim, mim, mim."

Se o seu parceiro quiser o divórcio, você deveria tentar conversar para convencê-lo do contrário?

ACEY SLADE: Acho que você deve tentar manter o casamento, de todas as formas. Não acho que terapia seja para os fracos, porque acredito que pode ser bom ter uma terceira pessoa. Toda história tem três lados: o seu, o do outro e a verdade. Mas acho que quando sua parceira diz algo como "terapia é para os fracos", e não se compromete com isso, então está na hora.

ADDE: Não, não. A situação já foi longe demais. Se você está falando assim, acabe logo com isso.

ALLISON ROBERTSON: Bom, isso depende de quanto você acha que pode mudar. Eu já vi pessoas mudarem. Não estou falando de mim, mas acho que é possível consertar um casamento. Se não for um desejo mútuo e só um quiser o divórcio, desde que você converse, e talvez se ele tiver um motivo, é possível consertar. Mas se alguém simplesmente não quer ficar com você, acho meio humilhante tentar forçá-lo a ficar.

BRENT MUSCAT: Sim, eu acho. Você deve tentar resolver o máximo que puder, especialmente se tiver filhos. Acho que é melhor para as crianças ter tanto a mãe quanto o pai por perto. E se as pessoas foram amigas e amantes o suficiente para se casar, então elas ainda podem ficar juntas. Mesmo se o casamento não estiver funcionando. Não acho que faria mal manter a parceria, ficar junto por um tempo e dividir as tarefas domésticas. Ainda que seja como amigos que dividem um apartamento. Acredito que é possível encontrar algo em comum de modo que seja possível reacender a chama do amor.

BRUCE KULICK: Acho que a única forma de reverter o quadro é tentar algum tipo de aconselhamento profissional. Não acho que seja má ideia. Eu já tentei. Muitas coisas que foram jogadas embaixo do tapete certamente virão à tona e, no pior dos casos, a situação pelo menos ficará mais clara para ambos quanto aos motivos pelos quais vocês não deveriam ficar juntos. Claro que se houver crianças envolvidas... Será financeiramente devastador para qualquer casal, portanto, vale a pena tentar resolver. Mas em geral quando alguém está tão irritado a ponto de pedir o divórcio pode significar que você já está no alerta vermelho, e que não é mais capaz de reverter a situação.

CHIP Z'NUFF: Sem dúvida vocês devem conversar sobre isso. Falar para esquecer o assunto? Não. Mas falar sobre isso. É importante expressar os sentimentos. Guardá-los e reprimi-los é como um câncer, que vai te corroer por dentro. Então, sim, vocês devem falar sobre isso, mas se a pessoa quiser sair, é como diria a minha avó: "deixe o pássaro voar. Se ele voltar, é porque tinha de ser. Se não voltar, então acabou." Acho que mesmo se você não consegue suportar a ideia de não ficar com essa pessoa, se ela precisa de um tempo longe, você deveria conceder isso. Geralmente, a pessoa acaba voltando e vai ser bom. Então você vai perceber que aquele tempinho de separação renovou o relacionamento.

> "É IMPORTANTE EXPRESSAR OS SENTIMENTOS. GUARDÁ-LOS E REPRIMI-LOS É COMO UM CÂNCER, QUE VAI TE CORROER POR DENTRO."

DANKO JONES: Sim, acho, sem dúvida. Com o tempo, porém, eu percebi que se uma pessoa quer sair, então a relação deve terminar imediatamente. Levou um tempo para eu me dar conta disso, tem a ver com maturidade. É preciso passar por certas coisas na vida até perceber que todo relacionamento... Bem, se você for uma pessoa sã, vai avaliar sua relação quando chegar ao fim e pensar: "bom, onde foi que eu errei? Tá, isso realmente aborreceu a outra pessoa. Vou trabalhar nisso e não fazer de novo. O que essa pessoa fazia que me deixava maluco de raiva? Bom, vou observar essa característica e tentar e não cair nesse padrão." Algumas pessoas dizem: "ah, eu gosto dessa garota porque ela me lembra a minha ex-namorada". Daí elas repetem esses padrões e nada muda. É por isso que passei a agir dessa forma, porque da primeira vez que isso aconteceu eu fiquei realmente magoado e pensando: "que porra é essa que está errada comigo?" Por isso desenvolvi esse hábito.

EVAN SEINFELD: Sua parceira quer o divórcio porque é algo tangível. Você sempre deve tentar resolver as coisas, se tiver tempo e disposição para investir no relacionamento, pois às vezes as pessoas buscam o divórcio por medo de estarem apaixonadas ou para não se magoar, pois já foram magoadas antes. Por isso eu sempre acho que vale a pena conversar. Quando você investe tempo ou energia em algo, sempre deve tentar ir até o fim, não desistir diante do primeiro obstáculo. Relacionamentos não são fáceis, são muito árduos e complicados. Homens e mulheres querem coisas muito diferentes num casamento. Se eu tivesse que resumir, diria que as mulheres usam o sexo para obter amor, enquanto os homens usam o amor para obter sexo. É como uma dança: parece totalmente simbiótico, mas não é.

HANDSOME DICK MANITOBA: Acho que você deve estar envolvido o suficiente na sua própria vida e no relacionamento para saber o que está acontecendo. Não deve haver surpresa sobre o que está se pensando, senão você corre o risco de tirar a venda dos olhos antes da hora.

JAMES KOTTAK: Não, vá fundo. Acabe logo com isso e siga em frente. Como costumamos dizer, especialmente se for o seu primeiro casamento em Los Angeles, que nós chamamos de casamento inicial.

JESSE HUGHES: Claro, especialmente se vocês tiverem filhos. O benefício do casamento para o espírito e para os demais aspectos espirituais da saúde humana vai além da pessoa com quem você está. É o compromisso e o fato de fazer parte de uma instituição ao longo da sua vida – aí está o benefício. Nós nos esquecemos disso e desvalorizamos esse aspecto; então, é claro que eu tentei conversar para resolver o meu casamento, mesmo odiando a minha esposa na época.

JIMMY ASHHURST: Com certeza não! Acho que se chegou a esse ponto... Conheci várias pessoas que tentaram viver sofrendo e isso não é vida. Ainda que seja pela família, para beneficiar as crianças, não importa. Se não está funcionando, melhor tomar as providências.

LEMMY: Se chegou a esse estágio, você não deve ter mais esperanças.

ROB PATTERSON: Com certeza não! Você não deve nada a ninguém, ponto.

TOBY RAND: Não. Se ela quiser o divórcio, então... Você não pode conversar e convencer alguém a fazer o que não quer.

VAZQUEZ: Acho que não. Quem ia querer ficar com alguém que não quer ficar com você, porra?

Em que ponto deve-se chamar um advogado ao perceber que o divórcio está próximo?

ACEY SLADE: Eu te respondo isso em alguns dias.

ALLISON ROBERTSON: Se algum de vocês tiver mais dinheiro que o outro. Mas eu não acho que você tenha que arrumar um advogado. Se vocês compartilharam tudo e só querem se separar, podem conseguir alguém por um preço mais acessível para ajudar a dividir tudo meio a meio. Do contrário, depende do quanto vocês estiverem brigando ou se os sentimentos são mútuos. Se for algo do tipo: "ei, eu realmente não gosto mais de você", nem se importe. Tudo depende mesmo da quantidade de dinheiro envolvido.

BRENT MUSCAT: Nunca. Quando me casei alguém disse que eu deveria assinar um acordo pré-nupcial e eu perguntei: "por quê? Não sou rico. Eu tenho uma casa e tal, mas não sou cheio da grana". Minha teoria era que se eu fosse me casar com alguém que fosse me ajudar e ser minha parceira, então, se eu me divorciasse, ficaria feliz em lhe dar metade de tudo. Eu não ligo. É só dinheiro, uma coisa material. Por exemplo: eu casei com minha esposa em 2000, 2001, Eu estava endividado, arrasado e ela ajudou a me reerguer. Então eu diria: "seja generoso e esqueça advogado, porque só vai lhe custar mais e você só vai desperdiçar seu dinheiro. Então, economize a grana, dê o que ela quer." Quero dizer, se você tiver que fazer isso e quiser cair fora, não seja ganancioso.

BRUCE KULICK: É diferente em cada país e em cada estado dos EUA. Vou falar do meu principal divórcio – a garota com quem fiquei em toda a minha época do Kiss – porque nós sabemos como a coisa pode ficar feia. Acho que ela até esperava que fosse dar certo e fui eu quem finalmente disse: "espera aí, não vou continuar com isso. Eu não mereço isso", blá-blá-blá. Embora estivesse com meu coração partido, eu não sabia o que se passava na cabeça dela. O aconselhamento profissional certamente não ajudou, e eu percebi assim que me recompus... Queria partir para outra. Porém, o mais inteligente que fizemos, por mais que ela fosse marcar posição, foi contratar apenas um advogado para nos representar, o que fez com que, no fim das contas, sobrasse mais dinheiro para ambos, porque você não está pagando dois advogados. Mas acho que é diferente para cada pessoa.

CHIP Z'NUFF: Bom, se ela está dando para o time de futebol inteiro então é hora de chamar um advogado, sem dúvida, porque a maioria dos caras têm ego frágil e não pode aceitar isso. Porém, se alguém tem problemas com bebida ou drogas e você realmente ama essa pessoa e está com ela há anos, acredito que é melhor tentar resolver. Meu avô me disse: "Quando você se separa, é um mês de sofrimento para cada ano que você está casado." Então se você está com alguém há dez anos, espere dez meses de sofrimento e não há nada que se possa fazer em relação a isso. Você pode redecorar a casa, tentar de tudo, mas nada vai substituir a pessoa com quem você se casou. Portanto, prepare-se para sofrer e não cultive isso, senão vai piorar cada vez mais. Tenha gratidão pelo tempo que vocês passaram juntos, porque ninguém pode tirar isso de você, é seu. Mantenha as lembranças, são de graça e para a vida toda. Você sempre será capaz de olhar com carinho para os bons momentos e as coisas boas que aconteceram com vocês.

COURTNEY TAYLOR-TAYLOR: Antes de se casar você deveria realmente preparar tudo, deixar bem claro onde ambos estão se metendo e o que será intolerável. Apenas tenha consciência de que isso é a vida real e faça um acordo antes, enquanto os dois ainda têm convicções e se sentem como a grande pessoa que desejam ser.

JAMES KOTTAK: Evite os advogados, faça você mesmo. Economize seu dinheiro. Apenas acabe com isso, apenas acabe com isso.

JESSE HUGHES: Assim que você souber que o divórcio está acontecendo. E amigos, *não* caiam no truque mais velho do mundo: você é mais do que um cheque de pensão por mês. Você precisa de um advogado rapidamente. E se você for homem, precisa de uma advogada.

ROB PATTERSON: Assim que você descobrir que algo está errado.

Qual a melhor forma de proteger os bens num divórcio?

ACEY SLADE: Eu tenho muita sorte porque não tenho muitos bens, exceto pelas minhas guitarras. Não sou fã de acordos pré-nupciais. Sempre quis ser casado apenas uma vez. Mesmo sendo um vagabundo roqueiro, eu sou meio antiquado. Estou no meio de um divórcio agora, mas queria ter me casado só uma vez. Então coisas como acordos pré-nupciais nunca me passaram pela cabeça.

"MESMO SENDO UM VAGABUNDO ROQUEIRO, EU SOU MEIO ANTIQUADO."

EVAN SEINFELD: Em primeiro lugar, faça um acordo pré-nupcial. Acho que é da natureza das mulheres norte-americanas ver o que elas conseguem ganhar com isso. Voltamos a minha teoria de que muitas não querem realmente o sexo pelo sexo ou pelo relacionamento, mas sim pelo que podem ganhar com isso. Eu moro em Hollywood, cara: vá até o Ivy hoje. Tem garotas de 20 anos, lindas pra caralho, que saíram na Playboy, sentadas com umas porras de uns velhos banguelas de 80. O que elas estão fazendo ali? É o que chamamos de relação de benefício mútuo. Todo mundo sai ganhando. Eu não acho que isso aconteça só porque a mulher tem uma vagina e o homem tem um pênis. Eles têm um relacionamento que, se não funcionar, o cara vai ter que pagar à mulher, infelizmente é como nossa sociedade vê a situação. As mulheres querem ter igualdade, mas a lei as protege como o sexo frágil.

JESSE HUGHES: Mande matar a piranha... Brincadeira. É melhor proteger seus bens sendo sincero, razoável, honesto e assumindo a propriedade de algo. Proteger seus bens às vezes significa ser legalmente dono deles, e você não necessariamente precisa fazer isso se construiu algo com alguém. Especialmente se houver crianças envolvidas. Você sempre passa essa mensagem aos seus filhos: "o que você faria se alguém falasse mal da sua mãe?" Então é melhor se lembrar disso quando lidar com a mãe dos seus filhos.

JIMMY ASHHURST: Contas em paraísos fiscais.

ROB PATTERSON: "We want pre-nup!" [Nós queremos acordo pré-nupcial!] (letra da música Gold Digger, de Kanye West).

DICAS DE SEXO DE ASTROS DO ROCK

DROGAS & ÁLCOOL (& IMPOTÊNCIA)

"TEQUILA GERALMENTE FAZ MARAVILHAS PARA ACABAR COM A INIBIÇÃO DE UMA GAROTA, MAS NÃO PASSE DE UMA OU DUAS DOSES"

Como evitar o mau desempenho sexual depois de uma noitada?

ACEY SLADE: Estou sóbrio há 11 anos, portanto não tenho esse problema. Também não tenho mais os "óculos da cerveja."*

ADDE: Basta pegar a garota mais sexy, sabe. Se ela for feia de alguma forma, não vai dar certo. Sinto muito, mas não vai funcionar.

ALLISON ROBERTSON: Acho que os caras podem ser melhores no sexo se estiverem bêbados, mas já vi alguns que mal conseguem ficar acordados depois de beber demais. Então isso para mim depende do cara, do quanto eles conseguem se controlar.

ANDREW W.K.: Nunca fui um grande beberrão, por isso nunca tive esse problema com o álcool, mas houve momentos em que eu ficava tão nervoso, quando comecei a sair com garotas, que às vezes não conseguia ficar totalmente excitado. Era muito estranho porque a experiência mais estimulante e excitante, com a qual eu tinha fantasiado a vida inteira, estava acontecendo de verdade e eu estava tão doido com aquilo que era quase como se eu não estivesse lá. Era como se fosse uma fantasia de novo. Era algo tão intenso e poderoso que eu vivi momentos de impotência. Havia tanto sangue correndo para o meu rosto, meu coração batia tão rapidamente que parecia que não ia conseguir fazer o sangue chegar a qualquer outra parte do corpo onde fosse mais importante. Algumas vezes eu fiquei muito bêbado e eu fiz coisas que não teria feito normalmente no sexo, como não usar camisinha. Isso foi assustador! Muito mais assustador do que não ser capaz de trepar. Isso só me aconteceu uma vez. Ao acordar no dia seguinte eu não acreditei que tinha feito aquilo. Parecia um filme, um programa de TV ou algo assim, sobre o maluco que assume esse risco imenso quando está bêbado, não percebe, acorda no dia seguinte e engravidou a garota ou pegou uma doença. Isso definitivamente aconteceu porque bebi muito.

BLASKO: Essa é provavelmente a melhor pergunta para o Lemmy! Eu só posso dizer o seguinte: a última coisa que você quer é se colocar na posição de não conseguir trepar. Você sabe mais ou menos qual vai ser o resultado final, então, é preciso se comportar. Fique longe de certas coisas, saiba suas limitações de antemão.

BRENT MUSCAT: Espere até o dia seguinte, acorde e faça sexo matinal. Mas escove os dentes antes, porque provavelmente você vai estar com um bafo horrível.

BRUCE KULICK: Não sou de beber muito e nem de usar drogas. Felizmente, nunca tive esse problema. Posso dizer que quando era adolescente fiquei numa

---

* Quando sob o efeito da bebida, alguém enxerga pessoas feias como bonitas. (N.da T.)

situação desconfortável. Às vezes eu pensava: "Isso não está certo. Vou inventar uma desculpa e ir embora," sabe do que estou falando? Geralmente eu estava com muito tesão e sabia quando queria estar com alguém. Eu digo uma coisa que pode afetar o desempenho sexual: exaustão completa. Se você está estressado, trabalhando há 20 horas, não espere ter muita excitação no quarto, especialmente se a garota não tiver trabalhado por 20 horas igual a você. Tire um bom cochilo e, aí sim, parta para cima dela! Eu sei que dizem: "ah, se você bebeu muito não consegue subir," mas eu nunca bebo demais e no dia em que bebi, infelizmente... Eu me arrependo da vez em que exagerei e tinha uma garota realmente legal com quem eu queria transar, mas acabei passando mal. Esqueça o fato do negócio não subir, fiquei conversando com a privada a noite toda, então, como poderia transar? Eu me arrependi muito disso. Foi como naquela festa de aniversário, quando eu fiz um trabalho com Billy Squier, estamos falando de 1983 ou 1984 e ah, meu deus: doses de tequila. Eu tomei oito, e nem sou de beber. E você sabe que bastam três para deixar alguém muito doidão; então, é claro que passei o resto da noite no banheiro. Foi horrível, eu tinha uma garota maravilhosa com quem passar aquela noite. Tínhamos começado a namorar e eu ferrei tudo ali.

CHIP Z'NUFF: Essa é difícil porque se você estiver envolvido em pequenas atividades extracurriculares como comprimidos, pó ou álcool, sempre vai piorar o seu desempenho. Hoje em dia temos o Clialis, Viagra e Chinese Arithmetic, que podem ajudar. Acho que a melhor aposta é: tente ficar nessa situação sem estar embriagado e você terá uma boa chance de funcionar bem. Esses remédios, não por experiência própria, mas pelo que ouvi, parecem te dar um pouco de confiança também. Então, se você consegue armar a barraca, mas não consegue mantê-la de pé, eles podem ajudar. Você pode tomá-los e ganhar confiança, e logo você não vai mais precisar deles, porque já vai estar fortalecido.

COURTNEY TAYLOR-TAYLOR: Às vezes você simplesmente não consegue trepar depois de uma bela noitada. Eu venho fazendo o estilo "segure a onda, não beba muito". "Não use drogas demais ou então..." a outra forma é ter 16 anos, embora comigo tenha durado até mais ou menos os 18. Eu podia estar com náuseas e vomitando no banheiro na festa de um amigo mas, nas raras ocasiões em que alguma garota veio segurar meu cabelo para encostar no vaso sanitário e me seduziu enquanto eu estava vomitando, eu consegui trepar bastante. Mas, hoje em dia, se eu estiver arrasado, bêbado e vomitando pra cacete, não vai acontecer.

DANKO JONES: Eu não bebo e não participo muito dessas coisas, então estou sempre pronto para mandar ver. Eu já saí com uma alcoólatra. É foda, não é brincadeira. É uma merda quando a outra pessoa está ali e você não consegue fazer nada.

DOUG ROBB: Não beba demais. É bem simples, certo? Senão você vai ficar com pica de uísque. E não pense demais. Se você estiver bêbado e ficar com medo de não conseguir ficar de pau duro, então não vai ficar de pau duro. Você tem que entrar no clima. Apenas curta o que está fazendo e tudo vai funcionar naturalmente, mas se começar a surtar em relação a isso, não vai ajudar em nada.

EVAN SEINFELD: Em primeiro lugar: cocaína não é afrodisíaco. É realmente ótimo quando uma garota cheira no seu pau, algumas pessoas acham que isso funciona. Por algum motivo elas têm na cabeça que é uma droga do sexo, mas na verdade é uma droga antiereção. Quando eu usava cocaína, conseguia trepar por horas com o pênis meio duro e achava que era um garanhão porque não conseguia gozar, mas as garotas também não conseguiam sentir nada... eu estou limpo de drogas e álcool há 20 anos. Acho que algumas coisas como vinho e champanhe, um drinque ou dois, são boas para perder certas inibições. Creio que se não houvesse o [ansiolítico] Xanax, talvez não existisse sexo anal. Eu sinto falta dos velhos tempos do Quaaludes e acho que há o lugar e a hora para certas drogas. Não sou fã de coisas como o ecstasy, essas drogas inventadas que têm efeitos bem negativos a longo prazo. Existem ótimas fórmulas naturais para melhorar o desempenho masculino que são mais psicológicas do que qualquer coisa. Algo simples como a Erva de Santa Maria pode dar um gás para o cara, como se ele fosse um garanhão, porque a ereção masculina é uma questão totalmente mental. Sou um cara que já transou em mais de 200 vídeos na frente das câmeras com uma taxa de sucesso de 99,9% e posso dizer: está tudo na sua mente, galera.

HANDSOME DICK MANITOBA: As poucas vezes em que senti dificuldade para ter uma ereção foram após uma tremenda noite, enquanto eu estava muito doidão. Tudo o que posso dizer, como um cara que não bebe ou usa drogas há 25 anos é.... que não tive problemas de ereção em 25 anos, então minha atitude é: fique doidão ou faça sexo. As duas coisas não se misturam muito bem.

JAMES KOTTAK: Nunca tive esse problema.

JESSE HUGHES: Ah, ficar excitado com as garotas. Isso funciona para mim.

JIMMY ASHHURST: Tente não exagerar no pó. Basicamente todo o resto não deve te atrapalhar muito... Se você estiver bêbado demais, talvez uma quantidade moderada de cocaína ajude. Mas se você estiver muito bêbado, há uma grande chance de cheirar demais. Eu descobri que ao natural é a melhor forma de manter o bicho em pé. Obviamente, descobri isso tarde demais.

LEMMY: Não tenha uma grande noitada. Se você estiver tão desesperado por uma foda, não beba. Por outro lado, é algo individual também. Algumas pessoas não parecem ter problemas com isso. Outros não conseguem fazer o negócio subir nem se cutucarem com um pauzinho. Talvez eles devessem amarrar o dito cujo no pauzinho.

NICKE BORG: É preciso planejar. Se você teve uma noitada e quiser fazer alguma coisa, ou mesmo se for um puta viciado em drogas, tem que pensar no que é mais importante, cheirar mais uma carreira ou transar? Na maioria das vezes eu sempre uso a frase de um amigo meu, que diz preferir as drogas às mulheres, o que às vezes é verdade dependendo da situação... Mas quando você vira profissional, aprende a lidar com isso.

ROB PATTERSON: Bom, eu estou sóbrio, então não tenho mais esse problema.

TOBY RAND: Uma forma de curar isso é com muita estimulação visual, isso sempre ajuda. Sinceramente acho que exige tempo e estimulação visual. Se a luz está apagada e você está chapadaço, sua cabeça não estará lá. Você precisa ser capaz de ver o que está fazendo, porque está doidão demais para se concentrar. É preciso conseguir se concentrar e saber no que você está se metendo. Assim vai dar certo, não importa o que aconteça.

VAZQUEZ: Eu sou um pouco diferente da maioria das pessoas, pois não bebo tanto assim. E não uso drogas. Sou muito diferente do estereótipo. Eu tenho um estilo totalmente particular e nunca tive esse problema em que eu fico "ih, caralho, e agora?"

O sexo geralmente fica melhor sob o efeito de drogas ou álcool?

ACEY SLADE: Não acho, não. Pode ser mais divertido se a sua parceira estiver chapada, porque ela pode ficar mais propensa a concordar com uma terceira pessoa envolvida ou algo assim, mas, na maior parte das vezes, drogas e álcool tiram a sua sensibilidade.

ALLISON ROBERTSON: Não acho mesmo. Até pode ser, mas acho uma merda se apenas um dos dois estiver bêbado ou chapado de drogas e o outro não. Nem sempre é bom. Se os dois estiverem do mesmo jeito, talvez funcione, mas já vi verdadeiros desastres acontecerem quando todos estão chapados.

BLASKO: Não acho melhor ou pior. Vamos colocar desta forma: é algo divertido a fazer se a pessoa estiver no mesmo clima e bebendo tanto quanto você. Mas se alguém estiver chapado e você não, ou se você estiver e a outra pessoa não, então não é tão divertido assim. Se ambos estiverem na mesma onda, aí é mais legal.

BRENT MUSCAT: Não, acho que não. Nem um pouco. É melhor quando você está totalmente sóbrio e presente ali. Quando você está fazendo sexo, tem todos os hormônios envolvidos e atuando com tudo no corpo, então é melhor aproveitar a sensação do que está acontecendo. Se você estiver entorpecido pelo álcool ou drogas, não vai sentir tanto assim.

CHIP Z'NUFF: Não, não é. De jeito nenhum. Já tentei dos dois jeitos. Pensando bem, acho que é melhor com um pouco de maconha e talvez uma taça de vinho ou algo assim, aí tudo bem. Você não está embriagado, não passou do limite aceitável. O exagero é que acaba com você, primeiro porque você não consegue ficar de pau duro, depois porque perde a integridade sexual, e isso é embaraçoso. E é claro que acaba com o clima. Então, minha recomendação é tomar um pouco de vinho, fumar unzinho e então partir para o ataque.

COURTNEY TAYLOR-TAYLOR: Não, não vejo relação entre drogas, álcool, sobriedade e a qualidade relativa do sexo ou a intensidade explosiva dele. Até onde sei, não há relação.

DANKO JONES: Para certas pessoas há um ponto em que o álcool é bom. Ele pode realmente começar as coisas, porque diminui as inibições e você pode realmente viver bons momentos, mas, pelo que observei nas minhas experiências, é uma janela que se abre e fecha muito rapidamente. Em pouco tempo a pessoa está prestes a passar mal, de tão embriagada, tornando o sexo impossível. Não importa o quanto ela diga que quer, torna-se simplesmente impossível; então, nesses casos, é melhor colocá-la na cama para dormir.

"EU DEFINITIVAMENTE ACHO QUE SOB A INFLUÊNCIA DO ÁLCOOL VOCÊ TENDE A SER MAIS AGRESSIVO E MENOS INIBIDO."

DOUG ROBB: Não sei se é necessariamente melhor. Não sinto de modo diferente, mas a mentalidade fica um pouco diferente. Eu definitivamente acho que sob a influência do álcool você tende a ser mais agressivo e menos inibido. Então para quem for um pouco tímido e quiser se soltar um pouco, eu diria para experimentar.

HANDSOME DICK MANITOBA: Não. Nada fica melhor.

JAMES KOTTAK: Você acha melhor, mas na verdade é melhor sem tudo isso. É uma ilusão.

JESSE HUGHES: Às vezes é melhor e funciona como o Blue Diamond Viagra, você pode virar o Blue Diamond Philips e ser o astro de qualquer filme. Essas besteiras aí, esta é uma pergunta difícil de responder, não é?

JIMMY ASHHURST: Pode ser mais intenso. Eu não diria melhor... Pelo menos você pode achar que sim, pensar que está com o desempenho de um gladiador, mas há uma grande probabilidade de você não estar fazendo porra nenhuma. Levei anos e anos tentando achar a mistura certa de produtos químicos e álcool para transar bem e a receita você descobre com o tempo: a fórmula mágica é exatamente aquilo com o que você nasceu.

LEMMY: É ótimo quando se toma ácido, vou te falar. É como se o seu cérebro tivesse explodido. É sensacional, mas não dá para fazer isso o tempo todo.

NICKE BORG: Às vezes você tem a impressão que é melhor porque está um pouco mais doido, mas eu diria que, quando você está meio de ressaca, a manhã seguinte é melhor.

ROB PATTERSON: Não, não, não, não, não! É 100.000.000% melhor sóbrio!

TOBY RAND: Até o ano passado, sim. Isso é divertido! Quando se trata da sensação do sexo em si, é melhor quando você está sóbrio, mas a diversão do sexo é melhor quando você está bêbado porque se você estiver com uma parceira diferente a cada noite, todas as inibições vão embora. É como se você as conhecesse há séculos e fica mais divertido.

VAZQUEZ: Eu com certeza diria que não. Gosto de estar totalmente ciente e responsável por meus atos se tiver que tomar decisões ruins.

Como saber quando alguém está chapado demais para fazer sexo?

ACEY SLADE: Acho que se ela ainda pensa que você é o gerente da turnê.

ADDE: Estou sempre mais bêbado, então não sei.

ALLISON ROBERTSON: Quando ele parece fazer sempre a mesma coisa e não leva a lugar algum... e está com bafo de uísque.

ANDREW W.K.: Acho que se a pessoa estiver vomitando. Esta é a coisa mais nojenta. E aquele torpor que se abate sobre alguém quando o corpo não está funcionando como deveria. E também se ela fede a álcool. Se houver álcool saindo pelos poros, há grande probabilidade de que vá começar a sair pelos outros buracos também.

BLASKO: Sempre que alguém vomita em você, eu imagino.

BRENT MUSCAT: Quando ela perde a consciência e não responde a estímulos. Quando ela fecha os olhos e você diz "ei, querida!", mas ela não responde por que está dormindo. Eu diria que esse é o sinal de que você deve deixá-la sozinha.

BRUCE KULICK: Isso é broxante para mim também. É claro que houve uma ou duas garotas que... Primeiro, eu não namoraria uma mulher que fosse assim, porque isso é realmente broxante. Não é assim que eu funciono e também não quero estar com uma pessoa problemática, simplesmente não quero. Não vou gostar disso. Sei que alguns caras ficam: "ah, isso vai ser fácil", mas para mim, mais uma vez, diz respeito àquele clima e a sensação de que é bom ter essa pessoa por perto. Se ela for toda complicada, como vai ser legal tê-la por perto? Vou acabar servindo de babá para ela, ou, como no filme *Quase famosos,* ter de chamar a polícia e arrumar uma ambulância para ela porque teve uma overdose. Eu me lembro dessa história, foi um dos meus maiores momentos *Penthouse*. Em 1975, estava excursionando em Madison, Wisconsin. Eu me lembro que após me apresentar numa casa noturna, duas universitárias muito lindas me levaram com elas. As duas tinham uma bela casa de dois andares e eu me lembro que estavam felizes da vida por eu estar lá. E eu pensei: "opa, essa é digna da *Penthouse,* então lá vamos nós." As duas estavam se beijando no sofá, na minha frente, e eu pensei: "ai, isso é inacreditável!" Eu estava ficando tão empolgado com aquilo, mas elas estavam usando Quaaludes, relaxantes musculares, drogas que te deixam para baixo. Foi quando uma delas, na verdade a garota de quem eu gostava mais, ficou ruim. De repente elas não se sentiram bem. Do nada, ela ficou mal, foi ao banheiro e acabou. Eu ainda me diverti com a outra garota, que parecia suportar melhor as drogas, mas a fantasia de ter as duas ao mesmo tempo foi para o espaço. Naquela altura da minha vida, qualquer coisa era excitante para mim. E ainda tenho orgulho por tê-las visto se beijando daquele jeito na minha frente, aquilo foi divertido. Isso mostra que, antes de tudo, se você estiver usando muitas drogas e bebendo e se envolver numa situação sexual, não vai fazer o melhor sexo do mundo. Nenhum dos envolvidos vai fazer, é cascata. É como se você fugisse de algo. O sexo deve ser feito para aproveitar algo, e por que você quer ficar todo alterado para isso?

CHIP Z'NUFF: Bem, você não consegue dizer isso a um cara porque se um cara encontra uma menina e ela está muito doidona, isso não vai impedi-lo de partir para cima. Não é desestimulante. Ele acha que vai ser mais fácil ela topar. Porém, não é divertido, nem um pouco. Você sabe de cara pelo comportamento dela, o jeito de falar, o jeito de se comportar. Isso é um alerta vermelho imediato. Em geral quando caras estão com garotas embriagadas, eles também estão bêbados, então fica tudo meio disfarçado não dá para captar o que está acontecendo realmente. Mas se você perceber pequenas coisas ou ela estiver fazendo besteiras ou vomitando, afaste-se dela. Ou, se ela for sua amiga, deixe-a em casa.

COURTNEY TAYLOR-TAYLOR: Quando elas basicamente não podem ser as agressoras.

DANKO JONES: É um saco. A intenção está lá, o desejo está lá, mas execução é um saco e eu prefiro recusar. Não quero parecer grosso, mas toque uma punheta e esqueça isso.

DOUG ROBB: Você sabe. Está tudo na linguagem corporal. Geralmente se você está embriagado com alguém e ambos estão no clima, ou se você sente que está exagerando na agressividade ou que a outra pessoa não está respondendo do jeito que você imaginava, talvez seja melhor parar e pensar: "isso está confuso demais." Tem que ser equilibrado, os dois devem estar igualmente chapados.

EVAN SEINFELD: Geralmente o vômito é um ótimo sinal, limpar vômito do seu pau. Eu realmente acho bêbadas broxantes então não é algo que eu encontre muito. Mas, garotas, isso não é algo bonito de se ver.

GINGER: Como existem diferentes níveis de tolerância, não há um nível específico de embriaguez para se observar. Eu diria que, para uma parceira nova, se vocês tomaram mais que uma garrafa de vinho juntos não vai ser tão memorável como poderia ou deveria ser.

HANDSOME DICK MANITOBA: Provavelmente quando ela diz: "qual é o seu nome mesmo?"

JAMES KOTTAK: Quando você limpa o vômito do travesseiro.

JESSE HUGHES: Quando ela fica te chamando de Larry.

JIMMY ASHHURST: Se houver vômito envolvido, geralmente é o limite. Ou se a cabeça delas estiver girando como no filme O exorcista, você sabe que estão vendo tudo rodando, e aí é hora de parar.

JOEL O'KEEFFE: Quando ela vomita aos montes ou perde a consciência, é melhor deixar quieto.

LEMMY: Geralmente quando ela vomita em você. E se ela quiser mesmo assim, isso adiará a ideia para depois.

NICKE BORG: Quando ela começa a falar sobre vinis de 7 polegadas enquanto você está transando com ela.

ROB PATTERSON: Bom, com a minha namorada nunca.

TOBY RAND: Quando ela está inclinada na frente da privada, vomitando horrores e dizendo: "não se preocupe, eu vou ficar bem." É assim que eu sei que ela está embriagada demais. Há o velho clichê de que quando ela vomita, acaba se sentindo melhor, mas é quando eu defino o limite, cara.

VAZQUEZ: Se você olha para ela e pensa: "puta merda, acho que essa garota vai vomitar na minha cama." É aí que você sabe. Para mim, não é sexy, é algo como: "sabe de uma coisa? Vá para casa e deixe o problema para outra pessoa. Eu não quero ser sua babá. E nem vou enfiar meu pau em você."

Alguma dica para o uso do Viagra?

ACEY SLADE: Nunca precisei usar. Experimentei alguns suplementos nutricionais que são mais estimulantes, mas não tanto para conseguir uma ereção. Tem esse negócio chamado Vivaxl, um efervescente totalmente natural. Você coloca na sua bebida e, mais ou menos meia hora depois, seu rosto fica inteiramente ruborizado, isso é muito legal.

ANDREW W.K.: Nunca usei, mas ouvi dizer que é incrível e eu realmente gostaria de usar. Seria uma experiência divertida com drogas. Ainda sou jovem e não cheguei ao ponto de ter que usar Viagra, mas tenho amigos que fizeram uso pesado de cocaína (algo que nunca fiz muito) e isso aparentemente dificulta muito a excitação, até mais do que o álcool. Por isso eles usam, os caras que realmente estão nessa. Eu vivo muito através dos meus amigos, cujas vidas parecem saídas de filmes. Eles se mudam para Nova York, têm um emprego legal, moram perto do centro, saem toda noite (porque é possível fazer isso em Nova York), bebem até quatro ou cinco da manhã, cheiram um monte de cocaína com alguma garota que conheceram que gosta da ideia de cheirar muito pó, ainda mais se for de graça, depois tomam Viagra e fazem sexo. A questão da experiência com drogas não diz respeito a sexo, e sim a ficar doidão, tem a emoção da busca, e toda a bebida que deixa tudo tão divertido, cheirar cocaína quando você realmente está eufórico e por fim coroar tudo com o mais excitante de tudo, que é o sexo. Isso parece ser realmente incrível, ótimo mesmo, mas nunca experimentem. Além do mais, o Viagra parece assustador, porque eles dizem... meu amigo que tomou também nunca precisou, mas usou para ter uma experiência com drogas, ele é muito mais velho que eu e tem esposa e disse que foi meio doido porque depois de cinco horas, você não só continua fisicamente excitado como também está mentalmente excitado. Você ainda quer fazer sexo. Parece algo bom, mas só se você puder tirar o dia inteiro, tomar o Viagra e, mesmo se estiver sozinho, se divertir horrores.

BLASKO: Nunca precisei usar. Conheço pessoas que não têm problemas, mas usam para fins recreativos. Você ouve histórias de caras derrubando abajures e fazendo buracos em paredes acidentalmente porque não conseguem se controlar!

BRENT MUSCAT: Eu não recomendaria para ninguém. Acho que algumas pessoas usam para fins recreativos. Os caras às vezes usam quando não precisam. Eles podem ficar de pau duro e tal, mas acho que eles pensam que vai ficar ainda mais duro ou mais divertido. Eles não deveriam usar a menos que realmente precisem, porque acho que pode causar dependência. Ouvi dizer isso, não sei se é verdade. Eu experimentei uma vez, há uns oito anos provavelmente, e funciona. Fiquei de pau duro, mas não sei o quanto foi diferente, porque eu poderia ter ficado de pau duro sem ele. Apesar disso, eu recomendo enfaticamente para os caras que têm problemas. Se funcionar para todos os homens com esse tipo de problema, é uma ótima invenção.

CHIP Z'NUFF: Sim. Não tome o comprimido inteiro de uma vez como um idiota, sem beber água. Comece com um quarto de comprimido, beba algumas garrafas de água, e cerca de uma ou duas horas depois, você vai estar pronto para mandar ver. Tenha cuidado, pois não é para todo mundo. Quem tem problemas cardíacos ou de pressão deve consultar um médico antes de tomar qualquer tipo de medicamento. Definitivamente não misture álcool e Viagra, embora em Hollywood existam várias festanças que servem pó e Viagra para todos. Acredito que você deve estar acompanhado se quiser experimentar essas coisas, não vou citar nomes porque não quero magoá-los. Eu não recomendo, não acho uma boa ideia. Você deve estar razoavelmente composto antes de tentar algo assim.

> "COMECE COM UM QUARTO DE COMPRIMIDO, BEBA ALGUMAS GARRAFAS DE ÁGUA, E CERCA DE UMA OU DUAS HORAS DEPOIS, VOCÊ VAI ESTAR PRONTO PARA MANDAR VER."

COURTNEY TAYLOR-TAYLOR: Alguém me deu meio comprimido outro dia e disse: "cara, isso vai ser divertido." Eu guardei na minha agenda de telefones e perdi. Um ano depois eu ainda estava procurando.

DANKO JONES: Nunca tentei. Amigos meus já experimentaram e me descreveram a experiência. Parece uma loucura, cara! Quando ouvi fiquei pensando: "cara, talvez eu deva experimentar, deve ser incrível!" Mas pode ter efeitos colaterais graves se você é jovem, então achei melhor não usar.

EVAN SEINFELD: Se você está preocupado em ter uma ereção, não tem jeito. Se você precisa de autoconfiança, se isso significa tomar um comprimido de Viagra ou Cialis, faça o que tem que fazer. Não sou fã dessas drogas, elas têm muitos efeitos colaterais. Com a quantidade de sexo que eu e minha esposa fazemos, ficaria viciado se tomasse essas coisas. O limite para mim, pessoalmente, é que se você não está me excitando a ponto de me deixar o pau tão duro a ponto de cortar diamantes...

HANDSOME DICK MANITOBA: Eu ainda não usei. Muitos amigos meus dizem ter experimentado. Eu não seria contra usar, sou dessas pessoas orgulhosas demais para pedir ajuda, mas ainda não usei. Eu te conto quando você reeditar uma versão atualizada deste livro.

JAMES KOTTAK: Nunca experimentei, não preciso.

JESSE HUGHES: Sim. Tente não usar se você não precisa. E se você tiver uma ereção que está durando quatro horas ou mais e que fala com você, então você tomou ácido.

JIMMY ASHHURST: Nunca experimentei, não precisei. Estou guardando para quando precisar, por motivos médicos.

LEMMY: Bom, você pode tomar ou não, a escolha é sua. Eu não tomaria, a menos que precisasse, porque faz mal para o coração.

NICKE BORG: Nunca usei, cara. Sério, nunca senti nem vontade de experimentar. As pessoas podem falar: "cara, eu trepei por três dias" e eu fico "Jesus Cristo! Eu me mataria! Porra, trepar três dias seguidos?" E eles dizem: "é, cara, foi demais." Bom, "não pode ter sido demais, cara. Coitada da menina, que merda!" Acho que é bom se as pessoas têm algum problema físico, mas se não têm, por que usar?

ROB PATTERSON: Sim. Não use a menos que você realmente precise!

TOBY RAND: Na minha recente viagem à Islândia eu conheci um segurança fortão que me recomendou uma dessas pílulas. Em seguida ele pegou uma bolsa com uns cem comprimidos azuis. Então perguntei: "servem para quê?" E ele respondeu: "acredite em mim, com a garota que você está, você vai se divertir muito." Então minha dica é: nunca tome uma dessas pílulas azuis num lugar como a Islândia, porque lá fica claro o dia inteiro, e as pessoas podem ver que você está de pau duro.

VAZQUEZ: Nunca experimentei. Talvez eu devesse tentar, quem sabe? Pode ser louco pra caralho. Contudo, eu tenho apenas uma chance e preciso fazê-la valer a pena. Definitivamente faço a diferença. Meu pai experimentou e disse: "cara, é bom pra caralho!"

Existe um drinque matador que pode ajudar a segurar um parceiro?

ACEY SLADE: É aí que eu volto ao bom e velho rock'n'roll e ao Jack'n'Coke. Nada é mais rock'n'roll do que Jack'n'Coke. Acho que é infalível: se você perguntar a uma garota: "ei, posso te pagar um Jack'n'Coke?" e ela aceitar, é mais de meio caminho andado.

ADDE: Provavelmente um Long Island [Iced Tea] no Rainbow Bar & Grill em Los Angeles. Sem Coca-Cola.

ALLISON ROBERTSON: Roffies [o calmante Rohypnol] sempre funciona. Não, mentira. Acho que vinho não é bom para se sentir sexy, porque sempre me deixa com raiva e me leva a discutir com as pessoas. Eu sempre evito vinho, não que essa tenha sido a pergunta, era o que você beberia. Algo que deixa as pessoas mais tranquilas, no clima e não tensas, então teria que ser uma Margarita, tequila ou algo assim, embora isso possa levar a vômitos, o que nunca é sexy. Em se tratando de álcool, o melhor é tomar apenas um ou dois drinques, se o objetivo for fazer sexo ou algo romântico.

ANDREW W.K.: Eu sempre gosto do Long Island Iced Tea porque é realmente divertido de pedir. Cada lugar faz de um jeito diferente, mas você sempre vai ficar completamente bêbado depois de um, pelo menos para mim. As garotas tendem a gostar de drinques mais doces, pelo que ouvi.

BLASKO: Se você estiver de olho em alguém e deseja começar uma conversa, você sempre pode dizer: "ei, posso te pagar um drinque, mas da minha escolha?" "Claro, o que vai ser?" "Ele se chama Flaming Jackass". É uma dose de tequila com um pouquinho de suco de laranja e um bocado de molho Tabasco por cima num copo shot com a borda cheia de sal. Sempre que você falar: "vou te pagar um Flaming Jackass" eu tenho certeza que ela vai rir. Além disso, o drinque em si é bem forte, então é uma boa forma de quebrar o gelo.

BRUCE KULICK: Como eu não sou muito de álcool, não sei. Eu sei que é uma maneira de quebrar o gelo oferecer uma bebida a alguém, mas a decisão é dela. Também sei quais drinques são mais potentes que outros, mas cada pessoa tolera o álcool de forma diferente. Acho que esses Appletinis, Apple Martini, os realmente doces, a garota pode tomar dois e ficar bem altinha. São drinques divertidos porque são doces e tal.

CHIP Z'NUFF: Ouvi dizer que o Jägermeister é muito bom para tirar a roupa alheia. Está aí algo que realmente não sei, para ser sincero, porque nunca usei esse tipo de truque. Eu não tenho experiência com essas coisas porque jamais faço isso.

COURTNEY TAYLOR-TAYLOR: Acho que depende. O primeiro instinto seria qualquer um que ela quiser. "Deixe eu te pagar uma bebida. O que você está bebendo?" Algo divertido é pagar um uísque, só por que é requintado. Aí ela vai tentar beber um pouco e você pode dizer: "tá, vamos pedir outra coisa." Então você pede outro drinque para ela, termina o uísque e deixa a garota pedir o quiser. Com isso, você rapidamente enfiou um drinque e meio nela e pode ver se vai levar a algum lugar. Você estendeu a duração do papo e não precisa esperar o fim da sua bebida para perguntar: "quer mais um?"

DANKO JONES: Não é meu estilo, eu não faço essas coisas. Eu pago uma bebida para alguém, mas não na esperança de deixá-la embriagada ou diminuir a inibição. Eu não trabalho assim. Gosto de ter certeza que a garota está a fim de mim pelo que sou.

DOUG ROBB: Eu diria Cherry Coke, que é minha bebida favorita. Se ela perguntar por que você lhe pagou uma Cherry Coke, você pode pelo menos dizer que é sua bebida favorita. Provavelmente ninguém jamais pagou uma Cherry Coke para ela, então é um bom começo.

EVAN SEINFELD: Se você tem a intenção de drogar e estuprar alguém, certamente o Jägermeister é o caminho mais rápido para comê-la, apesar de ser álcool e não uma droga. É o que você dá quando não quer que ela se lembre de nada no dia seguinte.

GINGER: Tequila geralmente faz maravilhas para acabar com a inibição de uma menina, mas não passe de uma ou duas doses. Exibicionismo nas mãos erradas pode gerar muitos problemas.

HANDSOME DICK MANITOBA: Eu ia dizer tequila, mas isso não necessariamente deixa as pessoas mais sensuais, apenas loucas. Se uma garota toma um ou dois drinques, é uma coisa, mas se ela basicamente vive em bares e toma vários drinques, não é bom sinal. E o mesmo vale para os caras. Não acho que valha apenas para as garotas. Como dono de bar, a primeira coisa que faço se um cara diz que quer pagar uma bebida para uma garota é sempre perguntar se ela aceita. É antiquado, mas eu não quero que ela se sinta desconfortável. Eu sempre digo: "este cavalheiro gostaria de lhe pagar uma bebida," porque aí você deixa a decisão para a garota, e algumas querem ter a oportunidade de sorrir e dizer: "não, obrigada." Acho que a garota deve decidir se aceita ou não a bebida. Nesse caso você diz: "gostaria de pagar uma bebida para aquela garota, o que ela quiser." Primeiro as damas, e sempre o que elas quiserem.

JAMES KOTTAK: O Long Island Iced Tea funciona sempre.

JESSE HUGHES: Você tem que ser esperto, então eis a sua primeira oportunidade. Uma cantada não precisa ser uma frase, pode apenas significar estar ligado o bastante para ver que a garota está bebendo Cosmopolitans, basta colocar um ao lado dela assim que ela terminar. Você fica totalmente na sua, espera ela olhar para você e sorrir.

JIMMY ASHHURST: Jägermeister, com certeza. Eles o chamam de Removedor de Calcinhas.

JOEL O'KEEFFE: Bom, depende se ela já está bêbada ou não. Em geral, qualquer merdinha enfeitada com canudinhos curvos, morangos, cerejas, guarda-chuvinhas, pequenas espadas ou objetos que nada têm a ver com o drinque em si geralmente dá certo. Quando compro um drinque para uma mulher e ela não está perto de mim, eu peço ao barman para fazer o drinque mais popular entre as garotas e colocar uma merdinha de enfeite nele, funciona que é uma beleza!

LEMMY: Não sei, nunca paguei bebidas. Nos bares que frequento eu não peço o John Collins ou Singapore Sling, coisas de classe alta. Se a garota quiser, eu pago para ela, entendeu? Não sei. Provavelmente oito vodcas, porque eu imagino que com elas...

NICKE BORG: Basta um vinho tinto de muito, muito, muito, boa qualidade. É ótimo! Não muitas taças, só algumas.

ROB PATTERSON: Não faço ideia. Haha!

TOBY RAND: Um Mojito feito pelo meu bar predileto, The Vineyard, porque contém muito, muito, muito, álcool.

VAZQUEZ: Eu ofereço o que houver no camarim. Não vou gastar a porra do meu dinheiro com mulher, cara. Então é: "opa, Bud Light? Para você, querida! Vamos começar o romance."

DICAS DE SEXO DE ASTROS DO ROCK

AUMENTOS & EXTENSÕES

"VOCÊ NUNCA VAI CONFUNDIR PEITOS VERDADEIROS COM FALSOS, MAS PODE CONFUNDIR FALSOS COM VERDADEIROS."

O que é melhor: os seios naturais ou turbinados?

ACEY SLADE: Desde que elas pesquisem bem o médico e não tenham qualquer cicatriz (algo que pode acabar com o clima). Escolham a cirurgia feita pela axila, definitivamente eu não recomendaria a operação que é feita por baixo do seio. Mas, de certa forma, acredite ou não, isso volta à questão da personalidade: se a garota for segura de si, mesmo que não tenha um busto imenso, quando veste um top branco num dia quente de verão, eu prefiro assim a qualquer outra com peitões imensos e falsos.

ADDE: Eu adoro peitos pequenos. Se eles forem realmente redondos, então... gosto mais ainda.

ALLISON ROBERTSON: Acho que natural é melhor. Tenho amigas que turbinaram, e até funciona para elas, mas acho que muitas pessoas que fizeram alterações no corpo na verdade desejam voltar ao que era antes. É por isso que, para mim, o natural sempre será melhor, não se pode voltar atrás depois de mudar, mas se você mantiver ao natural, sempre terá essa opção mais tarde. Depois que você coloca os implantes e se livra deles, a pele se torna flácida, é algo realmente esquisito. Por isso, eu sou fã do natural.

ANDREW W.K: Bom, eu sempre preferi os naturais e nunca fui capaz de entender o apelo dos implantes. Eu só entendo em tese. Tenho amigos que preferem especificamente os implantes e não gostam de seios naturais. Um amigo em particular, um cara realmente incrível da Flórida, que era totalmente fissurado em strippers, fazia peregrinações a Amsterdã uma vez por mês, onde enlouquecia. Ele disse: "Andrew, eu sei que você não gosta de implantes, mas deixa eu te contar do que eu gosto: que eles se pareçam com duas laranjas cortadas no meio, enfiadas lá, duras como pedras, a pele brilhando e incrivelmente justa, com os dois bem separados". Ele gosta especificamente do que algumas pessoas considerariam uma aparência de implante malfeito. Eu tentei me identificar com isso, mas não consegui. Já vi implantes muito, muito bem-feitos, mas que não pareciam tão bons para mim quanto os seios naturais. O principal é a psicologia envolvida. A psicologia da mulher que deseja alterar a si mesma é muito específica em relação à psicologia de uma mulher que se desenvolveu de determinada forma e não podia fazer nada. Eu admiro e respeito qualquer pessoa que faça cirurgia plástica. Acho que não tem o menor problema, mas tem que vir de um certo estado mental, de algo que você está tentando conquistar, e nem acho broxante. Alguém mudar sua aparência para uma ideia que têm em mente é demais, artístico e criativo, mas significa algo no que diz respeito a um relacionamento sexual. Tem implicações que eu não acho bacanas, embora ache um tesão imaginar uma garota se desenvolvendo por si mesma e, se ela for muitíssimo bem-desenvolvida, apenas a probabilidade de isso acontecer, a qualidade miraculosa do acontecimento, como seria a sua mentalidade tendo que observar o corpo se desenvolver, tendo que lidar com o corpo que ela tem, como homens e mulheres reagem ao corpo dela, tudo isso para mim é muito forte quando alguém é natural. É como ganhar na loteria, algo que você simplesmente não acredita que possa ter acontecido naturalmente, é isso que deixa tudo tão incrível.

BLASKO: Ah, turbinados.

BRUCE KULICK: Bom, tenho que admitir que quando se é jovem, é muito fácil preferir as garotas com seios naturais. Mas aí aquela mesma garota que você encontrou aos 20 anos com peitões, se encontrá-la aos 40, você vai sair correndo. As garotas que deram uma turbinada nos seios, fizeram plástica, não importa se foi feito aos 20 ou 30 anos, elas geralmente ainda parecem ótimas aos 40, especialmente se foram a um bom médico. Então, eu não posso dizer que tenho problemas em relação a cirurgias plásticas. Acho sensacional para as garotas, é algo que equilibra... conheci muitas meninas bonitas de verdade que não foram geneticamente abençoadas com um belo par de peitos e acho que não há problema se elas comprarem um. Mesmo que não pareça muito natural, pelo menos elas terão peitos durinhos quando estiverem mais velhas, em vez daquelas coisas caídas.

CHIP Z'NUFF: Há algo especial nos seios turbinados. Assim que você os toca, fica de pau duro, porque eles são muito rígidos, firmes e perfeitos. Mas eu prefiro os naturais porque você sabe que ela é uma pessoa natural e não é insegura com a aparência. Definitivamente prefiro natural, mas, como eu disse, há algo especial em relação aos turbinados. Quando você os toca, algo acontece.

> "JÁ VI IMPLANTES MUITO, MUITO BEM-FEITOS, MAS NÃO PARECIAM TÃO BONS PARA MIM QUANTO OS SEIOS NATURAIS."

COURTNEY TAYLOR-TAYLOR: Naturais, naturais, tudo natural.

DANKO JONES: Naturais. Sempre naturais.

DOUG ROBB: Gosto mais de seios naturais, mas gosto de "um pouco" de peito. Se você não tiver absolutamente nada, eu não seria contra turbinar, desde que seja sutil. Eu não quero uma pessoa que não tinha peito na segunda e apareça na terça com o maior peitão. Quando está na cara que a garota foi turbinada, é legal e divertido olhar e dizer: "ei, aquela garota tem peitão," mas é como desejar que eles fossem reais.

EVAN SEINFELD: Bons implantes nos seios têm aparência perfeita e duram para sempre. Eu diria que 5% das mulheres no mundo são abençoadas com peitos naturais perfeitos, que suportam o teste do tempo e não sucumbem à gravidade. Por isso eu acho que garotas devem aproveitar os seios jovens e naturais enquanto podem. Sou grande fã de implantes de qualidade nos seios.

HANDSOME DICK MANITOBA: Naturais. No que diz respeito à estética ou ao toque e a sensação, prefiro os naturais. Mesmo se forem caídos. Eu não ligo, porque acho melhor do que aqueles seios duros que parecem bolas de futebol. Às vezes eles ficam melhores esteticamente nas roupas, mas não ao toque.

JESSE HUGHES: Naturais. De alguma forma eles parecem mais desesperados e tesudos.

JIMMY ASHHURST: Ih, essa é difícil. Há algo interessante em algumas dessas melhorias que estão rolando por aí hoje em dia, pelo menos visualmente. Mas quando você deita uma mulher e seus seios têm a mesma forma de quando estão na vertical, pode ser um pouco suspeito. Há muito trabalho de merda por aí, eu moro na capital deles, nem consigo me lembrar da última vez que tive algo natural para comparar, chegamos a esse ponto aqui. Claro que ainda existem algumas mulheres que foram abençoadas quando nasceram, e se esbarrar com uma dessas hoje em dia, você é um cara de sorte.

JOEL O'KEEFFE: Eu adoro os dois! Ambos são divertidos de brincar e confortáveis para dormir.

LEMMY: Ah, eu gosto dos turbinados. Passei por anos e anos de naturais, a maioria deles era péssima. A gravidade se afirma. Horrível, essa tal de gravidade. Por que não podemos nos livrar dela e ser frívolos o tempo todo?

NICKE BORG: Seios naturais são melhores, claro. Não acho que você deva estragar seu corpo até foder com ele. Mas se você realmente sente que há algo errado com seu corpo e quiser fazer algo a respeito, e não exagerar pra caralho, tudo bem. Além disso, hoje em dia, não sou especialista nisso, mas há uma certa densidade neles. Você não quer apertar uma bola de handebol, quer apertar peitos, certo? Então depende. Eu diria que as garotas não deveriam fazer isso. Conheço uma menina que tem os menores peitos que já vi, pequenos pra caralho, mas eles são lindos pra caralho porque estão nela e seria um puta vacilo se ela fizesse uma plástica. Eu perguntaria: "o que você fez?" Mas eu não julgo ninguém que queira fazer isso, a decisão é dela.

ROB PATTERSON: Não tem diferença para mim.

TOBY RAND: Com os naturais a sensação é melhor, mas, dito isso, tudo depende do tipo de seio natural, porque os turbinados também são bons. Hahaha! Eu fico dividido entre os dois! Se um peito natural está durinho, firme e ótimo, então com certeza eu prefiro o natural.

VAZQUEZ: Sinceramente, vou ter que dizer naturais. Por mais que eu ame peitões, nada é mais estranho do que botar a mão num peito turbinado: a pele causa uma sensação boa ao toque, mas aí você sente aquele saco de feijão ali dentro, é esquisito pra caralho, cara.

Como saber se um peito é real ou falso?

ACEY SLADE: Vire-os de cabeça para baixo. Mas, sinceramente, se foi feito por um cirurgião muito bom, nem dá para perceber.

ADDE: É fácil de ver porque os peitos siliconados não têm uma aparência natural.

BLASKO: Para mim é fácil dizer se ela estiver sem roupa. Você pode até ser enganado hoje em dia, mas sempre que botar as mãos neles, irá saber.

BRUCE KULICK: Eu amo observar pessoas e amo mulheres, então posso obviamente diferenciar com muita facilidade. Mas eu já fui enganado porque, se uma garota nova turbinou, eu não necessariamente percebo, a menos que possa tocá-los realmente. De novo, uma garota mais jovem pode ter peitos bonitos e firmes, especialmente se ela fez a plástica normal, leia-se: sem o visual de atriz pornô.

CHIP Z'NUFF: Ah, assim que pega você sabe se eles são de verdade ou falsos, instantaneamente. Dá para dizer pela elasticidade da pele, pela aparência dele como um todo. Não é possível encontrar uma mulher na casa dos 30 anos com peitos duros como pedra e não desconfiar! A menos que você não tenha experiência alguma, então talvez eu esteja enganado e você não vai saber, mas na maioria dos casos dá para dizer de cara.

COURTNEY TAYLOR-TAYLOR: Todos os peitos são reais. Se você não consegue dizer se eles são turbinados, então não são. Pelo amor de Deus, você não quer ter aquela sensação assustadora de "se eu apertar muito, isso vai estourar. Não é uma pessoa". Há algo sobre ser uma pessoa que me empolga. São elas, e a porra da reação delas a isso. Nada mais tesudo do que uma mulher que se sente gostosa e gata. É sensacional. É o que há de mais espetacular para um homem ver e participar.

DANKO JONES: Se eles forem falsos a sua mão quica de volta, é que nem borracha.

DOUG ROBB: Eu não sei, a maioria dos falsos é bem óbvia.

EVAN SEINFELD: Acho que se tiver que perguntar, então você nunca vai saber. Mas, cara, se você é leigo, procure por cicatrizes ao redor da auréola ou por baixo do seio. Procure por alguma cicatriz na axila. Coloque a garota de quatro e procure as marcas nos lados se ela for magra. E conheça a sensação do silicone ao toque. Mas na verdade nada disso importa. Peitos grandes são como a *Matrix*: se tem boa aparência e são bons de pegar, não pergunte, apenas aproveite.

HANDSOME DICK MANITOBA: Acho que é óbvio. Sou fã do canal *National Geographic*, o que mais posso dizer?

JAMES KOTTAK: O fator quique: há aquele pequeno quique para cima e para baixo quando ela anda, dá para ver.

JESSE HUGHES: Pergunte. Eu sempre pergunto na hora.

JIMMY ASHHURST: Ah, é só dar uma buzinada. Hahaha! Geralmente eu consigo diferenciar. Se você não consegue perceber na primeira buzinada, então, provavelmente, tem algo interessante nela, e você deve continuar a investigação.

JOEL O'KEEFFE: Não me importo se são reais ou falsos. Os falsos geralmente são mais duros, mas a ciência moderna está constantemente dificultando esse processo de diferenciação.

LEMMY: Bom, geralmente você consegue diferenciar, embora algumas vezes isso não seja possível. Você nunca vai confundir peitos verdadeiros com falsos, mas pode confundir falsos com verdadeiros. Eu moro em Los Angeles, que é o centro das plásticas nos seios. É sempre um pouco decepcionante nos outros países.

NICKE BORG: Só sendo muito sem noção ou retardado para não saber a diferença.

ROB PATTERSON: Ah, qual é...

TOBY RAND: Eu consigo descobrir após falar com a garota por cerca de 20 minutos. Além disso, eu consigo sentir a textura do peito. Sou totalmente fissurado em peitos.

O que a mulher deve fazer se estiver pensando em aumentar os seios?

ACEY SLADE: Ela deve observar o máximo possível os seios de outras mulheres, e mesmo se não estiver pensando em fazer plástica, a maioria das mulheres deveria olhar para outros seios. Sério, é como em qualquer outra avaliação: descubra quais das suas amigas fizeram boas plásticas nos seios, vá a um bar de striptease e veja garotas com boas plásticas nos seios, descubra os médicos com os quais elas se consultaram e evite os maus médicos.

ALLISON ROBERTSON: Você deve pesquisar para ter o implante mais seguro possível, além de descobrir qual a possibilidade de vazamento. Para mim, é algo assustador. Talvez algumas garotas não se importem, mas é assustador imaginar vazamentos lá. Além disso, acho que quanto mais dinheiro você gastar e quanto mais pesquisar o médico, as recomendações e tudo o mais, melhor. Procure um cirurgião que atendeu alguém que você conheça e que foi bem-sucedido. Para mim, o pior é tentar fazer um implante barato e que vai ficar para sempre. Eles se movem e mudam de posição, então, é melhor você gastar o máximo de dinheiro possível para garantir uma boa plástica.

ANDREW W.K.: Eu não sei, parece algo para o qual você nunca vai estar totalmente preparado. Eu ia dizer para usar alguma prótese ou aqueles enchimentos de gel que aumentam o tamanho do peito, e sair por aí, mas é claro que isso só vai estimular você a fazer a plástica ainda mais rapidamente. Afinal, por que esperar? Você vai ficar empolgada, vai ser ótimo. É uma cirurgia intensa, mas, por outro lado, você está colocando muitos esforços num lugar muito particular, num lado muito específico do mundo das aparências, e não tem problema se você gostar disso e for o que você deseja. Acho que eu tentaria preparar a pessoa apenas dizendo para ser consciente e saber de fato o que está fazendo. Podemos gastar nosso tempo e dinheiro e colocar paixão em várias coisas, e se essa é uma delas, basta ter plena ciência das possíveis complicações.

BLASKO: Vá a um bar de striptease, olhe as garotas dançando e escolha uma com peitos do jeito que você gosta. Então pergunte onde ela conseguiu.

BRENT MUSCAT: Ela deveria procurar um monte de garotas que fizeram plásticas e olhar para elas. Além disso, deve conversar e tocar os seios de outras garotas que fizeram a cirurgia, porque, nesse processo, ela vai encontrar plásticas boas e ruins e, provavelmente, vai achar o médico certo ao descobrir e tocar as boas plásticas. Ao falar com outras mulheres ela também pode descobrir quais são as complicações e ver se realmente quer fazer isso, porque eu sei que dói e pode haver efeitos adversos. Caso algum deles ocorra, pode ser preciso refazer a cirurgia, então, pode não envolver apenas uma cirurgia, você pode ter que refazê-la em algum momento. São múltiplas cirurgias, e toda vez que alguém entra na faca há sempre um risco de morrer, por isso é algo realmente sério e acho que as pessoas deveriam levar isso em consideração.

BRUCE KULICK: Eu conheço garotas atraentes, elas querem fazer plástica e ficar com o peito bem grande, isso faz com que elas se sintam melhor. Nem sempre concordo com isso, porque elas têm que escondê-los quando precisam fazer uma reunião de negócios, sabe? Por isso eu gosto quando uma garota faz, desde que seja adequada ao seu físico. Se ela quiser ser atriz pornô ou stripper, tudo bem, vá fundo e faça o maior que suas costas puderem aguentar. Quem se importa? Você vai ser stripper ou atriz pornô de qualquer modo. Mas se quiser ser uma garota normal, não bote peitos grandes demais.

CHIP Z'NUFF: É melhor ouvir algumas opiniões, não tenho dúvida. Consulte mais de um médico. Minha recomendação é não colocar peitos grandes demais. Uma garota que tenha 1,70 ou 1,75m, não deve ficar com tamanho de bojo maior que 44, enquanto uma que tenha entre 1,50 a 1,60m, a melhor opção seria um 42. Vai ficar melhor no seu corpo e não vai machucá-la. Você não precisa de tanta coisa dentro de você. Não é saudável, nem natural. Você não nasceu com peitos e equipamentos falsos. Procure várias pessoas e fale com vários médicos para obter uma segunda ou terceira opinião e ter certeza de que está tomando a decisão certa, porque é realmente difícil voltar atrás. Todas as garotas que conheço que fizeram implantes grandes demais precisaram voltar ao médico para reduzi-los. Isto é caro, por vezes doloroso, e tem riscos.

> "VÁ A UM BAR DE STRIPTEASE, OLHE AS GAROTAS DANÇANDO E ESCOLHA UMA COM PEITOS DO JEITO QUE VOCÊ GOSTA. ENTÃO PERGUNTE ONDE ELA CONSEGUIU."

COURTNEY TAYLOR-TAYLOR: Mude-se de Hollywood, porra.

DANKO JONES: Ela deve se olhar no espelho, aprender a amar a si mesma e tudo com o que ela nasceu. E ficar feliz e contente, porque há a probabilidade de o espelho estar distorcido e ela na verdade estar muito bem e ser capaz de atrair vários homens, mais do que ela imagina.

DOUG ROBB: Eu diria para manter-se no limite do bom gosto. Leve em consideração o seu tamanho e o que você quer com a plástica. Você quer ser conhecida como a garota dos peitões falsos ou quer ter peitos que as pessoas não conseguem dizer se são falsos ou não?

EVAN SEINFELD: Acho que ela deve ver o trabalho do cirurgião pessoalmente, e em várias mulheres. Ela pode até olhar para um álbum de fotografias, mas deve pedir para ver o trabalho do médico de verdade. Se ele não puder mostrar, creio que ela deve sair correndo! A escolha é um direito da mulher.

HANDSOME DICK MANITOBA: Eu sempre digo às mulheres: "não façam". Mas para tudo relacionado à cirurgia, é preciso ver o trabalho feito, falar com pessoas que fizeram plásticas. Parece que ninguém está feliz com o que tem. Sempre querem o cabelo encaracolado se ele for liso, liso se for encaracolado e assim por diante. Mas eu não moro na cabeça delas, e se isso vai deixá-las felizes...

JAMES KOTTAK: Mude-se para Los Angeles.

JESSE HUGHES: Ela deve dar quatro passos para trás, pensar bem e não fazer.

JIMMY ASHHURST: Não economize: você consegue aquilo pelo que paga, infelizmente.

LEMMY: Arrume outro emprego, eu acho. Guarde dinheiro. Isso custa caro agora.

ROB PATTERSON: Ligar para o médico dela? Hahaha!

TOBY RAND: Eu adoraria ver peitos que não fossem exagerados. Adoro um belo tamanho de C para D, que ficam naturais.

VAZQUEZ: Eu diria para não fazer, a menos que ela seja igualzinha a um homem, com um tamanho de bojo A. Mas se for para ter um belo tamanho B, é melhor manter o que tem, porque você vai parecer idiota quando fizer essa plástica toda. Eu realmente não gosto, cara. Talvez eu seja maluco, mas não gosto.

Quando se deve pensar na possibilidade de fazer uma extensão de pênis?

ACEY SLADE: Se o cara tem que ficar repetindo "já meti", eu acho.

ADDE: Acho que nunca. Em vez disso, é melhor trabalhar na prática, porra.

ALLISON ROBERTSON: Se você estiver assustando as garotas, de tão pequeno que é. Os caras sabem. Acredito que sempre existe uma garota para um cara, então todo mundo pode encontrar a sua metade em termos de tamanho. Eu não acho que só porque você tem um pinto pequenininho, precisa aumentá-lo. Se você passa pela vida e vê que um monte de garotas sai correndo na hora H, o que eu já vi fazerem, e me incluo. É cruel, mas é verdade. Muitas sabem que não vão conseguir lidar com aquilo; então, acho realmente difícil encontrar alguém que não se importe com isso. Para mim, plásticas nos peitos e alterações no pênis são realmente pessoais e dizem mais respeito a quem fez. Se te deixar feliz e é o que você quer, então faça. Acho idiota fazer algo para outra pessoa, a menos que você seja casado e a parceira queira muito, mas muito, mesmo. No geral, eu nunca fui fã desses métodos, a menos que sejam realmente necessários.

ANDREW W.K.: Essa ideia é uma das que mais povoam a mente da população masculina no mundo. É provavelmente o conceito mais atraente que existe e imagino que não exista um homem, não importa o quão bem-dotado ou pequeno ele seja, que não tenha pensado nisso. É como voar. Eu não sei por que é algo tão atraente, pois nós ouvimos muitas vezes as mulheres dizendo que não importa o tamanho e sim o jeito que você usa. Eu me lembro especificamente de garotas contando que, quando estiveram com alguém pequeno demais, não era tanto uma questão de como elas se sentiam, mas sim do jeito que o cara se sentia em relação ao seu tamanho, como ele se comportava e agia. Eu imagino que seria como alguém que tem noias por ser muito alto. Para um homem, é um estado mental muito intenso. Eu sou muito grato pela forma como fui feito fisicamente, em todos os aspectos, tanto quanto seria por ser capaz de andar, de ouvir ou por ter meus olhos funcionando. Sou grato de maneira geral. Acho que é uma fantasia muito específica do homem (e talvez para algumas mulheres também), pois o falo tem uma posição na psique humana como algo muito básico e primal. Toma muito espaço no cérebro de todos. Um amigo me disse: "todos os homens pensam em pau. Só que os gays pensam muito mais." Acho que ele provavelmente estava certo. A natureza da sexualidade está toda em torno da ideia do pau entrando num buraco, e quando você tem um pau, ele é uma parte importante da sua vida. Por isso, querer que ele seja ainda maior faz muito sentido para mim.

BLASKO: Nunca! Já li coisas sobre isso e parece que não funciona muito bem, acaba sendo uma salsicha num tubo de meia ou algo assim. Quer dizer, está tudo no lugar, mas parece haver algum tipo de problema... É meio esquisito para mim, cara. Não chegaria nem perto disso.

BRENT MUSCAT: Se você tiver uma deformidade, talvez. Ou se sofrer um acidente. Eu jamais aconselharia, a menos que você *realmente* precise. Eu não aconselharia uma operação no pênis, a não ser que seja uma emergência.

CHIP Z'NUFF: Se o seu pauzinho tiver uns cinco ou sete centímetros, talvez um aumento possa ajudar. Tenho que ser sincero: se você nasceu assim, aprenda a fazer sexo oral, as mulheres adoram homens que fazem um belo sexo oral. Assim você pode colocar seu pauzinho dentro delas, vai fazer cócegas por cinco segundos e você vai sair como um campeão mesmo assim.

DANKO JONES: Eu nem posso pensar nisso sem me encolher de medo e pegar o meu pau. Não consigo nem pensar em alguém indo até lá para fazer isso. Não! E você também não deveria pensar nisso.

EVAN SEINFELD: Eu não sei se alguém realmente já fez isso. Mas, caras, quando suas parceiras dizem que o tamanho não importa, significa que realmente importa. Porque, quer saber? Importa mesmo.

JESSE HUGHES: Quando você tiver o pau de um jóquei em vez do pau de um cavalo.

JIMMY ASHHURST: Ah, cara, não sei que tipos de extensões existem agora. Acho que tem uma cirúrgica, e os suecos tem aquelas porras de aparelhos, parecem umas bombas e tal, sempre dá pra dar boas risadas vendo um desses. Mas eu não acho que uma extensão deva ser considerada, a menos que seja… ah, porra seja lá qual for o tamanho do seu, faça o melhor que puder com ele.

NICKE BORG: Dizem que o tamanho não importa, o que é uma tremenda bobagem. Eu não sei, cara, essa é uma pergunta difícil. Eu nem conheço alguém que tenha perguntado: "você acha que devo aumentar meu pênis?" Hahaha! Eu não faço ideia, mas se houver algo que realmente te incomoda pra caralho, sei lá, se você tiver o menor pau do mundo… mas, cara, estamos numa geração em que anões fazem sexo com atrizes pornôs!

ROB PATTERSON: Para mim, nunca!

TOBY RAND: Quando você tiver um pênis pequeno.

Você acha que as parceiras preferem um pênis circuncidado ou natural?

ACEY SLADE: Eu sou circuncidado, mas não sei. A maioria das garotas que conheço, e com certeza muitas são norte-americanas, acham que o não circuncidado parece um tamanduá e não consigo imaginar alguém querendo colocar um tamanduá na boca ou em qualquer outra parte do corpo. Por isso eu diria circuncidado.

ADDE: Acho que circuncidado, mas eu gostaria que elas preferissem o natural porque é o que eu sou.

ALLISON ROBERTSON: Conheci muitas garotas que tinham preferência, mas não acho que realmente importe. Gosto dos dois.

ANDREW W.K.: Acho que as meninas com quem estive diriam circuncidado. Eu sou circuncidado, então tenho certeza que isso influencia a resposta delas.

BLASKO: Eu não sou circuncidado e nunca ouvi reclamações, então vamos deixar isso quieto.

BRENT MUSCAT: Eu não sei, nem saberia dizer. Sou circuncidado, mas tenho amigos que não são e acho que a única diferença, segundo eles, é que precisam mantê-lo mais limpo. Às vezes é uma questão relacionada à higiene, eu não sei. Acho que se você não for circuncidado tem mais pele, então talvez ele seja um pouco maior.

BRUCE KULICK: Eu sou circuncidado, porque sou judeu. Nasci e o rabino fez aquela cerimônia e tudo o mais, sabe? De qualquer modo, é tradicional nos EUA, geralmente eles fazem a circuncisão, mas em certos países não é. Por exemplo, quando você vê filme pornô estrangeiro e pensa: "o que é aquilo no pau daquele cara?" Entende o que eu quero dizer? Sendo nova-iorquino e norte-americano, eu não conheço muitos caras que não sejam circuncidados e não sei o que as amantes deles pensariam se eles não fossem, então fica difícil comentar isso. Eu sei que quando vejo o natural em pornôs sempre acho meio estranho, penso: "o que está rolando ali?" Em certos países, o natural é a norma e ser circuncidado é incomum, tudo depende de onde você vem.

CHIP Z'NUFF: A maioria das mulheres que conheço não quer pênis naturais porque a) não são limpos b) são assustadores para elas. Eu recomendo os circuncidados. Quando tive meu filho, pedi a circuncisão na hora, e parece que é mais saudável para os garotos, foi o que os médicos me falaram.

COURTNEY TAYLOR-TAYLOR: Em todos os filmes, com as garotas fofocando nos diálogos e essa merda toda, o clichê é o circuncidado.

DANKO JONES: Não sei, nunca pensei nisso. Ih, caralho, essa eu não sei.

DOUG ROBB: Eu pensaria em circuncidado, mas não sei. Imagino que o circuncidado seja mais limpo, e limpo é sempre bom.

EVAN SEINFELD: Ouço cada vez mais mulheres falando que a circuncisão não é algo negociável, mas há outras que são totalmente voltadas para o fetiche do prepúcio do sujeito, de alguém não modificado e tal. Quer dizer, você tem o que tem. Meu amigo Iggor foi circuncidado com, se não me engano, 28 anos. Tenho o maior respeito por ele, é o cara mais foda e mais corajoso do mundo, porque tem que ter um puta colhão para fazer isso! Acho que é preferência pessoal, não se deve perguntar isso à mulher porque você não vai conseguir o seu prepúcio de volta se ela preferir com e você provavelmente não tem colhão como o Iggor para tirar se ela gosta sem. Portanto, se você for natural e ela gostar do circuncidado, talvez seja hora de fazer sexo a três, com outro cara.

GINGER: Acho que qualquer pessoa que não goste do seu pênis, cortado ou não, é provavelmente uma péssima parceira.

HANDSOME DICK MANITOBA: Não sei. Nunca ouvi ninguém dizer: "eu queria que você não fosse circuncidado". Não tive escolha nisso.

JAMES KOTTAK: Eu não faço a menor ideia, cara.

JESSE HUGHES: Parece que hoje em dia elas querem que seja grande e, de alguma forma, exótico. Fora isso, eu não sei. Acho que quando as pessoas querem transar, elas preferem que seja grande.

JIMMY ASHHURST: Nunca perguntei se a pessoa prefere o tamanduá, mas, como sou circuncidado, espero que elas prefiram a versão circuncidada.

LEMMY: Bom, eu sempre tive o natural, nunca fui circuncidado. Não me lembro de ter sido rejeitado por isso.

NICKE BORG: Isso volta à questão de qual país você vem ou de qual é a sua religião. Na Suécia, algumas pessoas fizeram a cirurgia, mas a maioria não fez. Acho que se você não toma banho todo dia, talvez seja melhor ser circuncidado. Se você toma banho todo dia, eu não sei... precisa ser por um motivo médico, do contrário é uma puta enganação.

ROB PATTERSON: Ewwww.

TOBY RAND: Depende de onde você vai... outros países e tal. Por exemplo, na Austrália a circuncisão não é tão comum, acho... bom, pelo menos entre o meu círculo de amigos, não é comum, e não acho que alguém tenha problema com isso. Nos Estados Unidos, algumas garotas podem não estar acostumadas. Mas no fim das contas, eu não acho que tenha qualquer coisa a ver com isso, é a forma de usá-lo que importa.

VAZQUEZ: Nunca perguntei isso a uma mulher, cara. Eu sou circuncidado e ninguém nunca reclamou.

DICAS DE SEXO DE ASTROS DO ROCK

FETICHES & FANTASIAS

"UM DOS FETICHES MAIS ESTRANHOS, QUE SEMPRE ME ESPANTA, É QUANDO A GAROTA QUER QUE EU MIJE NELA."

Qual a melhor forma de realizar fantasias sexuais?

ACEY SLADE: Tem dois caminhos. Um é o lado sórdido, com garotas nos bastidores e duas delas sozinhas com você e uma caixa de "chocolates", que você simplesmente aproveita. Mas, na minha experiência, se estou com alguém que amo, toda essa loucura de merda vai para o espaço.

ADDE: Forme uma banda de rock'n'roll e pratique pra caralho. Depois saia e brinque pelo mundo.

ALLISON ROBERTSON: Acho que se você for bom o bastante, primeiro faça amizade, seja capaz de falar disso sem ficar esquisito. Acho uma má ideia dizer a uma garota, e talvez para um cara, o que ele ou ela tem que fazer. É idiota. Se você tem uma fantasia, fetiche, ou os dois, é algo um tanto particular, então é realmente idiota mandar a garota fazer isso e aquilo. Faz mais sentido vocês se conhecerem melhor e talvez viverem uma ou duas situações ruins ou esquisitas para depois descobrir do que o outro gosta e, a partir daí, personalizar a situação e torná-la mais divertida. Eu não gosto de receber ordens e também sei que posso ser mandona no geral, mas acho broxante quando uma das partes está com um pouco de medo e não se sente confortável tentando agradar a outra.

ANDREW W.K.: Primeiro decida se você realmente quer que ela faça, porque, depois que vocês fizerem, não será mais uma fantasia. Esse é meu problema. A fantasia ganha força por não ser real e, embora possa parecer menos excitante do que realizá-la, o controle que você tem com a imaginação é muito mais fácil de manipular do que o controle que alguém pode ter sobre outra pessoa num encontro da "vida real".

BRENT MUSCAT: Acho que ser aberto com seu parceiro ou parceiros. Estar numa banda é sempre bom, estar numa banda popular foi ótimo para mim, pois pude fazer muitas coisas divertidas. Acho que uma das mais divertidas foi ficar com duas garotas na parte de trás do ônibus. Ter as duas transando comigo foi sensacional, mas não sei se teria sido capaz de fazer isso se eu não estivesse numa banda. Tive muita sorte por ter tido minha época de turnês.

BRUCE KULICK: Eu não sei se você pode forçar isso. Eu sei que às vezes faço planos do tipo "ah, minha garota vai vir de avião para cá, nós vamos para Las Vegas. Isso vai ser ótimo. Tenho um quarto maravilhoso." E você pode pensar "ah, olha aquela cadeira! Vamos transar naquela cadeira." Então talvez naquela viagem aconteça mais um monte de outras situações, isso se chama vida e você tem sorte se conseguir fazer sexo, quanto mais naquela cadeira e com aquela lingerie. Às vezes, quando você não faz qualquer preparativo, consegue a noite mais sexy e faz o melhor sexo. Acho que é bem difícil premeditar isso e acho que há algo natural com a vida... Tem que acontecer naturalmente, não adianta planejar. Acho que as grandes noites acontecem por si só.

CHIP Z'NUFF: Esta é uma pergunta complicada. A melhor forma provavelmente seria apenas buscar essa realização com tudo e dar o máximo de si, mas aí você pode começar um relacionamento de um jeito que nem você e nem ela estão acostumados, seria falso. Então, talvez seja melhor deixar rolar naturalmente. Você vê alguém que mexe com você, diz oi e conversa um pouco. Se chegar ao ponto da relação ficar séria, não seja egoísta. Esta é minha recomendação: não seja egoísta. Faça tudo por ela e, a longo prazo, vai funcionar para você também.

COURTNEY TAYLOR-TAYLOR: Nem tenho certeza de que realizá-las seja uma boa ideia, para começo de conversa.

DANKO JONES: É interessante: se você está com alguém, tem uma parceira, quer incorporar algumas de suas fantasias ao relacionamento e elas são bem loucas, esteja preparado para esperar tempo pra caralho. Por outro lado, em trepadas sem compromisso ou relacionamentos que não são exatamente relacionamentos, e sim amizades. Com quem você fode, acho que você tem mais chance de realizar essas fantasias.

DOUG ROBB: Ser aberto em relação a elas. Acho que se você estiver confortável com alguém e tiver fantasias, porque todo mundo tem, seja aberto em relação a isso. Não tenha vergonha dessa parte da vida, do seu corpo, da sua mente, ou seja lá o que for. Você deve dizer: "minha fantasia é essa. Aceite ou não". Agora, se você me disser que não tem fantasias, está mentindo para mim e para si mesmo.

EVAN SEINFELD: Acho que, com sua parceira, tem muito a ver com honestidade e com não ter medo de dizer qual é o seu fetiche e quais são as suas fantasias de verdade, porque sua parceira poderá surpreendê-lo e realizá-las. Eu, por exemplo, estou vivendo isso todos os dias: sou casado com Tera Patrick, então... Mesmo que eu possa ter todas as frutas, meu fetiche e minha fantasia é fazer sexo com a mulher, a mais linda do mundo, todas as noites, e é o que eu faço. Mas se eu não tivesse falado para minha esposa: "ei, sou um pervertido: quero fazer filmes pornôs com todos os tipos de garotas e ter meu próprio site, rockstarpimp.com, o único site pornográfico de astros do rock famosos", ela não saberia e eu não teria sido capaz de realizar isso com ela. O que é mantido em segredo pode nunca se realizar, então, não tenham medo, cavalheiros.

HANDSOME DICK MANITOBA: Se você tiver uma boa parceira, diga a ela. Basta dizer. Não acho que você deva depender dos outros para pensar no que sente e no que deseja. Nós estamos 24 horas por dia trancados nessa imagem que vemos no espelho, então é só dizer: "certo, eu tenho essas fantasias 18 horas por dia e quero que você saiba quais são elas". Não é preciso sair desfiando tudo como se fosse um romance, guie-a, oriente a sua parceira. Diga a ela que você gosta disto e daquilo. Guie e, se você tiver uma boa parceira, ela vai aceitar essa orientação e seguir com você.

"TER DUAS GAROTAS TRANSANDO COMIGO FOI SENSACIONAL, MAS EU NÃO SEI SE TERIA SIDO CAPAZ DE FAZER ISSO SE NÃO ESTIVESSE NUMA BANDA."

JAMES KOTTAK: Vá fundo!

JESSE HUGHES: Os opostos se atraem, mas diga-me com quem andas e eu te direi quem és, então é melhor procurar o lugar adequado a quem se permite viver tal fantasia. Quer dizer, se você está procurando pela cultura S&M [sadomasoquista], o melhor lugar não vai ser no culto de domingo de uma igreja batista.

JIMMY ASHHURST: Encontrar uma parceira que colabore seria o primeiro passo e, se houver a pessoa certa, então qualquer coisa que você puder planejar deve pelo menos valer a tentativa.

LEMMY: Bom, isso depende totalmente da fantasia sexual. Se envolver algo do tipo morder pessoas com dentes falsos de vampiro ou algo com um taco de beisebol, eu não sei. Existe todo tipo de fantasias estranhas. É preciso ter uma parceira interessada na mesma coisa, do contrário a porra toda não tem a menor chance de acontecer, não é?

NICKE BORG: Acho que fantasias sexuais devem continuar no reino da fantasia porque geralmente quando você tenta realizá-las, elas acabam não sendo tão legais quanto eram na porra da sua imaginação. Às vezes acho que elas podem acabar sendo uma catástrofe, algo do tipo: "ah, meu Deus! Pensei que você quisesse que eu comesse a sua irmã." "Sim, na minha fantasia." "Mas, cara, ela gostou!" Por isso eu acho que essas fantasias devem continuar sem realização, do contrário não seriam fantasias sexuais, afinal é assim que essa porra funciona.

ROB PATTERSON: Realize!

TOBY RAND: Apenas diga a sua parceira o que você quer.

VAZQUEZ: Acho que já realizei todas as fantasias que queria. Sinceramente, para mim, desde que a mulher goste pra caralho e se divirta, fico feliz pra caralho. Se ela quiser usar uniforme de colegial e fizer isso, tudo bem.

Qual foi o fetiche mais estranho do qual um parceiro pediu para que você participasse?

ACEY SLADE: Uma orgia com muitos caras.

ADDE: Ih, tem tantas coisas... o maior foi quando ela pediu que eu mijasse nela, mas isso nem é tão ruim, na verdade. Só é meio doido.

ALLISON ROBERTSON: Não sei. Acho que já vivi situações bem chatas. Estou tentando pensar aqui. Conheço algumas pessoas que gostam de ter os cabelos puxados com muita força, e acho que parece algo que uma garota gostaria, então eu pensei: "ih, é meio esquisito um cara querer isso". Tem isso, e também alguns caras que me pediram para dizer certas coisas, mas fora essas eu nunca estive com alguém que fosse necessariamente bizarro. Às vezes a forma que eles pedem é que pode soar estranha.

BRENT MUSCAT: Um dos meus amigos me chamou de baunilha outro dia. Nós fizemos um show num museu de filmes adultos, ou algo assim, e do lado de fora estava escrito: "agradamos aos bizarros e aos baunilhas". Foi quando perguntei: "Mas o que é baunilha?" E ele respondeu: "você é baunilha". Continuei sem entender: "o que isso significa?" Ele enfim explicou: "você só gosta de sexo hetero" e eu diria que realmente gosto de sexo hetero na maior parte das vezes. Assim, a maioria das pessoas com quem eu estive também foram bem baunilha. Mas quando uma garota me disse uma vez que ia comer o meu cu usando um cinturão com vibrador, eu protestei: "de jeito nenhum! Esquece, eu não gosto disso".

CHIP Z'NUFF: Sou bem antiquado. Eu sei que as garotas sempre tentaram enfiar coisas em mim, mas eu não gosto disso, de jeito nenhum. Não só não gosto como sempre paro antes mesmo de começar. Isso acaba com qualquer tipo de romance que pudesse ser construído.

COURTNEY TAYLOR-TAYLOR: Nada parece estranho demais para mim. Tem gente esquisita por aí, mas eu não vou fazer nada disso. Sou um cara tradicional. Ficar nu, ficar excitado e transar com uma mulher realmente gostosa é bom o bastante para mim. Adoro isso. Você quer dizer que existe algo aparentemente melhor? Sério? Sabe, se algo for melhor que isso, então, você é maluco!

DANKO JONES: Ah, eu queria te contar isso, mas não posso, cara. Não posso mesmo. Eu poderia ter encerrado o assunto no sexo a três, que já foi perguntado antes, embora nunca tenha acontecido comigo. Sempre houve boatos sobre isso, mas, por algum motivo, o destino sempre entrou no meio e ferrou tudo: o clima estava ruim, ela não conseguiu chegar, o trem quebrou, sempre acontecia alguma coisa.

DOUG ROBB: Minha vida sexual deve parecer muito chata, porque eu não consigo pensar em nenhum fetiche estranho. Porra, eu não sei. Vou ter que passar essa.

EVAN SEINFELD: Eu ouço de tudo, porque estou no ramo. Coisas como o *trampling*, em que os caras querem que as garotas pisem e andem em cima deles de salto alto, essa merda toda. Um dos fetiches mais estranhos que sempre me espanta é quando a garota quer que eu mije nela. Eu fico sempre pensando: "o que isso realmente significa? Qual é o perfil psicológico por trás disso? Seu pai te fez algo ou sua mãe não te abraçou o suficiente?"

HANDSOME DICK MANITOBA: Eu sabia que você ia fazer perguntas sobre coisas estranhas como essa, porque acho que isso rende uma boa leitura, mas, na verdade, em toda a minha vida eu não tive nada disso. Sempre foi apenas o básico. Não fiz nada estranho envolvendo máquinas, me fantasiar ou algo do tipo. Em termos do que existe por aí e do que as pessoas fazem, eu sou um animal muito básico e tranquilo.

JESSE HUGHES: Uma noite duas garotas tentaram colocar uma merda de cinturão e me comer com ele. E eu te digo agora, tendo o bom Deus como testemunha, que jamais vou fazer isso! Elas eram gostosas, de bunda grande, mas com estilo fisiculturista (pense na Chyna do WWF, espetáculo de luta livre norte-americano), mas essa merda me assustou. Eu falei: "opa!" Ela não queria aceitar um "não" como resposta.

JIMMY ASHHURST: Há um grupo de pessoas que gostam de animais de pelúcia e gostam de *ser* os bichos de pelúcia. São chamados Furries ou Furverts, é um fetiche de transformação animal. Esbarrei num deles e é um grupo bem esquisito. Eles fazem reuniões, convenções, e gostam de se vestir com roupas peludas... isso foi interessante. Tenho certeza de que é preciso ter os buracos na roupa em lugares estratégicos.

LEMMY: Bom, não fui eu, e sim o cantor de uma banda da qual fiz parte, que deverá permanecer anônimo. Nós quatro [membros da banda] dormíamos no mesmo quarto. Ele estava na cama com uma garota e, de repente, ela diz: "mija em mim!" Ele ficou espantado: "o quê?" O sujeito era de Bradford, norte da Inglaterra, e não tinha muita experiência. Ela continuou: "vai! Mija em mim!" Aí o nosso baixista mijou nela no lugar dele. Essa foi estranha, não é? E tem o lance do pé, que eu nunca entendi. Você quer chupar o pé de alguém? O meu, não! Que porra é essa? Sou muito conservador de certa forma. Também não gosto de sexo anal. Se sai merda dali, eu é que não vou me meter lá.

ROB PATTERSON: Não sei responder essa.

TOBY RAND: O mais estranho foi vê-la cagando. Ela não queria que eu comesse a merda ou algo assim, mas queria que eu visse. Achei realmente estranho... Isso realmente não é o tipo de coisa que me excita.

VAZQUEZ: Tive uma ex que gostava de... Ela gostava de ser um pouco sufocada quando estávamos fodendo. Estranhamente, isso era um tanto divertido.

Como saber quando você tem um fetiche ou apenas gosta muito de algo?

ACEY SLADE: Não sei. Falaram que tenho um fetiche por asiáticas, mas eu nego com todas as minhas forças. Acho que a negação é o primeiro sinal de ter um problema. Falando mais sério, se isso está causando transtornos na sua vida e é algo que você precisa mentir a respeito, então é um problema.

ALLISON ROBERTSON: Acho que fetiche é quando você não consegue fazer sexo ou não consegue ficar realmente excitado sem algo específico. Se você tem que ter uma certa parte do corpo tocada, tocar determinada parte do corpo de alguém, dizer ou fazer com que a outra pessoa diga algo senão você não consegue fazer sexo ou gozar, para mim isso é um fetiche e não apenas algo de que você gosta.

ANDREW W.K.: Talvez quando surge a ideia a qualquer momento ou lugar e isso te excita... Qualquer coisa relacionada ou quando muitos dos seus pensamentos parecem voltar-se para essa coisa específica que, de alguma forma, é separada de uma pessoa, de uma experiência real ou de qualquer coisa lógica. Quando se torna um tesão ilógico, acho que aí sim é um fetiche.

BLASKO: Sempre que alguém faz uma revista para o assunto. Quando você assina a *Amputees Monthly*, pode ter certeza que tem um fetiche.

BRENT MUSCAT: Um fetiche é algo com o qual você fica obcecado. Aí pode ser considerado um fetiche. Alguns caras têm fetiche com pés, outros têm algo com cigarros, em que eles gostam de ver a garota fumar um cigarro ou fazer algo estranho. Mas acho que é quando você fica fissurado em alguma parte do corpo que não é normalmente levada em conta no sexo. Como a orelha! Se você quiser que alguma garota te masturbe com o pé dela, acho que isso é um fetiche.

BRUCE KULICK: Nessa categoria eu não sou muito radical para um lado ou para outro. Acho que é um fetiche quando um cara deseja coisas como "você não vai tirar os sapatos", "você tem que se vestir de menino", ou algo assim. Se a única forma de você gozar é se a outra pessoa fizer algo que não seja normal, então você tem um fetiche. Não acho que haja algo errado com isso, desde que haja um parceiro disposto a participar do jogo com você. Eu sou bem convencional e não acho que tenha algo assim tão incomum. O sexo é muito pessoal e único, e certamente há pessoas o suficiente para as quais a norma não é o bastante. Todos nós somos constituídos de formas diferentes.

CHIP Z'NUFF: Eu tenho fetiche por pés. Adoro pés desde que era garotinho e sei que as mulheres amam ter seus pés beijados, tocados e massageados. É algo que parece funcionar com quase *todas* as mulheres. Você faz uma massagem nelas e isso cria o clima imediatamente.

COURTNEY TAYLOR-TAYLOR: A diferença entre normal e não normal? Porra, não faço a menor ideia. Não sei mesmo onde começa e termina essa área cinzenta. Jogue no Google, é assim que se descobre. Jogue no Google.

DANKO JONES: Acho que quando você fica obcecado por algo e nota que é o único nisso.

DOUG ROBB: Se você realmente gosta de algo é a cereja no bolo. Se você gosta de sexo e se conseguir fazer algo específico, fica ainda melhor. Se for um fetiche, não é só a cereja, é o bolo inteiro.

EVAN SEINFELD: Tem a ver com a quantidade de sentimentos em relação a isso, você sabe. Acho que seria preciso uma pessoa de fora para ajudar a descobrir se é fetiche. Digamos que um cara realmente goste de pés de mulheres que estejam de meia calça e não tenha certeza se isso é um problema ou não, então é preciso alguém de fora para perguntar: "você prefere fazer sexo com uma garota linda ou massagear os pés dela?" Como um questionário ou teste. "Prefere 500 dólares ou os pés da garota?" É possível fazer um teste padronizado no qual a pessoa de fora acha que você deve escolher uma coisa sobre a outra. Porém, mais uma vez, fetiche diz respeito a preferências pessoais de excitação. Não há certo ou errado, desde que você não descumpra nenhuma lei ou faça mal a alguém. Por exemplo, se eu tenho um fetiche de que as garotas usem meias arrastão, bom se eu quiser comprar meias arrastão para essas garotas, estou machucando alguém? Agora, se um cara tem múltiplas inscrições em sites específicos ou mais de dez DVDs de um determinado gênero, aí eu acho que é fetiche.

JAMES KOTTAK: Se é a décima vez, não é mais um fetiche, é um hábito.

JESSE HUGHES: Quando você fetichiza. Quando é algo que te acompanha, quando você trata a questão como o precioso em *O Senhor dos Anéis*. Adoro os filmes de Mel Brooks e sempre notei que tem um certo fetiche S&M neles. Toda vez que assisto eu penso: "como isso é possível? Caralho, como alguém realmente pode gostar dessa merda?" E, na verdade, só de brincar pra caralho por aí, fiquei atraído pelo estilo e sempre carrego uma máscara de couro do Zorro com tachinhas e uma touca ninja. Agora eu sei minhas preferências, o motivo pelo qual eu gosto disso.

JIMMY ASHHURST: Se você está falado com alguns amigos e de repente todos ficam quietos, esta seria uma indicação, acho.

LEMMY: Quando você faz sozinho. Quando você se vê enforcado no armário com uma bola amordaçando a boca.

NICKE BORG: Acho que depois de experimentar. Do contrário, não tem como saber.

ROB PATTERSON: Eu não tenho uma "linha" traçada para definir a diferença entre esses dois.

TOBY RAND: Fetiche é uma categoria realmente ampla, porque todo mundo tem suas pequenas idiossincrasias em relação ao sexo e ao que quer fazer. Então, como saber? Quando alguém disser que é um fetiche. Do contrário, para mim, vale tudo.

VAZQUEZ: Acho que vira um fetiche quando você não consegue estar com alguém que não atenda ao fetiche. Eu amo mulheres voluptuosas e talvez isso seja um fetiche, mas para mim não é. É apenas o que eu gosto. Se eu encontrar uma garota realmente legal que não seja totalmente voluptuosa, tudo bem.

Qual foi a sua melhor experiência vestindo uma fantasia?

ACEY SLADE: Eu e outro colega de banda estávamos fantasiados de Paul Stanley e Gene Simmons [da banda Kiss] para o Halloween. Foi engraçado porque nós conseguimos uns calçados que pareciam as botas do Kiss. Isso foi no começo de uma turnê. Nós ficamos com uma garota e desde que ela partiu, toda vez que vemos os calçados do Kiss, morremos de rir. Virou uma piada.

ADDE: Eu nunca uso terno, mas uma vez transei com uma garota no banheiro de um casamento usando um belo terno e pensei "nossa, isso é tão legal. Dar um trato no meu pau e usar um terno", então provavelmente foi essa vez.

ALLISON ROBERTSON: Quem dera! Acho bem legal esse lance de se fantasiar. Eu realmente acho bem interessante. Você sabe o que é engraçado nisso? Acho que a maioria dos caras quer que as garotas se fantasiem e usem lingerie, toda aquela coisa mulherzinha, e elas também querem. Mas a merda é que não há muito para os caras fazerem nesse sentido, e eu realmente gostaria que houvesse fantasias no meu futuro. Não sei de que tipo. Um executivo seria foda!

ANDREW W.K.: Acho que nunca tive uma experiência de me fantasiar.

BLASKO: A de médico e paciente é sempre boa.

BRENT MUSCAT: Essa é uma coisa que eu gosto sobre o Japão: muitas garotas japonesas se fantasiam. Eles chamam de *cosplay* [de *costume play*, representação de personagem a caráter]. Elas se vestem de enfermeiras e tal. Isso sempre foi interessante. Quando saía em turnê, muitas garotas iam aos shows vestidas de modo supersexy, mal cobriam o corpo. Eu me lembro de fazer um show numa loja em que duas garotas vieram de biquíni. Algo diferente assim é sempre divertido. Quando nós excursionamos com o David Lee Roth, eu me lembro do primeiro show que fizemos, no verão em Miami, Flórida, foi a primeira vez que vi garotas irem a um show de biquíni e falei: "uau, isso é incrível!" sabe o que eu quero dizer? É divertido.

CHIP Z'NUFF: Eu prefiro sem roupa, mesmo. O ato de se revelar é sempre excitante. Porém, saltos altos e corseletes espremem tudo e fazem a garota parecer mais esculpida e perfeita, mas assim que ela tira os sapatos e tudo o mais, você sabe, tudo muda. Sempre que você encontra uma mulher e ela parece bonita nas boates, ela está de salto alto, uma bela calça ou vestido, um sutiã lindo, uma blusa e, assim que vocês chegam em casa, ela tira todos os acessórios e surge a desmazelada, atarracada, caída, e troncuda, isso acontece, às vezes. As mulheres são muito boas em nos enganar, no começo. Por isso eu prefiro sem fantasia, sem roupa.

COURTNEY TAYLOR-TAYLOR: Eu cresci numa cidade muito pequena e deprimente, com mais ou menos 300 mil habitantes. Não havia nada para fazer. Nós poderíamos frequentar bares se tivéssemos 19 anos (21 era a idade legal para beber). Não havia nada para fazer. Por isso talvez, em duas ocasiões, eu e um amigo nos fantasiamos de mulher, saímos e tomamos alguns drinques. Se você for às lojas Goodwill ou Value Village pode comprar um sapato de salto tamanho 44, um vestido tubinho, a peruca mais engraçada que encontrar e sair por aí cantando as meninas. É engraçado, muito divertido e ajuda a transar.

DOUG ROBB: Num Halloween eu me vesti de Papa e minha garota na época foi de estudante católica safada. Eu tenho certeza que foi uma noite interessante.

JAMES KOTTAK: Zorro!

JESSE HUGHES: Veja só, eu adoro fantasias! Tive várias experiências maravilhosas com elas. Tive algumas fantasias realizadas nesse sentido: garotas vestidas de motoqueiras dos filmes do Roger Corman ou ter três garotas vestidas com camisetas com listras vermelhas e pretas estilo pirata, com calça de couro, colete jeans e botas de motociclista e eu também fantasiado. Essa porra é um tesão, e você sabe disso!

LEMMY: Uma vez uma garota me encontrou no LAX (Aeroporto Internacional de Los Angeles) com um sobretudo longo. Quando saí do avião, ela abriu o casaco e estava só de calcinha de renda vermelha por baixo. Nós nem aguentamos chegar ao carro!

NICKE BORG: Talvez essa não seja a melhor, mas é definitivamente a mais estranha: uma garota vestida de ratazana, com rabo e tudo. Foi em Berlim, há muitos anos, tenho que dizer. A roupa dela tinha zíperes e o caralho a quatro. Fantasias são legais pra caralho, sabe, mas depende do tipo de garota que está usando. Seja policial, enfermeira, tanto faz, cara. Apenas aja como se você realmente quisesse ser uma enfermeira e cuidar de mim, ou ser uma policial e quiser me bater, sei lá. Mas não tente ser uma ratazana e me morder.

> "JÁ ME VESTI DE MULHER ALGUMAS VEZES. É DIVERTIDO, MAS EU NÃO SEI COMO ELAS CONSEGUEM ANDAR NAQUELES SALTOS!"

ROB PATTERSON: Já me vesti de mulher algumas vezes. É divertido, mas eu não sei como elas conseguem andar naqueles saltos!

TOBY RAND: Quando uma garota em Los Angeles apareceu com um vestido de lycra vermelha igual ao do filme *Uma cilada para Roger Rabbit*, mas a lycra era daquele tipo que podia ser rasgada. Ela parecia embalada a vácuo, pronta para ser desembrulhada. Essa foi uma fantasia maravilhosa.

VAZQUEZ: Nunca fiz isso. Meu aniversário é no Halloween e não quero me preocupar com fantasias, então minha desculpa é dizer: "sou o Rei do Halloween eu não quero ter que fazer essa merda. Este é o *meu* dia, então você faz o que eu quiser."

Qual é uma boa forma de começar a explorar o *bondage*?

ACEY SLADE: Fita isolante. Tem sempre alguma por aí.

JIMMY ASHHURST: Pela minha experiência, eu diria que o melhor é ter um mentor. Quando era bem jovem, eu tive a sorte de ter uma pessoa a quem respeitava muito e uma parceira muito peculiar, que deve permanecer anônima. Os dois desmitificaram a prática do *bondage* para mim. Foi bem interessante e algumas lições ficaram comigo até hoje.

LEMMY: *Bondage*? É só amarrar um dos envolvidos, eu presumo.

ROB PATTERSON: Experimente! Você sabe o que funciona e o que assusta, tanto para você quanto para a sua parceira. Sempre tenha uma "palavra de segurança"!

TOBY RAND: Batendo na bunda cada vez mais forte e vendo até onde você vai.

DICAS DE SEXO DE ASTROS DO ROCK

PRELIMINARES & EXCITAÇÃO

"A IMPACIÊNCIA É A MARCA DE UMA ALMA IMATURA; QUANTO MAIS VOCÊ CONSEGUIR AGUENTAR MELHOR."

Qual é a quantidade ideal de preliminares?

ACEY SLADE: Sou um grande fã das preliminares. Em geral, eu gosto de dar um trato numa garota duas vezes antes do ato em si, se for a primeira vez que estou com ela.

ADDE: Muitas preliminares porque, para mim, elas são uma forma de provocar um ao outro com palavras, começando com uma conversa e partindo daí. Por isso, muitas preliminares, para mim é o melhor.

ALLISON ROBERTSON: Eu não acho que a quantidade importe. Algumas pessoas podem esperar para sempre e outras ficam a ponto de explodir. Para mim, tudo depende da ocasião, você tem que sentir a outra pessoa e decidir. Mas eu não gosto quando as pessoas se apressam. Não acho legal quando alguém simplesmente pula em cima de você. Gosto de um pouco de preliminares antes, um pouco de amasso. Acho que quase todas as garotas gostam, a menos que haja algo errado com elas psicologicamente e elas estejam transando por algum outro motivo. Quase todas as mulheres gostam das preliminares. Alguns caras gostam também, mas não todos. Então acho que tudo depende. Dá para saber quando alguém está bastante excitado e não precisa de mais preliminares.

ANDREW W. K.: As preliminares podem ser um encontro inteiro. Podem até ser vários dias em que você conhece alguém, passam um tempo juntos e um tempo separados. Tudo pode levar a um encontro sexual em que as duas partes estão totalmente cientes de que vão chegar nisso. Então o flerte, e tudo isso são preliminares. Não precisa ser a intimidade física em si. Acho que tudo deve ser bem natural. Meu impulso é seguir num certo ritmo, é assim que eu faço. Se a mulher quiser que eu vá contra isso ou prolongue o ritmo, é o impulso dela e é isso que cria as preliminares. Eu ficar ali, me segurando de modo não natural para passar por um determinado número de etapas, parece um pouco contraditório. Acho que se a mulher quiser prolongar, então ela deve fazer com que isso aconteça. É realmente uma questão de comunicação.

BLASKO: Acho que depende da situação, mas eu gosto de gastar um tempo antes do ato em si.

BRENT MUSCAT: Com minha namorada ou parceira, eu gosto das preliminares para fazê-la gozar primeiro. Assim, ela tira isso do caminho e, então, não importa o que você faz... Se você for o Super-Homem por uma noite e conseguir se segurar por muito tempo, ótimo; mas se for o The Flash e durar dois minutos até gozar, pelo menos você a fez gozar e a satisfez. Ela não vai ficar decepcionada. Claro que isso vale para alguém que conhecemos. Eu não sei se você vai querer fazer o mesmo com uma estranha, mas sim com uma namorada. Fazer sexo oral numa garota para fazê-la gozar eu acho que é sempre bom. Se você puder fazê-la gozar primeiro, e tiver sorte, talvez ela possa ter um segundo orgasmo quando vocês estiverem transando. Ou até um terceiro, se você conseguir levá-la a tal estado de excitação.

BRUCE KULICK: Tudo depende. Se os dois estão realmente doidos para ir direto ao assunto, então nem precisam muito delas. Acho um tesão quando, assim que você faz o *check-in* com sua garota no quarto do hotel, vocês estão arrancando as roupas um do outro. Não tem muitas preliminares, mas elas estão em todo o conceito de "vamos destruir este quarto de hotel!" Eu realmente acho que, numa noite romântica típica, você tem um jantar, toma um pouco de vinho, os dois estão ótimos, a conversa não desandou, ninguém disse algo idiota, ninguém teve ciúmes, ninguém acusou ou implicou com outro e tudo está divertido, obviamente, quando for a hora de dar o bote no sofá ou ir para a cama com ela, você quer ir sem pressa, apreciar, saborear o momento e apenas adorar e venerar sua parceira. Isso são preliminares, para mim.

CHIP Z'NUFF: Ah, isso é tudo. Se você não for do tipo que a leva para jantar, não vai ser um bom amante. Se você vai chegar ao ponto onde vai haver sexo, isso faz o jogo começar logo de cara. Leve a garota para jantar e tudo o mais parte daí. Tudo o que você esteja interessado em fazer depois disso ficará muito mais fácil.

COURTNEY TAYLOR-TAYLOR: Você apenas espera que, sejam lá quais forem, as preliminares aconteçam na quantidade exata para manter os dois no clima, evitando que um de vocês fique entediado. Essa é a quantidade. Depende da situação e das pessoas, mas, pelo amor de Deus, não arraste a situação por mais tempo do que a outra pessoa quer só porque você está se divertindo horrores. Às vezes você pode brincar por três horas e acabar no orgasmo mais incrivelmente foda de toda a sua vida, ou isso pode acontecer em 34 minutos, sei lá... A questão realmente diz respeito ao momento em que você e a outra pessoa estão inseridos. Basta não ferrar com tudo. Se você tiver sorte o bastante para estar na situação com uma pessoa que se mostra sexualmente interessada em você e vice-versa, então existe probabilidade de você apressar as coisas mesmo. Mas se estiver num relacionamento sério, que está rolando há algum tempo, então você é sortudo o bastante para estar numa situação em que vocês dois estão interessados sexualmente ao mesmo tempo, mesmo que este seja o seu trabalho, de certa forma. Agora, fica muito difícil depois, particularmente para os homens, porque temos muito DNA de homens das cavernas, o que nos leva a querer engravidar uma série de mulheres das cavernas diferentes. Nós só estamos fora da caverna há mais ou menos quatro mil anos e estamos por aí há mais ou menos 100 ou 300 mil anos. Então, parte da nossa programação diz que a mulher precisa montar no macaco mais poderoso da caverna e dominá-lo para que ela possa ser protegida ao longo da gravidez e depois, na criação da prole, e o homem (não um homem, mas *o* homem) tem que estar lá com ela. Então o macaco-homem é programado para engravidar o máximo de mulheres possíveis esperando que, ao jogá-la na parede, quem sabe dê certo. Existe um problema inerente no relacionamento aqui. As motivações são diferentes, para começar. É raro, exceto logo no início de uma relação, que as duas pessoas estejam "puta merda, que ótimo!" ao mesmo tempo. Na maioria das vezes, as pessoas que conheço são solteiras, alcoólatras, bonitas, solitárias e complicadas. Elas conseguem ter vida sexual movimentada basicamente porque estão solitárias e apenas transam. Se elas acabam em bares vão estar com o cara mais bonito ou se divertir ao máximo, um pouco de notoriedade com um artista local, cineasta, músico, pintor ou algo assim, elas têm uma vida sexual movimentada, mas são solitárias pra caralho, o tempo todo. Os casais não fazem muito sexo depois que o relacionamento existe há um tempo e os solteiros que são alcoólatras também não. A bebida é parte importante da transa, sóbrios eles não fazem tanto sexo assim.

DANKO JONES: Quarenta minutos são suficientes.

DOUG ROBB: Depende: às vezes você pode apenas olhar um para o outro e dizer "porra, é agora. Vamos!" e não é necessário fazer quaisquer preliminares. Em outras situações, muitas preliminares são uma boa ideia. Eu não acho que as preliminares sejam ruins em qualquer situação. Acho que a maioria das garotas concordaria comigo e a maioria dos caras discordaria. Se isso vai ajudar a sua garota a gozar no fim, então é um pequeno ajuste, não é como ir ao dentista ou algo assim. Vamos encarar os fatos: os caras vão gozar de qualquer jeito, não importa, então por que não incrementar com algo a mais?

EVAN SEINFELD: Depende se é com a *sua* parceira ou apenas uma parceira, porque a única mulher a quem eu realmente gosto de dar preliminares é minha esposa, mas ela me excita tanto que eu fico maluco e praticamente acabo com ela. As preliminares são o pior departamento de todos para mim. Elas foram uma reclamação constante em minhas experiências. Aliás, é a *única* reclamação que ouvi de parceiras na minha vida.

HANDSOME DICK MANITOBA: O máximo possível.

JAMES KOTTAK: O que a garota quiser. Ela é quem manda.

JESSE HUGHES: A quantidade exigida varia. Preliminares também são sexo. A necessidade bizarra de defini-los como coisas diferentes é uma viagem. Sexo é igual à música para mim, cara. A gente deixa a música dizer o que vai ser. Apenas obedecemos e tentamos não colocar algo a mais ou a menos. A música é o que você está fazendo, cara, basta deixar que ela diga o que fazer, está entendendo?

JIMMY ASHHURST: Acho que, geralmente, quanto maior o suspense, maior será o clímax. Por isso, quanto mais, melhor, *se* você tiver oportunidade. Do ponto de vista do rock'n'roll, nós raramente temos esse luxo. Normalmente estamos aqui para uma bela diversão, mas não por muito tempo.

JOEL O'KEEFFE: Até que você esteja fora do frio e bem macio e gostoso lá dentro.

LEMMY: Preliminares são a melhor parte do sexo, muito melhores do que o sexo em si. Você pode fazer preliminares durarem alguns dias, se quiser.

NICKE BORG: Ótimas preliminares são sempre boas, desde que não vire a coisa mais importante de todo o ato sexual. Preliminares são apenas antes do jogo, estamos falando de foder, certo? Preliminares não são a foda em si. Preliminares são para excitar. Se você ficar perdendo tempo pra caralho durante as preliminares, cedo ou tarde você e ela vão perder interesse em transar. Então acho que não se deve exagerar. Às vezes, acontece de as preliminares estarem na sua imaginação e você pode ir direto ao assunto, mas tem que avaliar de tempos em tempos, dependendo da situação em que você esteja. Preliminares são sempre boas, mas não transforme isso em "olha, eu posso lamber você por três horas". Isso não é necessário.

ROB PATTERSON: O máximo que você aguentar.

TOBY RAND: Eu adoro muitas preliminares, provavelmente 70% são preliminares para mim, porque acho que com as preliminares os seus olhos estão de certa forma *lá*. Na verdade depende do tipo de preliminares, mas aquelas que exigem uso das mãos, em que você está apenas acariciando e tal... adoro fazer isso!

VAZQUEZ: Acho que depende do seu nível de atração pela pessoa. Eu vejo isso da seguinte forma: se vou chupar uma mulher é porque eu quero que ela se divirta. Quero que ela se sinta bem e geralmente se você colocar seu aparato para funcionar, digamos assim, e fazê-la gozar uma vez antes de realmente começar a comê-la, vai sair como um astro!

Que técnica de preliminares faz com que elas sempre peçam mais?

ACEY SLADE: Sexo oral. Eu fico com a impressão que muitos caras não são bons no oral, ou nem gostam de fazer isso.

ADDE: Uma combinação de conversa e... É muito, muito, fácil quando você tem muito, muito, tesão na mulher. "vou fazer de tudo" e vai mesmo. Esse é provavelmente o melhor jeito de sentir isso de modo bem natural. "Eu só quero satisfazer essa mulher. Tenho necessidade disso", então vale tudo.

BLASKO: Chupá-las. Você tem que usar uma combinação de dedos e a língua sempre que estiver lá embaixo, isso parece funcionar.

CHIP Z'NUFF: Chupá-la enquanto toca contrabaixo. Toque baixo. Quando estiver lá, enfie alguns dedos e toque baixo dentro da boceta. Você não vai acreditar no que acontece. Eu falo isso para os meus amigos, mas você tem que praticar para dar certo. Eu só mexo os dedos para frente e para trás. Poderia estar tocando uma música do Queen, do Jethro Tull, Grand Funk Railroad, não importa qual seja a música. Toquem baixo do jeito certo e elas vão aclamá-los para sempre.

DANKO JONES: Acho que dar uns amassos e brincar com os peitos. Sexo oral conta como preliminares? Não são preliminares, não é? Eu não contaria como preliminares e diria apenas dar uns amassos e brincar com os peitos.

GINGER: Uma conversa leve, sobre ela. Massagem nos ombros e nas costas, que não seja suave nem forte demais. Uma vez que as preliminares começaram, a estimulação do clitóris é fundamental, não deixe que ela goze, apenas a deixe num estado de loucura sexual. Ela vai te odiar na hora e lembrar de você para sempre depois.

> "QUANDO ESTIVER LÁ, ENFIE ALGUNS DEDOS E TOQUE BAIXO DENTRO DA BOCETA. VOCÊ NÃO VAI ACREDITAR NO QUE ACONTECE."

HANDSOME DICK MANITOBA: Primeiro as damas. Como homem, você sempre tem que se lembrar disso: você está a um segundo de sofrer uma metamorfose completa e perder a força, apenas um segundo. Você pode usar esse segundo para se manter sempre no clima. Esse limite está sempre lá, e se você se deixar levar, e estiver se importando demais consigo mesmo, você estragará tudo. Além disso, há um princípio espiritual envolvido, de conseguir receber prazer ao dar prazer. Entre nisso de sentir muito prazer dando prazer à parceira, e saiba que o seu momento chegará. Saiba também que se você não se controlar e for o dono desse momento, será um péssimo amante.

JIMMY ASHHURST: Uma situação em que tenha acesso a brinquedos e dispositivos, de qualquer tipo. O vibrador de sempre normalmente ajuda, mas, na hora da necessidade, nada como os bons e velhos dedos nas mãos de um mestre. [Editor: é por isso que te apelidaram de Two Fingers?] Muito bom, muito bom.

LEMMY: Depende da garota e do que ela gosta. Você pode fazer algo que uma garota adore e, ao tentar o mesmo com outra, pode render urros de raiva. Acho que você está bem seguro fazendo cunilíngua. Isso sempre funciona muito bem. Amarrá-la a um barco e levá-la para nadar também é sempre bom, porque se você tirá-la da água, ela vai fazer tudo o que você quiser.

ROB PATTERSON: É segredo!

TOBY RAND: Quando a garota estiver deitada de barriga para baixo, fique por cima beijando as costas dela. Em seguida, beije a região entre a bunda e a parte de trás da coxa. Nessa hora ela quer se mexer, mas você diz "cale a boca" e a mantém nessa posição.

VAZQUEZ: Eu não tenho truques mágicos nesse sentido, mas acho que você realmente tem que perguntar para ela. Há mulheres que querem que você toque o clitóris bem delicadamente, enquanto outras dizem "morde logo, porra!" Cada mulher é diferente. Todas são diferentes, acho que é por isso que as amamos tanto.

Como prolongar as preliminares quando você está doido para gozar?

ACEY SLADE: Deixo rolar e vou de novo. Peça licença um minuto, cuide disso e volte à bicicleta... para dar mais uma volta.

ALLISON ROBERTSON: Acho que você pode prolongar se descobrir algo de que a outra pessoa goste. Se nenhuma das partes estiver entediada, acho que é possível prolongar por um bom tempo, mas tudo depende das habilidades dos dois. Algumas pessoas não têm habilidade e pensam "bom, isso é chato. Vamos direto para a próxima fase." Acho que se você tiver alguma habilidade, não importa qual, é assim que você prolonga as preliminares: exibindo-a um pouco.

BLASKO: Você vai quase lá e depois recua. Aí você tem mais umas duas vezes para fazer isso de novo.

CHIP Z'NUFF: Você simplesmente tem que segurar a onda. Tem que lutar contra isso e pensar nela, porque quanto mais vezes ela gozar, melhor ela vai te retribuir. Por isso cuide dela o máximo que puder até você cansar. Depois se prepare para ela acabar com você, porque você caprichou. Sempre dá certo. Não é uma pequena porcentagem de vezes, funciona sempre.

DANKO JONES: Há uma técnica em que a gente usa o relógio e diz: "certo, não podemos terminar em meia hora. Temos que ficar só nas preliminares por meia hora." Isso sempre te leva a fazer todo tipo de maluquice, é preciso pensar no que fazer para matar os próximos dez minutos quando tudo está uma loucura. Geralmente, nós não cumprimos o prazo, mas essa seria a técnica que usamos para prolongar as preliminares.

DOUG ROBB: Quando você está a ponto de quase explodir de vontade de gozar, então, acho que você deve simplesmente gozar. Já acabou o aperitivo e é hora do prato principal, então por que continuar lá comendo o aperitivo?

EVAN SEINFELD: Sou o cara errado para perguntar isso. Se você quiser saber o que *não* se deve fazer, então, veja como eu faço.

JAMES KOTTAK: Pense nas Cataratas do Niágara.

JESSE HUGHES: Esteja disposto a fazer sexo oral. Isso vai estender as preliminares a qualquer que seja o dia da semana.

JIMMY ASHHURST: A paciência é uma virtude, cara. Se você puser isso na cabeça, o resultado vai ser melhor para os dois e a chance de um segundo encontro vai aumentar muito. A impaciência é a marca de uma alma imatura; quanto mais você conseguir aguentar, melhor.

LEMMY: Bom, isso é uma questão de autocontrole. Gosto de ter um pouco de autocontrole. Quanto mais você segurar, menos tempo sobra para foder de verdade, você percebe isso?

ROB PATTERSON: Faça pausas, não fique numa parte do corpo por tempo demais. Prolongue.

TOBY RAND: Você domina a garota. Domina seriamente. Acho que o melhor do sexo é a expectativa de não saber quando vai acontecer. É por isso que as preliminares são ótimas.

Existe uma relação entre tempo de preliminares e a qualidade do orgasmo?

ACEY SLADE: Ah, sem dúvida! Fato que quanto maiores as preliminares, mais intenso é o orgasmo. Teve uma garota que eu amarrei e a fiz assistir filmes pornôs por duas horas enquanto eu fazia as preliminares nela.

ADDE: Sim, com certeza! Está tudo nas preliminares.

ALLISON ROBERTSON: Na verdade, não. Não acho que exista uma relação entre elas, pelo menos não para mim. São muitas variáveis, como qual foi a última vez que os dois fizeram sexo, como tudo se encaixa no quebra-cabeça, o quanto está quente ou frio lá fora, tudo isso influencia, e não acho que a quantidade de preliminares faça diferença.

ANDREW W.K.: Certamente, e você tem que colocar isso na cabeça. Mas não é necessariamente a quantidade de tempo antes do sexo em si ou quando começa a interação sexual propriamente dita. Acho que pensar e agir de modo sexual por muito tempo vai aumentar a qualidade do orgasmo, principalmente se vocês segurarem. Não precisam ser horas de beijos, você pode até começar o sexo, mas quanto mais você esperar, melhor vai ser orgasmo, sempre. Nunca acontece de outra forma. Agora, às vezes você pode esperar demais e perder o clima. Aí é realmente um saco, porque você se segurou tanto que é quase como se o seu corpo dissesse: "tá bom. Se você não quer gozar, então tudo bem". Há uma quantidade determinada de energia que uma pessoa pode ter, e pelo menos ela espera a recompensa do orgasmo no final. Mas muitas pessoas dizem que nem sempre é uma questão do orgasmo. Se você conseguir manter uma sensação boa... há técnicas sexuais a serem usadas de modo que toda a sua relação sexual se pareça com o orgasmo. Não é que você literalmente tenha orgasmo o tempo todo, mas está com tanto controle que consegue evitar chegar naquela parte incontrolável.

BLASKO: Nunca prestei muita atenção nisso, mas é uma teoria interessante.

BRENT MUSCAT: Cada garota é diferente. Algumas podem chegar ao orgasmo num minuto ou dois enquanto outras levarão mais ou menos uns 20 minutos. E tem aquelas, eu vivi isso, não sei o motivo, talvez elas não se soltem, que não conseguem gozar e dizem que jamais gozaram com ninguém, o que é meio bizarro, mas acho que é psicológico. Tem aquele velho ditado que fala que boa parte do sexo fica realmente entre as orelhas, está na sua mente. É raro quando você encontra alguém que não consiga se soltar o bastante para chegar ao orgasmo.

BRUCE KULICK: Eu realmente acho que algumas preliminares duram demais. Eu sei é que se ambos estão prontos para começar, vocês não precisam de preliminares e pode haver uma chuva de orgasmos. Então tudo depende do tesão do momento.

COURTNEY TAYLOR-TAYLOR: É a qualidade, acho. Às vezes basta gozar, e aí é uma questão de intensidade. O tempo é irrelevante.

DANKO JONES: Ah, sim! Com certeza, mais preliminares levam a um orgasmo maior no final. Definitivamente, o orgasmo é mais intenso. Sem dúvida tem uma relação aí.

DOUG ROBB: Sim, eu acho que quanto maior a expectativa e quanto maior a construção do clima, mais recompensador provavelmente vai ser.

EVAN SEINFELD: Totalmente, eu acho que quanto mais tempo leva para eu gozar, melhor é o orgasmo. Também é uma questão de lutar contra os instintos animais de foder e gozar, então, é difícil. Tenho orgasmos realmente ótimos quando eu faço cenas pornôs porque estou fodendo por uma hora e meia ou duas horas sem gozar. Mas mesmo assim, o orgasmo mais intenso que tenho é quando minha esposa me bota na cama e sabe exatamente como lidar comigo.

HANDSOME DICK MANITOBA: Acho que há uma relação direta, sim. Não quero generalizar, mas você tem dois tipos diferentes de animais: a fêmea e o macho. Ambos chegam ao sexo de ângulos diferentes. Parece que é uma experiência mais animal e física com os machos, e é uma experiência mais total com as fêmeas. Assim, quanto mais você reconhecer essa totalidade, gastar tempo e esforços para construir a situação, parece que as mulheres conseguem chegar ao ponto de ficarem parecidas com os machos, em termos de também ser como animais.

JAMES KOTTAK: Nenhuma.

JESSE HUGHES: A qualidade do orgasmo é o resultado direto da quantidade de esforço e entusiasmo que o macho coloca nele. Quase sempre, porque a mulher sente quando você não se importa com o orgasmo dela. E assim que você direciona suas tentativas e seu entusiasmo direta e especificamente para o orgasmo dela, vai fazê-la gozar de modo muito mais intenso, pelo simples fato de ela sentir que você esta fazendo algo a mais. É o mais fácil de fazer, e a última coisa que ele pensa em fazer porque é uma espécie de luta pelo poder, mas é tão idiota. Desculpe, mas é nisso que eu acredito.

> "A QUALIDADE DO ORGASMO É O RESULTADO DIRETO DA QUANTIDADE DE ESFORÇO E ENTUSIASMO QUE O MACHO COLOCA NELE."

LEMMY: Não, eu não acho. Às vezes você sente que está na hora de meter e já gozou antes mesmo de meter. Outras vezes você está mandando ver e ela diz: "para, porra! Tá doendo." Não há como saber.

ROB PATTERSON: Claro que sim. Quanto mais você segurar, mais forte e melhor será o orgasmo!

TOBY RAND: Sem dúvida! Quanto mais preliminares você tiver, melhor será o orgasmo, fácil. Quanto mais você segurar melhor, até para a garota.

VAZQUEZ: Acho que se resume ao que elas querem. Eu sempre pergunto o que elas querem. Acho que a maioria das mulheres realmente gosta disso porque fica: "ah, que ótimo, ele entende." Se você lhes der exatamente o que querem, elas adoram.

Eu já estive com garotas que dizem: "nunca fui capaz de gozar com um cara me comendo" e eu digo: "bom, então eles simplesmente não ouviram o que você tem a dizer." É ótimo ser esse homem porque, cara, elas fazem o que você quiser.

Há uma boa forma para ficar excitado se você não estiver muito no clima?

ACEY SLADE: Sempre há o catálogo prévio de eventos que você tem na cabeça. Eu geralmente recorro a ele.

ADDE: "Talk dirty to me", como diz a música do Poison. Sim, fale sacanagem para mim. E fale muita, mas muita, sacanagem.

ALLISON ROBERTSON: Acho que se você tiver uma boa imaginação pode ficar excitado com qualquer coisa. Se estiver com alguém de quem não gosta tanto ou, sei lá, estiver apenas distraído, acho que com boa imaginação pode se concentrar numa fantasia ou talvez algo do seu passado, quando o sexo foi melhor ou coisa assim. Acho triste você ter que recorrer aos arquivos ou, como diria o Larry David, ter que usar o banco de reservas, (é como ele chama as pessoas com quem tem fantasias). Acho meio triste se você estiver com alguém por mais de uma ou duas vezes e já tiver de fazer isso, pensar em outras coisas, mas acho que é um jeito de ajudar se estiver com problemas.

BLASKO: Não sei se existe. Se você não está no clima, então não rola.

BRENT MUSCAT: Para mim, se a garota me paga um boquete geralmente funciona. Se você não estiver mesmo no clima, acho que ainda pode chegar lá. Talvez tenha algo te preocupando. De repente você precisa de um banho quente, uma taça de vinho ou algo assim. Se você estiver com dor de cabeça, tome uma aspirina. Na verdade, eu nunca tive esse problema de não conseguir entrar no clima.

BRUCE KULICK: Ah, eu sempre acho que se uma garota pega no meu pau ou me paga um boquete isso vai me deixar excitado. Em geral eu estou sempre no clima, mas se houver alguma ocasião em que eu não esteja, seja lá por que motivo, posso estar muito tenso ou estressado devido aos negócios ou algo assim, eu consigo sair disso rapidamente. A única vez em que tive esse problema de "não estou a fim" foi quando estava totalmente exausto. Agora sei evitar isso. Por que quero fazer sexo? Apenas para dizer que fiz? Às vezes eu me surpreendo agindo como um garoto de 20 anos. Eu me sinto feliz por mim e orgulhoso da minha parceira por ela me excitar assim.

CHIP Z'NUFF: Sim, mas muitas mulheres não gostam nem de ouvir falar nisso. Porque significa pensar em experiências passadas e nos bons momentos que você teve com ex-namoradas que podem ter sido realmente ótimas. Você pode ter uma química sensacional com a garota, de sempre funcionar muito bem, e isso pode ajudar em caso de problemas, mas jamais conte para ela. Acho que a melhor maneira é engolir o choro e tomar conta dela primeiro. Isso resolve tudo, de verdade. Se você é um cara egoísta e só quer comer todas o tempo todo, não vai dar certo, mas se você não estiver no clima e ela também, faça sexo oral. Toque baixo e isso vai ajudar, porque depois que ela gozar algumas vezes nem vai se importar se você vai comê-la ou não depois disso.

DANKO JONES: Pornografia.

JAMES KOTTAK: Faça sexo oral!

JIMMY ASHHURST: A masturbação geralmente funciona. Além disso, experimente o YouPorn.com, é de graça e é do caralho.

LEMMY: Acho que enfiar um daqueles bastões elétricos usados para controlar o gado no cu geralmente dá certo.

NICKE BORG: Você deve ter algum tipo de doença mental ou algum problema se tem uma bela garota pedindo, praticamente implorando, para você comê-la e você não está a fim. Não sou fã de esportes e dessa merda toda, mas tenho um amigo que perdeu a namorada por causa da final do campeonato de hóquei. Eu jamais diria: "está rolando a final do hóquei agora, então a gente pode se pegar daqui a umas duas horas?" Foda-se! Foda-se a final do hóquei, cara. Mas, enfim, esse é o meu jeito.

ROB PATTERSON: Coloque algum filme de sacanagem na TV. Hahaha!

TOBY RAND: Uma palavra: boquete.

VAZQUEZ: Se uma mulher estiver nua comigo, eu já fico feliz, cara. Fico excitado na hora.

DICAS DE SEXO DE ASTROS DO ROCK

GROUPIES

"AS GROUPIES MAIS LOUCAS: INGLATERRA. AS MAIS GOSTOSAS: AUSTRÁLIA."

O que é o melhor e o pior em relação às groupies?

ACEY SLADE: Groupies. O melhor e o pior das groupies são as próprias groupies.

ADDE: O melhor é que elas existem, no mundo inteiro, mesmo. É algo muito, mas muito, bom para um músico. Elas são as melhores amigas do músico. O pior são as ligações telefônicas.

ALLISON ROBERTSON: O bom das groupies é que estão lá e apoiam o seu trabalho de verdade. Acho que essa é a diferença entre groupie homem e mulher: se eu fosse um cara, provavelmente continuaria a desfiar outras qualidades das groupies: que estão dispostas a fazer qualquer coisa, são gostosas, bem arrumadas, ou pelo menos tentam mostrar o melhor visual, são realmente submissas e parecem animais de estimação, de certa forma. Mas como somos garotas, temos vários groupies homens. O problema é que nem sempre eles são bem arrumados e nem sempre são gostosos. Se houvesse uma fila de caras em frente ao nosso camarim usando ternos lindos e jeito de executivos, com corpaços, ou bronzeados, vestindo apenas uma sunga com corpos besuntados de óleo, seria o equivalente ao que o Mötley Crüe encontra em frente ao camarim, pelo menos era assim nos anos 80. Eu nunca vivi isso. De vez em quando você vê um cara gato na plateia, mas ele sempre some. O ruim dos groupies é que muitos são agressivos, malcheirosos e não tem qualquer tato ou jogo de cintura. É o total oposto de uma garota que está paquerando, é perfumada e usa roupa que aperta os peitos. Eu imagino por que o cara numa banda acha isso ótimo. Entendo totalmente a atração delas, mas é muito difícil as mulheres encontrarem esse tipo de coisa na estrada.

ANDREW W.K.: O melhor é a atenção que você consegue. Ser desejado é uma sensação ótima. É algo muito primário: querer afeto, que alguém cuide de você, que ame e te ache importante. É uma sensação ótima e uma oportunidade que o mundo groupie fornece para os dois lados: ser desejado como fã e ser desejado como objeto de adoração. Mas as groupies, acho que elas realmente querem uma troca, desejam se sentir importantes naquele momento. É a importância de ser desejada pelo integrante da banda, de ser levada ao mundo daquele integrante da banda, a exclusividade de ver tudo por dentro. E ter a ousadia, audácia e coragem necessárias para tentar ir aos bastidores ou ao ônibus para conseguir intimidade. Então é um verdadeiro escambo. De certa forma, a banda quer fazer sexo e troca o sexo pelo acesso a esse mundo maravilhoso no qual a groupie está interessada.

BLASKO: A melhor coisa sobre elas é que elas existem. A pior coisa sobre elas é que elas existem.

BRENT MUSCAT: O melhor é que elas são muito divertidas, uma tonelada de diversão! Elas geralmente adoram beber e não há nada de errado nisso. Muitas pessoas desprezam as groupies. Eu tiro o chapéu para elas e as respeito. Se uma garota quer sair e se divertir, o que é que tem? Afinal, os caras fazem isso. Um cara numa banda pode comer uma garota por noite em cada cidade por onde passa e não vai ser rotulado de mau caráter. De certa forma, eu não acho justo nem usar a palavra groupies como termo pejorativo, como "ah, ela é só uma groupie." Eu digo: "cara, isso é bom. Graças a Deus que existem groupies! Imagine o quanto seria entediante e solitário se você tivesse que excursionar e não houvesse companhia feminina por meses?" Por isso eu acho as groupies ótimas. O melhor é que elas estão lá e dispostas a zoar e tal. O pior pode ser quando elas gostam de se gabar. Isso pode causar problemas, especialmente hoje em dia com a internet. Quando eu comecei a fazer turnês, se você estivesse excursionando no Japão ou em outro país, poderia se divertir à vontade e sua namorada em casa nunca ia saber de nada. Agora, com a internet, acho que o pior das groupies é que elas adoram se gabar das conquistas.

BRUCE KULICK: Obviamente aquelas que são muito invejosas e medíocres podem ser muito mal-educadas com as garotas ao redor delas, isso é o pior das groupies. Eu posso até respeitar quem diz: "ah o Def Leppard está na cidade essa semana, aí eu dormi com esse ou aquele cara. O Kiss está na cidade semana que vem, eu vou dormir com esse e aquele cara". Eu entendo. Tudo bem. Se você puder fazer como no filme *Quase Famosos,* ser uma Band-Aid, significando que você realmente faz o músico se sentir acolhido, que ele faz diferença com todas essas turnês e tal. "Estou aqui apenas para agradecê-lo, adorá-lo e, talvez, dar para você", acho que esta é a melhor parte da cena groupie. Agora, infelizmente, existem muitas pessoas complicadas fazendo isso porque precisam. Como ninguém é bom o bastante na cidade delas, essas garotas procuram integrantes de bandas, ou então eles são tão gostosos que elas não conseguem se controlar. E pensam: "ah, eu posso conseguir aquele cara, então vou me esforçar para isso." Há muitas garotas como Pamela Des Barres, que escreveu um livro (eu não a conheço intimamente), que claramente sabem como fazer bem esse papel sem ser chatas e loucas, como algumas groupies são. Infelizmente, algumas delas são realmente complicadas, e as drogas ou essa necessidade de atenção não são saudáveis.

CHIP Z'NUFF: Toda vez que conheço garotas elas sempre dizem, "não sou groupie", mas eu dou de ombros porque sei que não é verdade. O melhor das groupies é que elas amam a banda. Elas fazem bem aos nossos egos. São essenciais e elas estão por aí há anos e anos antes de nós. É algo que começou nos anos 1920 e 1930, com as bandas de vaudeville e as big bands. Já havia groupies naquela época. O pior é que elas carregam certas coisas que não queremos e falam demais. Elas não são muito discretas e isso é bem questionável.

COURTNEY TAYLOR-TAYLOR: O melhor das groupies é que elas existem e o pior é que são um clichê.

DANKO JONES: É um belo afago no ego saber que existem mulheres e garotas interessadas em você apenas pela música ou porque viram sua foto e tal. Faz muito bem para o ego. Em quantos empregos você tem isso? É uma ótima vantagem, que afaga o nosso ego. Há sempre um lado sombrio nisso porque às vezes as pessoas que ficam até o finalzinho da noite, que só querem estar com alguém que não conhecem, mas acham que conhecem (não acontece o tempo todo, às vezes as pessoas são bem sinceras), essas pessoas têm um parafuso solto ou algo assim, sei lá. Elas são muito dramáticas, digamos assim. Elas tendem a ser muito dramáticas e eu tento tirar o drama da minha vida. Quando percebo isso, evito imediatamente. Então é bom e mau ao mesmo tempo. Também percebi isso quando me afastei da coisa toda e apenas disse: "não posso mesmo continuar fazendo isso". Aí você apenas observa o que os outros caras fazem, vê todo o drama se desenrolar e é bem de acordo com as regras, o drama se desenrolando, as ligações telefônicas sem fim. Eu só acho que você não precisa disso. Pode ser ótimo. Eu queria que todas as groupies fossem parecidas com a Kylie Minogue ou a Heather Graham, mas não é assim o tempo todo.

DOUG ROBB: O melhor das groupies é observar a Caminhada da Vergonha. É quando você está sentado na frente do ônibus, um dos membros da sua banda está na parte de trás, é hora de ir embora e surge, do nada, uma garota vinda lá da parte de trás, tentando se recompor e fingir que nada estava acontecendo. Todos nós estamos sentados na parte da frente, elas passam por nós e se esforçam o máximo para fingir que nada aconteceu, que elas não são esse tipo de garota e tal. Nós sorrimos e somos educados, mas, assim que a porta do ônibus fecha, todos começam a rir. Depois olhamos para a parte de trás do ônibus e é quando surge o cara que estava com a garota e fala: "cheira o meu dedo", o que é motivo de muita risada. O pior das groupies, e eu as vejo com muita frequência, é que elas são provavelmente as mulheres menos atraentes, costumam ser horríveis mesmo.

EVAN SEINFELD: Uma das melhores coisas sobre as groupies é que elas fornecem um serviço. Estão aqui para facilitar a vida da banda na estrada, faz parte do fruto do nosso trabalho. Sou músico de rock há mais de 20 anos, sou ator há dez e digo o seguinte: quando você está trabalhando num filme ou seriado de TV, você forma um grupo ótimo, mas quando acaba geralmente não existem garotas esperando para te pagar um boquete. Eu tenho que dizer que o melhor disso tudo é o boquete sem nome e sem agradecimento, no qual elas acham que te devem isso porque são groupies e você merece, você fez um show. Faz parte do rito de passagem de um astro de rock: se você fez um ótimo show, alguém deve chupar o seu pau! É por isso que você virou astro de rock para começar, não foi pela grana.

O pior é quando querem falar com você sobre todos os outras caras de quem são amigas. Há três coisas para descobrir se a garota é uma groupie, estou inventando isso agora: 1) Quando elas perguntam se você conhece o fulano da banda tal. Ele pode estar na banda ou ser só um roadie. "Você conhece o fulano da banda tal? Ele é amigão meu". Pronto: você é uma groupie e eu broxei; 2) Assim que ela bota o seu pau na boca, olha para você e diz: "nunca fiz nada assim antes". Isso acontece 99% das vezes com groupies de verdade. Elas se sentem obrigadas a fingir que não são vagabundas, o que me impressiona porque de certa forma eu quero que ela seja uma vagabunda. Quero ouvir: "eu chupo todos os paus que aparecem na cidade porque adoro astros do rock e estou aqui para te pagar o melhor boquete que você já recebeu". Seria melhor que "nunca fiz isso antes;" 3) A terceira pode ser quando elas topam tudo. É o tipo que vai chupar todos os outros caras do ônibus: banda, equipe e o motorista. Porque os motoristas de ônibus também precisam de amor!

HANDSOME DICK MANITOBA: É difícil. Nós não éramos uma banda que, você sabe... Algumas bandas grandes tinham groupies do lado de fora e tal. Sou um cara estranho: eu conheço garotas na estrada e gosto delas o bastante para me sentir confortável com elas, ficar com elas. Afinal, eu *gostei* delas. Então eu tive muito poucas experiências do tipo "me pague um boquete". Tive algumas dessas e não vi qualquer problema ou algo negativo nisso. E também houve outras em que a garota gostava da banda, então eu passava um tempo com ela, fazia sexo, ia ver um filme com ela, levava para jantar e transava com ela de novo. Gosto disso, gosto que seja algo mais do que "vamos arrumar umas vadias pra chupar nossos paus!" Isso não foi importante na minha vida. Só momentos ocasionais em que eu fico "puta que pariu, que tesão da porra! Chupa meu pau!" Não era uma rotina diária, digamos assim.

"EU QUERIA QUE TODAS AS GROUPIES FOSSEM PARECIDAS COM A KYLIE MINOGUE OU A HEATHER GRAHAM, MAS NÃO É ASSIM O TEMPO TODO."

JAMES KOTTAK: O melhor é conseguir massagens grátis. O pior é quando elas fedem.

JESSE HUGHES: O pior é que elas voltam e o melhor é que o sexo em geral é uma delícia. Mas eu não acredito no conceito de groupie. Gosto de ir a shows de rock com roqueiros, de me misturar com o meu tipo. É assim que eu vejo, e definitivamente melhora o jogo.

JIMMY ASHHURST: O pior é quando elas tentam me convencer que não são groupies. O melhor é quando elas tentam me convencer que não são groupies.

JOEL O'KEEFFE: O melhor é que elas geralmente cedem e concordam em fazer sexo. O pior é quando o namorado ou o pai aparece, aí é hora da Grande Fuga!

LEMMY: Bom, o melhor é que elas topam tudo e o pior é que elas te seguem quando você sai para tomar café da manhã no hotel. É preciso esperar a equipe ir embora ou você nunca vai se livrar dela.

NICKE BORG: Groupie é uma palavra interessante porque tem uma puta repercussão negativa e eu não acho que seja algo negativo. É o mesmo tipo de negatividade que existe quando você fala que tal música é uma balada rock; não, é uma música lenta. Eu vejo groupies como fãs que por acaso são mulheres (e espero que sejam solteiras) e sentem uma puta atração por um cara pelo jeito que ele faz música e também pela aparência dele. Às vezes você pode ser sexy apenas tocando uma bela canção ou pode parecer bonito e tocar uma música de merda, tanto faz. Elas pensam: "eu quero que ele me coma". E tudo bem. Acho que fãs de verdade, que só estão nessa pela música, realmente desprezam essas garotas que amam música, mas querem ter o pau do cara dentro delas. Eu penso: "o que é que tem, porra? É um mundo livre, cada um faz o que quer!" Acho que nos esportes há até mais groupies, mas no rock'n'roll é assim: garotas usam saias curtas, mostram os peitos num show e pegam a banda no camarim, essa é uma forma antiga de ver a situação, sabe? Então eu diria que as groupies são minhas fãs. Elas são ótimas, eu adoro!

ROB PATTERSON: Acredite se quiser, mas nunca transei com uma groupie!

TOBY RAND: O melhor é que você tem sexo quando quiser... boquetes. O pior é que elas acham que têm ingresso automático para todos os lugares que você for depois disso, então é preciso se livrar dela. Entram os seguranças.

VAZQUEZ: É o seguinte: eu nunca tive uma groupie que deu problema. O motivo está nos Dois Ds: Diplomacia e Discrição. Eu explico a minha situação e digo o que elas podem esperar. Sou totalmente sincero e por isso elas não viram psicopatas. Conheço caras em bandas que mudam a porra do número de telefone a cada dois meses e é algo que me faz falar: "meu irmão!" Eles fazem essa merda quando estão bêbados pra caralho e comendo essas garotas. Aí elas falam "eu te amo" e todo tipo de merda idiota e é isso que te fode. Estou sempre sóbrio, sou sempre sincero e nunca tive problemas. Diplomacia e discrição, cara, é isso.

Groupies devem esperar sexo quando forem convidadas para o hotel da banda?

ACEY SLADE: Sim, especialmente se ela pagou pelo quarto.

ADDE: Sim, elas devem, com certeza.

ALLISON ROBERTSON: Acho que sim! Eu tenho muito cuidado com alguém que não conheço. Estou aqui dando essa entrevista, mas todo mundo me chama de puritana. Eu também fui casada e tive muitos relacionamentos longos, então nem me interessei muito em ter algo na estrada. Mas tenho que dizer que, sim, acho que se você foi convidada para um quarto de hotel deve esperar isso, a menos que faça algo muito errado. Isso acontece com a nossa banda. Se você não foi convidado de volta para o hotel, é um mau sinal, mas se o convite acontecer, então está dentro, geralmente é assim.

ANDREW W.K.: Não, não devem. Não mesmo. Meu Deus! Quando comecei a fazer turnês pela primeira vez, fiquei assustado várias vezes com a cena groupie e toda a sua intensidade. É realmente como nos filmes. Eu fiquei chocado ao ver o quanto disso acontecia na vida real e que realmente existem todas essas garotas por aí que estão prontas para dar. Mas eu também vi acontecer muitas vezes com pessoas da minha banda e da equipe, em grandes turnês, que os caras apenas querem a companhia feminina. Eles querem estar entre mulheres, para variar, depois de ficar no meio de uma equipe imensa de caras suados com quem dividem espaços ínfimos. É muito bom ter a energia feminina por perto. Essa era a parte realmente bonita disso, porque eu acho que muitas groupies também pensam assim. Você pode flertar e ser carinhosa e talvez role algo sexual, mas muitas vezes era só uma questão de passar um tempo juntos e querer socializar com mulheres. Esta é a parte realmente legal. Eu nunca fiz muito isso, de qualquer modo, só fiquei assustado com a situação toda. Eu era tímido demais para falar com quem eu não conhecia, especialmente mulheres e, hoje em dia, o clima é diferente.

BLASKO: Acho que sim... Nem sempre, mas se essa for a intenção mútua, então sem dúvida.

BRENT MUSCAT: Eu não acho que elas devam esperar, mas talvez devam se planejar para o caso de acontecer, leve algumas camisinhas. Se é para isso que elas estão lá, pelo menos estejam preparadas. Talvez tomar pílula e levar camisinhas não seja uma má ideia, mas eu não acho que elas devam esperar sexo. Uma vez eu estava na Inglaterra e uma das garotas ficou meio decepcionada porque ninguém quis transar com ela. A moça estava tão desesperada que não era atraente. Ela ficou com raiva e dizia: "que tipo de banda é essa? Que tipo de roqueiros vocês são?" Também há dias em que os caras estão cansados, não estão no clima ou podem estar doentes.

CHIP Z'NUFF: Algumas sim. Depende. Há uma diferença entre ser uma groupie e uma Band-Aid, claro. Band-Aids só amam a música. Groupies querem um pouco mais para guardar de lembrança, e você vai saber a diferença quando encontrá-las. Uma groupie entra no local e imediatamente começa o jogo, enquanto uma Band-Aid quer apenas passar o tempo, ouvir você falar, saber mais a seu respeito e conviver um bom tempo contigo enquanto você estiver na cidade, porque elas sabem que você vai partir em poucas horas.

COURTNEY TAYLOR-TAYLOR: Não, isso é pessoal. Os caras que têm bandas são bem claros quando querem sexo. Se forem amadores, eles podem cometer o erro de pegar algumas, ou muitas, que estiverem interessadas e acabar sem nada. Esperar por sexo? Não, a não ser que ela ou alguém no seu círculo de amigas tenha sido convidada para o hotel apenas por fazer parte de um grupo de garotas. Não acho que todas acabem se dando bem, a menos que você consiga convencer todas elas a ficarem contigo.

DANKO JONES: Acho que elas até deveriam esperar sexo, mas a banda não. É uma situação muito esquisita, complicada e sensível quando a banda espera, mas não necessariamente tem a confirmação de que as partes convidadas também têm essa expectativa. Aí fica realmente esquisito. Está é outra situação da qual eu me excluí. É muito perigoso para ambas as partes envolvidas porque pode haver um mal-entendido. É uma tradição antiga na cultura pop, tanto que às vezes a banda fica: "Bem, você não sabe? Deveria saber! Faz parte da tradição" e talvez seja apenas uma pessoa de verdade e sincera que só quer mesmo estar perto da banda de que é fã. Aí fica realmente complicado, e eu já vi uma banda, não necessariamente a nossa, mas uma banda que convidou pessoas para o ônibus ou para o quarto e você olha para elas e pensa: "ela sabe mesmo? Ambos sabem o que a outra parte está pensando?" Simplesmente não dá para saber. Acho que tudo deveria estar bem claro. Deveria ficar claro quando você convida alguém para o seu quarto de hotel ou para o ônibus da banda. Tudo deveria ser esclarecido antes. Pode ser considerado grosso ou vulgar, mas nessa situação acho que é o único jeito. Um simples: "você quer subir e foder?" pode soar grosso para todos os envolvidos, mas é isso que deve ser feito.

DOUG ROBB: Sim, acho que sim porque o hotel é como se fosse a casa deles e eles certamente não estão te convidando para jogar cartas.

EVAN SEINFELD: Por que você iria ao hotel de um cara no meio da noite? Eu sempre odiei aquele tipo de jogo que muitas garotas fazem, essa falsa despretensiosidade em que ela fica: "ah, por que você achou que íamos transar?" "Não sei. Toda garota que veio ao meu quarto de hotel nos últimos 20 anos no meio da noite transou comigo. Por que eu pensaria que você seria diferente?" Muitas delas se acham diferentes e querem que você pense que ela é para namorar e tal... Meninas, fiquem felizes por transarem conosco essa noite e mais nada.

HANDSOME DICK MANITOBA: Sim. Acho que há groupies em todos os aspectos da vida. Existem mulheres que ficam à toa na delegacia perto da minha casa. Há mulheres que gostam de todo tipo de farda. O rock'n'roll é só mais uma farda.

JAMES KOTTAK: Não comigo, mas com qualquer pessoa. Vá fundo. Eu apoio.

JESSE HUGHES: Sim! Não é um grupo de estudos da bíblia, porra! Quando você vai à igreja, sabe o que esperar. É *possível* julgar um livro pela capa. Se você compra a porra da *Hustler*, então sabe o que está levando. Se escolhe a *Good Housekeeping* também sabe o que é. Não tem nenhum mistério, porra. Quando você volta para casa com um roqueiro, pode ter certeza que ele vai esperar que você dê para ele, caralho.

JIMMY ASHHURST: Com certeza devem esperar sexo.

JOEL O'KEEFFE: Sim. Do contrário por que a banda a convidaria, especialmente se as drogas e bebidas são limitadas? Eles não vão levar alguém para ficar "na aba" a menos que ganhem algo com isso!

LEMMY: Bom, eu imagino que sim, é. Lembre-se do caso do Mike Tyson, esse deveria ser um belo lembrete para todos nós. Eu nunca insisti se uma garota não quis. Jamais fiz isso. Sempre tentei estar dentro das regras de uma pessoa decente.

NICKE BORG: Uma vez eu convidei uma garota para o meu quarto porque ela não sabia quem era o The Cult. Então, obviamente, eu tive que ir à porra do ônibus, pegar meu iTunes e tocar *Electric*, do The Cult, para que ela pudesse entender que eles são umas das melhores bandas do mundo. Foi isso, e mais nada, juro por Deus, porra! Então, depende da pessoa. Às vezes ter uma bela conversa com alguém que você acabou de conhecer e percebeu que tem muito em comum é até melhor que sexo.

ROB PATTERSON: Pelo que eu ouço dos velhos colegas de banda, sim.

TOBY RAND: Sim. Mas às vezes elas vêm em grupos. Se você quiser uma, pode ser que ela traga algumas amigas, então, para elas, não.

VAZQUEZ: Eu definitivamente diria não, porque nem todo mundo faz isso. Alguns caras só querem um boquete, outros só querem conversar.

Qual a melhor maneira para uma groupie chamar a atenção de um astro do rock?

ACEY SLADE: Na maioria das vezes é preciso ser atraente. Tem que começar daí. Também não pode parecer desesperada demais e ainda precisa ter aquela dose de confiança.

ADDE: Para mim, é não ser uma roqueira. Seja uma espécie de groupie disfarçada, algo no estilo "sou bibliotecária" e que se pareça com uma bibliotecária. Isso é o que me interessa, mas acho que 90% dos astros de rock preferem o estilo "ah, ela tem tesão em mim, vou comê-la!", enquanto eu digo: "quero aquela lá de trás."

ALLISON ROBERTSON: Acho que uma groupie quer parecer o mais bonita possível, não que tudo seja uma questão de aparência, mas se você estiver numa multidão, obviamente vai se destacar se for bonita. Agora, também acho que não parecer desesperada é importante. Especialmente com mulheres. Nenhuma mulher quer um cara que pareça desesperado, isso não é sexy. É particularmente legal quando o cara é um pouco mais confiante e parece divertido porque, no fim das contas, claro que você não está procurando casamento. Se estiver em turnê e conhecer alguém, você está em busca de um cara divertido, tranquilo e que pareça beijar bem. Até onde minhas amigas dizem, isso é o que faria um groupie se destacar.

BRENT MUSCAT: Usar algo sexy, provavelmente. Ser amigável, atraente e simpática. Alguém que não pareça desesperada demais.

DANKO JONES: Eu diria que você tem que ser gostosa pra caralho! Sempre funciona.

GINGER: Não atraia a atenção de mais ninguém, apenas do cara de quem você planeja se aproximar. Deixe para ser amigável com o resto da banda e a equipe depois de ter conquistado seu astro e ter sido convidada para o quarto ou o ônibus dele.

JAMES KOTTAK: Ser loura, com peitão.

JESSE HUGHES: Ser gostosa! É a melhor forma de atrair a atenção. É clichê e totalmente trivial assim.

JIMMY ASHHURST: Vir com a quantidade certa de pessoas é importante. Eu descobri que pares, quer dizer, duplas, não são legais porque para a dupla se separar a outra tem que achar algo para fazer. É preciso ter um colega de banda ou outra pessoa para afastar uma delas, o velho esquema de um quebrar o galho do outro. Agora, mais de três é um problema porque elas geralmente saem em grupo e fica difícil separar uma do bando. Então eu descobri que três é o número perfeito porque aí você pode carregar uma e as outras duas passam o resto da noite falando merda e chamando a outra de piranha.

JOEL O'KEEFFE: Com um sorriso tímido e uma piscadela ou, se não funcionar, batize a bebida dele. Eu não me importei da última vez que batizaram minha bebida, porque eu estava tendo uma noite de merda que, de repente, passou a ser a melhor noite da minha vida. Passei a noite inteira no hospital brincando num castelo infantil.

LEMMY: Tirar a blusa na plateia vai conseguir isso fácil, fácil se ela tiver belos peitos.

NICKE BORG: Não ficar na primeira fila mostrando os peitos, batendo a cabeça na grade até a testa sangrar, enquanto grita: "quero chupar o seu pau!" Isso poderia ser muito interessante de se ver, mas há algo errado com essa pessoa... E ela provavelmente também sabe disso. Hahaha! Cara, apenas fique na sua. Não fale sobre raridades em vinil de sete polegadas, não mostre os peitos. Apenas diga: "ei, adoro a merda que você faz, é do caralho. Você é legal. Quer tomar um drinque? Estou no bar, sabe, lá atrás. Quando acabar o show, se você quiser, eu te pago uma bebida." A partir daí, é exatamente igual a uma cantada normal, como você faz sempre.

ROB PATTERSON: Apresente-se.

TOBY RAND: Descobri que adoro as que são reservadas porém confiantes. Elas não ultrapassam o limite: chegam, falam algo legal e passam a bola para mim. Eu não quero ser forçado a fazer algo a ou ser pressionado. Acho que um pouco de conforto é bom para nós.

VAZQUEZ: Contato ocular direto, com certeza. E não seja tímida, porra. Foda-se isso, odeio tímidas.

Como uma aprendiz de groupie consegue chegar aos bastidores?

ACEY SLADE: O MySpace facilitou muito, porque as groupies podem driblar aquele lance dos roadies e ter de ficar com um deles para entrar nos bastidores. Bom, se eu souber que ela estava com um roadie, não ficaria com essa garota, porque não quero pegar o resto de ninguém. Mas uma coisa curiosa é que o MySpace agora está aberto para todos, então, não é tão difícil conhecer um cara da banda on-line, falar com ele, conquistá-lo, entrar na lista de convidados e vocês se encontrarem depois do show.

BLASKO: Geralmente é como conseguir acesso à equipe, tem de ralar para ter acesso a um técnico de guitarra, de baixo, o imediato do navio. Não é o cara que iça a vela, nem o assistente do cara da frente. Tem que ser alguém que fique perto dos caras no palco.

DOUG ROBB: Apenas pareça o mais atraente possível e seja legal. Basta flertar com os caras. É assim que as groupies entram nas boates, sabe? Elas falam com o segurança, agem de modo meio distante... Não sei direito. As garotas sabem o que fazem.

JOEL O'KEEFFE: Use a boceta para conseguir uma credencial, seja ousada o suficiente pra fazer o que for. Uma dica valiosa: as groupies mais cascudas parecem ter aprendido que sempre existe uma entrada de serviço para a banda em todos os locais, e que está sempre destrancada para que os roadies possam sair para fumar com facilidade. Dê uma "fumada" num roadie e ele pode te dar tudo o que você quiser.

> "NÃO HÁ MUITAS GAROTAS QUE QUEREM ENTRAR NOS BASTIDORES DE UM SHOW DO MOTÖRHEAD. SOMOS VELHOS E FEIOS PRA CARALHO AGORA."

LEMMY: Não há muitas garotas que querem entrar nos bastidores de um show do Motörhead. Somos velhos e feios pra caralho agora. É possível chegar aos bastidores se quiserem, as garotas têm muitos recursos. Não é preciso ler o seu livro para entrar lá.

ROB PATTERSON: Bom, como já disse, eu só posso falar de histórias que ouvi. Convença um roadie a te arranjar uma credencial. Se você for gostosa, não vai ser difícil.

TOBY RAND: Pelo que eu vi, se você passar pela equipe técnica. A maioria das groupies será zoada e sentirá o deboche da banda. Elas pegam todo mundo para chegar à banda e eles falam: "mas você não acabou de dormir com o cara do palco?" "Por que você dormiria com aquele cara, porra?"

VAZQUEZ: Elas simplesmente esperam, fazem A Espera. Você está descarregando equipamento e elas estão lá, à toa, paradas.

Que cidade do mundo tem as groupies mais loucas?

ACEY SLADE: Mais loucas? Não sei quanto a cidades, mas, em termos de países, com certeza Alemanha e Inglaterra. Elas topam tudo, tudo pode acontecer com groupies na Inglaterra ou na Alemanha.

ADDE: Provavelmente na Itália porque fazemos muitos shows por lá. Elas sabem mesmo o que querem. São do tipo que fazem a gente dizer "argh..." são agressivas, sabe?

ALLISON ROBERTSON: Acho que o sul dos EUA. Há muitos caras bonitos, brutos e com pegada. Em geral as pessoas lá são boas, as garotas também. Todo mundo é realmente festivo. Além disso, sempre que vamos à Austrália, tem muitos gatos e eles são legais e amigáveis, não é igual à Los Angeles, onde tem uma série de caras gostosos que são uns tremendos babacas. Na Austrália e Nova Zelândia, onde participamos do festival Big Day Out, eu me lembro que fizemos um show e lá estavam os neozelandeses na fila de autógrafos, e eram todos gatos. Todos seriam convidados para o meu quarto de hotel. Uma vibração boa, carinhosa, é o que você deseja. Você não quer um bando de malucos que parecem estar drogados ou bêbados. Acho que geralmente é melhor quando você está num local onde o clima é mais ameno, com pessoas bonitas e todo mundo gosta de rock'n'roll, então talvez possa incluir o Brasil. Tem muitos gatos no Brasil.

ANDREW W.K.: A vibração na America Latina foi muito intensa. As garotas lá realmente queriam se casar e faziam de tudo. Havia um nível de.... Não vou dizer desespero porque não parecia desespero, só parecia algo muito, muito, mais intenso. Por exemplo, achei as fãs no Japão intensas, mas só no México eu vi esse nível de intensidade. É uma cultura muito passional. A qualidade da devoção de algumas das garotas lá e a forma pela qual elas se ofereciam... Não rolava um jogo de gato e rato, era simplesmente "aqui estou eu".

BRENT MUSCAT: Salt Lake City, Utah. As mórmons, não sei o que é isso, mas elas são bem loucas. São muito bonitas, altas, grandes e louras. Não que eu seja totalmente afim de louras, mas é uma bela mudança de ritmo quando você chega na cidade delas e pensa: "uau!" ao ver aquelas louras amazonas com seus corpaços. Elas são lindas, tem uma aparência muito saudável.

CHIP Z'NUFF: Nova York: está aberta 24 horas, vale tudo e é uma dessas cidades sem igual. Mas Los Angeles está pau a pau com Nova York. Como eu disse, eles têm essas festanças imensas, com ecstasy, Viagra e cocaína (cocaína sabor morango, por sinal, essa é a onda agora). Mas prefiro Nova York. Gosto do jeito que elas se comportam e adoro a cidade. Ela nunca para, ao contrário de Los Angeles, onde as coisas fecham. Nova York funciona 24 horas. É a minha cidade favorita, no mundo todo e para tudo. Vamos tocar lá hoje. É a Meca. As maiores bandas fazem os maiores shows por lá. É maravilhoso estar no Madison Square Garden. E ainda tem o Radio City Music Hall, Irving Plaza, ótimos locais para se apresentar. Você conhece pessoas de qualidade e há muita gente bonita.

COURTNEY TAYLOR-TAYLOR: Atenas, na Grécia, talvez. Provavelmente a segunda vai ser Adelaide, na Austrália. Sim, Adelaide ainda é uma espécie de cidade do Oeste Selvagem. Perth, também na Austrália, é realmente legal. Eu não diria que as groupies de lá são realmente loucas. As garotas que andam com bandas em Perth são inteligentes, legais e divertidas, na verdade. O mesmo acontece em Oslo, na Noruega.

DANKO JONES: Já tivemos algumas noites loucas, mas aí você volta lá e não é tão louco assim. Países que eu poderia citar: Inglaterra e Alemanha.

DOUG ROBB: Acho que as cidades universitárias nos Estados Unidos. Eu não as consideraria groupies, mas são jovens e estão realmente bêbadas e meio distraídas em boa parte do tempo. Elas simplesmente enlouquecem. Ficam meio ocupadas tentando provar para outra garota que são loucas e roqueiras. É engraçado observar a competição entre elas para ver quem é mais groupie.

EVAN SEINFELD: Empate entre Detroit, Cleveland e Buenos Aires, na Argentina.

HANDSOME DICK MANITOBA: Meu palpite é Los Angeles.

JAMES KOTTAK: Definitivamente tenho que dizer Los Angeles.

JESSE HUGHES: As groupies mais loucas: Inglaterra. As mais gostosas: Austrália.

JIMMY ASHHURST: Qualquer cidade do Canadá, por mais estranho que pareça. Talvez tenha algo a ver com o frio que faz com que a maioria dos caras só se interesse por hóquei e cerveja.

LEMMY: O melhor momento que tive foi na Argentina. E no Japão. A primeira vez no Japão foi fantástica. Na segunda, não aconteceu muita coisa. Aí a terceira vez foi ótima de novo, então depende.

NICKE BORG: Flórida, como um todo. Os Estados Unidos em geral, claro, mas é diferente no Japão. Elas fazem o estilo "acho que astros do rock esperam que todas as mulheres sejam vadias então nós nos vestimos como vadias e se você quiser comer a gente, pode comer. Além disso, nós gostamos muito da sua música", sabe? Eu fico pensando "que porra é essa?" É estranho. Eu achava que toda cena groupie era igual à Inglaterra e aos Estados Unidos, porque ela foi inventada lá de certa forma.

ROB PATTERSON: Hum... Acho que Rússia, talvez?

TOBY RAND: Vancouver é sensacional. A Flórida, como estado. Buffalo... Não sei, são tantas! Acho que as groupies são loucas em qualquer lugar.

VAZQUEZ: Eu diria uma mistura de Los Angeles e Japão. É como comparar maçãs com laranjas, mas, dentro dos Estados Unidos, acho que as mulheres em Los Angeles são do caralho.

DICAS DE SEXO DE ASTROS DO ROCK

HIGIENE & APARÊNCIA

"ACHO QUE UMA MULHER NÃO DEVE TER PELO ALGUM NO CORPO DA SOBRANCELHA PARA BAIXO."

Quanto de pelos pubianos as mulheres devem ter para causar excitação máxima?

ACEY SLADE: Acho que uma mulher não deve ter pelo algum no corpo da sobrancelha para baixo. Sobrancelhas são opcionais (e sobrancelhas tatuadas são nojentas).

ADDE: Eu diria para deixar tudo. Vamos trazer os anos 1970 de volta, os arbustos dos anos 1970, cara!

ALLISON ROBERTSON: Ah, eu acho que as mulheres devem ter alguma coisa lá embaixo. Sempre achei isso. Quase todas as minhas amigas gostosas e todo mundo que eu conheço no mundo do rock'n'roll concorda. Sempre pensei assim, mas cada um tem um gosto. As garotas devem fazer o que quiserem. Conheço muitas garotas que dizem: "Ah, meu namorado gosta sem pelo algum" e eu penso: "quando isso aconteceu?" É só uma moda. Gosto das revistas *Playboy* antigas onde as modelos têm um pouco mais lá embaixo. Desde que você seja bem asseada e não seja algo assustador, é bom ser um pouco natural. Acho que tudo nas mulheres e homens deveria ser o mais natural possível.

ANDREW W.K.: Depende de como ela cuida, mas não tenho problema se não tiver nada ou tiver pelos em uma escala de zero a cinco.

BLASKO: Não muito, só o mínimo. O caminho estreito pode variar ocasionalmente ou até evoluir para um bigodinho. Elas podem ser criativas de vez em quando, você sabe, mas é tudo uma questão de quantidade.

BRENT MUSCAT: Acho que eles devem ser aparados, pelo menos. O arbusto dos anos 1970 é ruim, e ter um bando de cabelo descendo pelas pernas é meio nojento. Uma boa depilação seria interessante e acho sexy se estiver só aparado. Acho que uma pequena faixa de pelos sempre é bom e se for bem-aparada sempre fica com uma aparência melhor.

CHIP Z'NUFF: Cabelo, só na cabeça. Tudo é muito mais limpo, fácil de cuidar e tem aparência melhor. Você pode ver o que está fazendo. Não gosto de ninguém que tenha uma barba estilo ZZ Top lá embaixo. Nos anos 1970 e 1980, quando eu era garoto, tenho certeza que era assim, mas, hoje em dia, acho que as pessoas entenderam o fato de que é melhor, mais higiênico e bem mais fácil de gerenciar se não tiver pelos em lugar algum, exceto na cabeça.

COURTNEY TAYLOR-TAYLOR: Depende do quanto elas têm naturalmente. Por exemplo, uma bela sueca terá só um arbusto bonitinho e poucos pelos ali na área principal, terá só um bigodinho. Naturalmente, essa vale mais do que o próprio peso em ouro.

DANKO JONES: Sou um dos poucos caras que gosta de qualquer jeito que a mulher prefira, desde que não pareça uma selva. Eu gosto se estiver completamente raspada. Realmente gosto da raspada, mas também com aquele tufo, como se tivesse passado máquina um. E também não me importo se a garota deixar crescer. Se ela for gostosa o suficiente, tudo bem. Eu não ligo. Não gosto é quando as garotas inventam. Por exemplo, se o nome dela começa com S e ela bota um S lá embaixo. Isso só me diz que aquela pessoa tem muito tempo livre.

DOUG ROBB: Sem quase nada, talvez com um pequeno bigodinho. Não sei se é algo cultural. Eu não importo se não houver pelo algum, mas definitivamente não quero um arbusto dos anos 1970.

EVAN SEINFELD: Nenhum, não deve haver pelo algum. Se você tem uma excelente depiladora em Beverly Hills e gostaria de ter uma pequena faixa à moda brasileira, cuide para que o "bigodinho" seja tão estreito quanto os seus pequenos lábios. Qualquer coisa maior que isso faz você parecer retrô demais.

HANDSOME DICK MANITOBA: Hoje em dia, o mínimo. Um pequeno ponto aqui e ali tudo bem. É engraçado como existem eras pubianas... Há pouco tempo o fotógrafo Robert Bailey me deu uma foto dos The Dictators tirada no CBGB, em 1976, quando uma garota tinha pulado no palco e abaixado as calças. Dava para dizer que eram os anos 1970 pela moita. Eu falei: "este é um arbusto dos anos 1970!" É incrível como os pelos pubianos têm estilo. Mas para mim hoje em dia, pouco ou nada é melhor.

JAMES KOTTAK: Zero.

JESSE HUGHES: O quanto elas quiserem, mas depende do que estão tentando ligar. Se for o botão sai-daqui-porra, elas podem ter muitos pelos. Agora, se estão tentando ligar o botão fica-vamos-bater-papo, é melhor fazer algo totalmente diferente.

JIMMY ASHHURST: Uma quantidade muito pequena. Fico excitado ao ver que esse costume está pegando globalmente. Havia uma época em que era só nas cidades mais ocidentalizadas você via esse estilo de aparar. Eu costumava pensar que totalmente raspada era melhor, mas já vi obras de arte interessantes que podem ser feitas com um belo par de tesouras hoje em dia. Por isso eu acho que o velho bigodinho, bem-aparado, dá um tesão e tanto.

LEMMY: Gosto de uma pequena moita. Não é a parte mais atraente do corpo feminino, com certeza. Para mim, um leve arbusto é bom, mas não pode ser um penteado afro.

NICKE BORG: Eu vou ser punido no inferno por dar essa entrevista... depende muito do tipo de garota, mas ninguém quer que eu leve uma tesoura para fazer sexo.

Agora, também pode ser meio broxante se for algo como... [faz ruídos estridentes] Por isso um belo e pequeno bigodinho é melhor.

ROB PATTERSON: Zero!

TOBY RAND: Para mim, seria nenhum pelo ou uma área bem-cultivada, como uma faixa ou seção triangular.

VAZQUEZ: Eu quero a porra da moita da época da discoteca, cara! E estou pouco me fodendo pra quem me acha idiota, é o que eu quero. Para mim, é como raspar as sobrancelhas da sua cara! Você está entendendo? Seria idiota. Deixa lá, cara. Tem um aroma, uma sensação. Há feromônios naquela merda, cara. Eu fico exaltado com isso, fico realmente exaltado com isso.

Que tipo de manutenção dos pelos pubianos um cara deve fazer?

ACEY SLADE: Eu não tinha percebido, até fazer turnê com uma banda, que os caras têm que prestar atenção à higiene. Até o momento em que você está se trocando no meio de um ônibus, nós, roqueiros, não vamos à academia, aí você está se trocando e vê certas coisas. Não tinha percebido que isso era tão importante e, de repente, eu comecei a perguntar as garotas: "o que você acha de higiene pessoal?" Aparentemente elas gostam, mas acho que depende da pessoa também. Eu estava numa banda com um tecladista que fazia questão de andar de cueca, com direito ao grande arbusto saindo de cada lado daquela cuequinha branca apertada, e ele jurava que as garotas amavam aquilo. Eu não entendo. Também estive numa banda em que o cara raspava tudo e eu também não consigo entender isso.

ADDE: Não deve parecer uma floresta quando elas vão lá embaixo. Mantenha os pelos longe do pau.

"CADA PESSOA É DIFERENTE, MAS OS CARAS PODEM TER MAIS PELOS SEM PROBLEMA PORQUE AS MULHERES NÃO ESQUENTAM TANTO."

ALLISON ROBERTSON: Cada pessoa é diferente, mas os caras podem ter mais pelos sem problema porque as mulheres não esquentam tanto. Eu não acho que mulheres sejam tão exigentes, e elas também gostam que os homens sejam másculos, por isso seria esquisito se eles não tivessem muitos pelos. Mas eu acho que se os pelos estão impedindo a sua namorada de fazer algo lá embaixo, então tem que aparar. Isso vale para os dois sexos, é a mesma coisa.

ANDREW W.K: Eu diria entre três e sete na escala. Agora, se você quiser chegar a zero, é uma experiência divertida para se fazer. Voltar a esse estado me fez lembrar de como era antes de começar a crescer. O problema é que coça muito, então uma vez que você tira tudo, tem que manter, senão fica realmente desconfortável. Porém é excitante, acho que todo mundo deveria raspar a cabeça num momento da vida. Todo mundo deveria raspar tudo num determinado momento.

BLASKO: Bom eu mantenho bem limpo e aparado lá embaixo.

BRENT MUSCAT: Acho que depende. Sempre fiz coisas diferentes. Às vezes eu deixei totalmente a moita dos anos 1970 e em outros momentos raspei tudo. Mas acho que o melhor que os caras podem fazer é aparar um pouco. Basta retirar uns dois centímetros de modo que haja cabelos lá, mas não fiquem supercompridos.

CHIP Z'NUFF: É melhor aparar também. Tudo, porque ninguém quer ver uma barba do ZZ Top num homem, então o cara tem que aparar e cuidar bem dos pelos. É muito importante mostrar à garota que você se importa com ela e consigo mesmo. Faz bem.

COURTNEY TAYLOR-TAYLOR: Depende: você não quer ser o Senhor Raspado, algo bizarro ou pervertido, no estilo pornô gay; então eu diria para deixar muito pouco, a menos que você seja um mamute peludo com um caralho imenso, oleoso e coberto de pequenos fios.

DANKO JONES: Tem que ser bem-cuidado também. O mesmo que eu quero numa garota, tenho que ser capaz de fazer. Taí algo muito importante para mim, a manutenção dos pelos pubianos, sem dúvida.

DOUG ROBB: É semelhante às moças, mas não raspe tudo, porque não é certo. Eu diria apenas para aparar, como se você tivesse raspado sua cabeça e reduzido à máquina um, de modo que não fique um penteado afro gigante.

EVAN SEINFELD: Depende se ele é um cara que faz filmes pornôs ou apenas um sujeito comum. Para os comuns, não acho que devemos raspar, basta aparar, passar a máquina um. Deixe curto e fora do caminho.

HANDSOME DICK MANITOBA: Aparado, eu acho. Eu aparo. Quando se trata da região pubiana, ter cuidado, ser adulto, cuidar do seu corpo e de si mesmo é um tesão.

JAMES KOTTAK: Mantenha uma paisagem máscula. E deixe a aparência uniforme.

JESSE HUGHES: A menos que seja parente do Abominável Homem das Neves, o cara não deve ter que fazer muito. Como eu sou ruivo de ascendência irlandesa e negra, sou abençoado em todos os aspectos.

JIMMY ASHHURST: Mantenha curto, por favor. Você não vai querer ficar com uma fralda velha encharcada de xixi nas partes baixas.

LEMMY: Eu sempre penteio meus pelos pubianos para a esquerda. Que nada, acho que raspar é melhor. As garotas gostam porque acham que é limpo.

NICKE BORG: Depende do tipo de garota com quem você sai e se você quer se parecer com ela. Vejam bem, homens e mulheres, nós temos pelos, tudo bem. Há muitos anos teve uma moda súbita das pessoas rasparem o saco, rasparem sei lá o quê... Às vezes eu raspo tudo, outras vezes eu estou pouco me fodendo para isso. Uma vez conheci uma garota que nem tinha tanto pelo, e ela disse "cara, você é peludo". Eu respondi: "foda-se!" Mas às vezes fico totalmente raspado e a garota fala: "nossa, você raspa, seu safado pervertido" e eu respondo: "mas, hein?" Então acho que depende do humor do dia.

ROB PATTERSON: Zero!

TOBY RAND: Eu cuido da minha bunda e do meu saco, isso basta. É algo que me dá prazer e faz meu pau parecer maior também.

VAZQUEZ: Cara, eu sou igual ao Burt Reynolds em 1977. Não faço porra de manutenção nenhuma.

Qual a melhor forma de remover e fazer a manutenção dos pelos pubianos?

BLASKO: Para os caras, é melhor usar um barbeador no saco e um aparador, com o pente acoplado, para os pelos da parte superior.

ROB PATTERSON: Máquina para os caras, depilação para as garotas.

TOBY RAND: Com sua parceira, quando vocês estiverem tomando uma garrafa de vinho tinto. Você está puto, então pega a cera e acabam se divertindo um com o outro. É a melhor forma.

Com que frequência alguém deve tomar banho para ser atraente ao parceiro?

ACEY SLADE: Ah, todos os dias. Se você é do sexo feminino, então definitivamente todos os dias. Para os caras, a cada dois dias está bom.

ALLISON ROBERTSON: Eu tomo banho todo dia, mas acho que alguns caras conseguem ficar sem tomar banho talvez por dois ou três dias. Tudo depende se o seu odor é bom. Também acho que algumas pessoas se atraem umas pelas outras com feromônios e tal. Algumas pessoas podem lidar com o cheiro da axila do parceiro. Acho que se você está realmente apaixonado por alguém e afim dessa pessoa sexualmente, na verdade não se importa se a pessoa está meio suja. Eu tendo a me atrair por pessoas que são mais limpas.

BLASKO: Você provavelmente consegue ficar um dia, um dia e meio, até dois dias sem banho. Mas sempre que fizer o número dois tem que ir para o chuveiro.

BRENT MUSCAT: Bom, eu tomo banho todos os dias, e por isso acho que é um belo começo. Se você toma banho de manhã, vai trabalhar o dia todo, deve tomar outro banho à noite. Então, eu diria, uma vez ao dia, talvez duas, se precisar, depende se você é uma pessoa que tem cê-cê ou sua muito.

CHIP Z'NUFF: Todo dia. Você deve se limpar e se arrumar todo dia, porque não sabe com quem vai se encontrar. Estejam preparados o tempo todo, meus senhores. É o que eu penso. Você não tem uma segunda chance quando se trata de primeira impressão.

DANKO JONES: Eu tomo banho uma vez por dia. Qualquer coisa mais que isso eu acho meio excessiva, dependendo do que você faz durante o dia. A menos que haja uma onda de calor. Às vezes eu acabo tomando banho duas vezes por dia quando estou em turnê, porque saio muito suado do show, mas, fora isso, é uma vez por dia.

EVAN SEINFELD: Ah, tomar banho, minhas senhoras, é um evento diário. Sinta-se à vontade parar fazer uma ducha nas partes íntimas também. Não quero nenhum sabor ali. Não preciso de nenhum aroma Summer Musk, só o bom e velho estilo sem perfume.

HANDSOME DICK MANITOBA: Nunca é demais. Se eu não conheço uma garota e vou ficar com ela pela primeira vez, digo logo: "vamos tomar banho primeiro. Vou limpar isso aí caso você não faça. Se fizer, ótimo. Vai ficar duplamente limpa". Sou um grande fã da totalidade da experiência sexual. Há muitos detalhes para ter essa experiência total e o cheiro é... quero dizer, se o meu nariz passar perto da axila da garota e tiver um cheiro que eu não gosto, esquece! Por que eu vou chupá-la? Vai ficar pior. Mas eu tenho amigos que pensam "quanto mais fedido, melhor". Há diferentes tipos de pessoas no mundo, eu mal posso esperar para jogá-las no chuveiro, e a mim também. Quero ter certeza de que onde quer que você vá, qualquer parte do seu corpo vai ter um cheiro bom e agradável. Isso é muito importante para mim, tanto oferecer quanto receber.

JAMES KOTTAK: Depende, mas acho que pelo menos uma vez por semana.

JESSE HUGHES: Eu tomo banho todos os dias e lavo o cabelo dia sim, dia não.

JIMMY ASHHURST: Ah, meu Deus, diariamente, por favor. Costumava pensar que havia uma alternativa para isso, mas percebi que não é o caso. Duas coisas a se lembrar quando se vive o estilo de vida das turnês: tome banho frequentemente e siga o seu caminho.

LEMMY: Um pouco antes [do sexo].

ROB PATTERSON: Nunca... brincadeira! Eu gosto de um cheiro forte. Mas não muito, então a cada dois dias, talvez.

TOBY RAND: Bom, você espera uma vez ao dia, mas quando está em turnê não se sabe, não é? No meu caso, eu tomo banho quando tenho vontade. Sou bem limpinho.

VAZQUEZ: Costumo tomar banho pelo menos dia sim, dia não. Com as garotas, é meio diferente. Se tiver cabelo comprido é um saco fazer isso todo dia, então, eu diria dia sim, dia não.

O odor das axilas excita o seu parceiro?

ACEY SLADE: Na verdade, eu tive uma garota que gostava de cheirar minhas axilas. Juro por Deus, ela me jogava na cama e enfiava a cara no meu sovaco para cheirá-lo. Eu achava aquilo a coisa mais hilária do mundo, engraçado pra caralho. Namorei uma menina da Alemanha que tinha um pouco de cheiro de suor na axila, e eu achei meio esquisito. Um dia nós estávamos juntos e ela colocou desodorante masculino quando se vestia. Eu perguntei: "você usa desodorante de homem?" E ela respondeu: "sim, você provavelmente já notou que eu tenho um cê-cê horrível e faço o que posso para evitá-lo. Foda-se, o que mais eu posso fazer? Por isso eu uso desodorante de homem". Achei isso tão divertido e tão legal que nunca mais fiquei chateado. É como se o elefante branco tivesse sido retirado da sala.

ADDE: O problema com odor é que se você acha alguém atraente, pode ficar atraído até pelo odor e pelo suor da pessoa, então depende da situação. Eu posso me excitar por alguém cujo suor eu consiga cheirar, mas se eu não estiver excitado, vou achar aquilo o cheiro mais nojento do mundo.

ANDREW W.K.: Eu não sei, mas certamente ser capaz de sentir o aroma natural de alguém, porque odor em geral é uma palavra ruim, enquanto aroma é boa, a oleosidade, as pessoas têm um certo cheiro. É possível disfarçar isso com perfume ou desodorante ou então usar o perfume para se misturar ao seu cheiro natural. Mas eu não sei se cheirar mal excita alguém. Acho que até pode excitar pessoas por aí, mas não funciona para mim.

BLASKO: Eu sei que excita algumas pessoas. Sei que isso acontece.

BRENT MUSCAT: Eu não me importo se conseguir sentir um pouco do cheiro delas, desde que não seja fedido. Todo mundo tem um cheiro natural do corpo ou algum tipo de odor corporal e, desde que não seja exagerado, acho que está bom. Um pouquinho está tudo bem, mas dependendo da quantidade do seu odor corporal... eu uso desodorante nas axilas todos os dias, tomo banho todos os dias e uso colônia quando saio à noite para uma boate, então eu tento ficar cheiroso o tempo todo. Acho que as garotas também tentam, mas dependendo da garota, se ela tiver um problema, há coisas que podem ser feitas, como usar desodorante, se lavar ou usar vários produtos.

COURTNEY TAYLOR-TAYLOR: Só excita os estudantes de arte sociopatas.

DANKO JONES: Não para mim, cara. É broxante.

DOUG ROBB: Se excita, eu não estou sabendo. O que já me falaram é: "cara, você está fedido."

EVAN SEINFELD: Muitas europeias gostam de ter esse cheiro e sentir o cheiro alheio, e eu entendo a atração dos feromônios, mas eu sou um norte-americano superficial. Garotas, fiquem sem pelos e sem cheiro e estaremos bem.

JAMES KOTTAK: Não! Acaba com o clima! Compre um desodorante.

JIMMY ASHHURST: Acho que não. Embora seja um planeta grande e com muitas pessoas, tenho certeza que é possível achar quem goste de tudo o que você puder imaginar e do que você não puder também. Tenho certeza que existem pessoas que gostam de técnicos de guitarras com espinha bífida, por exemplo.

NICKE BORG: Não, fala sério! Por exemplo, algumas pessoas usam chuveiros, outras não. E odeio alguém que exagera pra caralho na porra da loção pós-barba, perfume, sei lá. O melhor é totalmente ao natural, acabei de tomar banho e o meu cheiro é assim, tudo bem. E você sua quando faz sexo e tal, e fica com pouco desse cheiro de suado... é bom para caralho.

ROB PATTERSON: Com certeza!

TOBY RAND: É meio broxante para mim, mas, de novo, se a garota for gostosa e sensacional pra caralho, não importa.

VAZQUEZ: Na verdade, eu gosto disso. Talvez eu seja o primeiro a responder sim a esta pergunta, mas é maravilhoso quando você está comendo uma garota, enfia a cara na axila dela e consegue cheirar, é uma loucura. Minha teoria é que há milhares de anos, quando as pessoas não iam ao cinema juntos e não podiam ter uma música favorita do casal, boa parte da química entre as pessoas se baseava no fato de um conseguir aguentar o cheiro de outro. Então acho que é um puta lance ancestral, cara, tem algo químico acontecendo lá e dá um tesão do caralho.

Qual a vagina mais fedida que você já encontrou?

ACE SLADE: Foi em Nova Orleans. Eu deveria ter percebido desde o início: quando fizemos esse show eu fui atingido por um teclado e fiquei com um corte do lado da cabeça, até levei pontos. Era uma lesão grande pra caralho. E eu tinha conhecido essa stripper num bar de striptease na Bourbon St, antes do show; então, ela foi ao show. Como ela morava lá, nós fomos para o apartamento dela, que era o lugar mais legal do mundo. Nova Orleans é minha cidade favorita. Quando eu tirei a roupa dela, antes de começar as preliminares, o quarto literalmente fedia! Eu tinha toda a intenção do mundo de ficar naquele apartamento maravilhoso. Quando cheguei lá, pensei: "puta merda, cara, eu vou passar a noite aqui, tomar um banho." A garota era realmente linda, mas fedia tanto que saí correndo assim que acabei! Eu teria corrido até antes, se já não estivesse pelado.

ADDE: Ah, uma mulher na Iugoslávia... Quando cheguei na área do umbigo, enquanto estávamos tomando um banho, e senti aquele cheiro horrível, pensei: "eu não vou até lá embaixo." Nem ia beijar a barriga dela. E a gente estava tomando banho! Nós nos lavamos, mas não adiantou. Esse foi um dos piores cheiros que já senti, ruim pra caralho!

ANDREW W.K.: Putz! Bom, uma das minhas namoradas tinha problemas de higiene. Acho que é porque ela era muito jovem e ninguém tinha conversado ou ensinado isso a ela. E eu também não sabia muito bem o que causava aquilo, mas acho que era uma infecção ou outros problemas com bactérias que criaram situações fedidas na minha juventude. Foi um trauma porque levei um bom tempo para perceber que as garotas não são sempre assim e que algo está muito errado quando há um cheiro como aquele.

CHIP Z'NUFF: Eu tenho muita sorte, tenho que ser sincero. Nunca estive com alguém tão terrível assim. Tenho sorte. Nunca vivi nada difícil. Meus amigos dizem que sempre fazem um teste para garantir: toque lá embaixo com os dedos e faça o velho teste de fungá-los com o nariz. Eu sei que parece coisa de adolescente, mas é testado e comprovado. Vem funcionando há centenas de anos. Se bem que as coisas mudaram agora e todo mundo já sabe o que fazer. Mantenha-se limpa e composta se for transar com alguém, eu acho que a maioria das pessoas sabe disso. Pelo menos neste país.

COURTNEY TAYLOR-TAYLOR: Caralho, isso é engraçado. Cara, também tinha meio campo de futebol de moita naquela mulher, no estilo "surpresa, tem um casaco de pele inteiro lá". Mais um pouco e eu teria que cavar para encontrar o umbigo. Ironicamente, muitos anos depois, um amigo meu se divorciou da esposa e estava meio deprimido (ele é engenheiro de estúdio e um puta gênio), então eu disse: "venha em turnê com a gente e faça o som ao vivo". Nós estávamos nos divertindo na turnê e, uma noite, estávamos bêbados quando ele falou: "nós já tivemos nossos caminhos cruzados antes." Eu respondi: "o que você está insinuando? Isso é código para o quê?" Ele completa: "a mesma garota." Eu respondo: "nós crescemos em Portland, Oregon, caralho. Havia umas nove garotas lá. Tá de sacanagem comigo, porra? Você só sabe de uma? Qual?" Ele me contou e eu me espantei: "cara, eu nem encostei nela! Tá brincando? Era a mais fedida." E ele também não acreditou: "ai, meu Deus! Isso é tão estranho! Essa foi a mais fedida, blá blá blá."

Aparentemente, ele tinha saído com essa garota por alguns meses e ela era realmente boa, então ele se apaixonou. Para mim, foi só uma questão de alguns encontros, e parou mais ou menos por aí para ele também. Quando a gente é jovem, tem vinte e poucos anos, realmente não sabe como falar com elas sobre isso. Para mim, era uma coisa meio suja, de cocô, mas parece que ele falou com ela sobre isso e desapareceu rapidinho. Ironicamente, a minha pior também foi a pior de alguém, e de um cara que eu conhecia. Além disso, deixa eu contar como você fala isso para alguém. Você age como se estivesse realmente surpreso e preocupado e fala: "querida, acho que tem algo errado aqui. Esse cheiro não é normal. Querida, você está bem?" Como se estivesse preocupado. Você não está com nojo, não está assustado, está apenas preocupado: "você pode ficar muito doente. Você está se sentindo bem?" Assim você é um cara maravilhoso e carinhoso.

> **"A GAROTA ERA REALMENTE LINDA, MAS FEDIA TANTO QUE SAÍ CORRENDO ASSIM QUE ACABEI. EU TERIA CORRIDO ATÉ ANTES, SE JÁ NÃO ESTIVESSE PELADO."**

DANKO JONES: É absolutamente horrendo! Parecia a refeição mais estragada do mundo. Foi a pior. Era igual a uma peixaria fechada por duas semanas. Ruim pra caralho! Ruim pra caralho mesmo!

DOUG ROBB: Provavelmente a minha primeira namorada. Não tinha nada a ver com rock'n'roll ou algo assim, mas sim com ter 16, 17 anos e não saber das coisas.

GINGER: Eu costumava sair com uma garota que eu só posso imaginar que tinha alguma infecção. Ela saía do banho e ainda fedia. Depois eu descobri que ela não era lá muito fiel, então fez sentido que ela cheirasse como uma pessoa rodada.

HANDSOME DICK MANITOBA: Pode esquecer. Você tem que mandar um escoteiro lá. Eu não sou tão corajoso. Já tive situações em que disse: "sabe de uma coisa? Eu não me sinto muito bem" ou dei uma desculpa qualquer. Não é uma obrigação, é para ser prazeroso.

JIMMY ASHHURST: Não há nada como aquele odor. Tenho uma lembrança gravada na minha mente e se eu pensar muito ela volta, então vamos passar para a próxima pergunta.

LEMMY: Não sei, na verdade. Mas você quer saber o nome?

NICKE BORG: Uma vez eu estava com uma garota que não raspava, e acho que ela também não tomava banho há alguns dias, porque era muito horrível. Este tipo de odor é algo que você não quer se lembrar de jeito nenhum. Eu nem consigo descrever direito... era muito... ufff, nossa, eca.

ROB PATTERSON: Uuuuh... sem comentários.

TOBY RAND: Você sabe quando dirige atrás de um caminhão de lixo? É sério! Quando há só uma massa de pelos pubianos, você se dá conta que estava tocando num festival há quatro dias, que essa é a última noite e você se lembra que todo mundo estava acampando e que não havia acesso a chuveiros. Isso é o equivalente a feder igual a um caminhão de lixo, e foi minha pior experiência de cheiro até hoje.

VAZQUEZ: Eu me lembro que há muito tempo dormi com uma garota e estava pronto para chupá-la, quando ela falou: "ah, não, não faça isso". Eu respondi: "tudo, bem, você é que sabe". Então só a comi. Quando fui tirar a camisinha depois de ter acabado, meus dedos ficaram úmidos. Eu cheirei os dedos e falei: "puta que pariu, cara!" Tinha cheiro de prato sujo, uma porra dessas.

DICAS DE SEXO DE ASTROS DO ROCK

BEIJOS & CARÍCIAS

"CUBRA OS SEIOS DELA COM CHAMPANHE, DEPOIS DÊ LAMBIDINHAS E CHUPE ATÉ A ÚLTIMA GOTA. ELA FICA EXCITADA E VOCÊ FICA BÊBADO."

Qual a melhor forma de instigar um beijo?

ACEY SLADE: Acho que pegar a garota gentilmente pela parte de trás da cabeça, não de modo agressivo, mas para deixá-la saber que você vai beijá-la.

ADDE: Basta elogiá-la o máximo possível. É importante manter o contato visual quando se trata de uma mulher, faz a diferença.

ALLISON ROBERTSON: Se eu começar o beijo, então geralmente vou para o rosto e mexo a cabeça dele na hora. Sou meio agressiva, então geralmente faço isso. É preciso conhecer alguém, conversar, flertar, e se eu sentir que é hora de tomar a iniciativa e ele não fizer isso, eu chego bem perto e beijo primeiro no rosto.

ANDREW W.K.: Eu não acho que haja nada errado em perguntar ou dizer que você gostaria de beijar a pessoa. Talvez isso deixe a situação meio esquisita, então pense bem. A palavra beijo [*kiss*] é realmente bonita. Gene Simmons e Paul Stanley entenderam isso [ao batizar a banda deles de Kiss]. Sai bem da língua, e acho que é uma ótima maneira de fazer isso. É uma palavra memorável, respeitosa e gentil. Ou então incline o corpo na direção dela e vá fundo, como sempre acontece nos filmes, mas isso nunca aconteceu assim para mim. Eu sempre fui meio esquisito e é isso que deixa tudo mais excitante.

BRENT MUSCAT: Acho que se você estiver com alguém num lugar escuro, ela está olhando para você, e vice-versa, você deveria simplesmente tomar a iniciativa. Vá fundo! Não igual a um doido, mas dê um pequeno beijo, talvez até um beijo no rosto para começar e ver a reação dela. Pelo menos é um começo.

CHIP Z'NUFF: Fazer algo legal por alguém. Eu não cairia no amasso logo de cara. Desenvolva uma bela conversa, fale algo engraçado ou encantador. É uma pergunta difícil, para ser sincero. Você simplesmente sabe, por instinto! Se você é um cara e não tiver certeza disso, quando ela for te dar um beijo de despedida ou um beijo na bochecha, vire-se rapidamente e dê-lhe um beijo na boca. Isso parece funcionar muito bem sem ser embaraçoso. Vocês dois riem e isso pode dar o clima para um segundo beijo.

COURTNEY TAYLOR-TAYLOR: Peça.

DANKO JONES: Basta se inclinar para frente, eu acho. Você sabe o momento na hora.

DOUG ROBB: É mais uma sensação. Se você acha que ela quer beijá-lo, vá fundo.

EVAN SEINFELD: Se você está tentando convencer uma garota a beijá-lo eu diria para tocar o rosto dela. Toque o rosto e olhe direto nos olhos. Ela vai te dar um sinal verde ou não a essa altura, mas entenda que a escolha é da moça.

HANDSOME DICK MANITOBA: Você está pedindo detalhes de algo que simplesmente acontece. Por exemplo, eu tenho que voltar a fita, mas acho que é uma questão de linguagem corporal e olhos. Sempre acho que você deve estar presente e não ficar tão neurótico com comportamento, nervosismo ou inibição, digamos. Não seja egoísta, comece por estar presente e ler a linguagem corporal, leia os olhos dela. Olhe diretamente nos olhos da garota. Por meio da linguagem corporal e do contato visual você vai saber se pode chegar mais perto. E quando você estiver num certo ângulo de linguagem corporal e estiver falando… porque primeiro você fala com os olhos, depois com os lábios. Então em algum ponto, sem ser muito agressivo, você tem que plantar um beijinho ou algo para dizer: "vou tomar a iniciativa, sou homem e estou assumindo o controle dessa situação". Você tem que dar esse salto no escuro em algum momento, com base nos olhos e na linguagem corporal. Então você vai fundo, sabendo que o pior que pode acontecer é ouvir um não. Ou você consegue um sim. Esse pode ser o momento mais excitante da conquista, dar esse pequeno salto, tomar a iniciativa.

JAMES KOTTAK: Diga: "me beija".

JESSE HUGHES: Ponha seus lábios nos dela. Ou apenas pergunte "posso te beijar?", ou ainda: saia do banheiro totalmente nu com uma ereção. Essa é a melhor forma de conseguir um beijo!

JIMMY ASHHURST: Saber a hora certa é tudo, cara. No meio de um drinque ou da conversa nem sempre é a melhor hora. Com a boca cheia de comida também não é uma boa. Então eu acho que saber a hora certa é tudo. Se você pode achar o momento ideal, com certeza o beijo vai ser bem-recebido.

JOEL O'KEEFFE: Deixe cair algo perto dela e quando você se abaixar para pegar seus lábios vão se aproximar tanto que você pode muito bem aproveitar para dar um beijo.

LEMMY: Em geral, é bom unir os lábios, os dela com os seus. Não sei de nenhuma outra forma para fazer isso, sério.

NICKE BORG: Eu acho que é quando você acidentalmente se aproxima cada vez mais da outra pessoa sem nem pensar e, de repente, você está lá: lábio com lábio. Vocês estão falando e se mexendo lentamente, cada vez mais próximos, e, então, pá, seus lábios estão juntos! Se o beijo depois disso for bom pra caralho, então, amigo você foi fisgado.

ROB PATTERSON: Pega a porra da parte de trás da cabeça da pessoa e dê um puxão no cabelo.

TOBY RAND: Eu gosto de ir primeiro para o pescoço antes de tocar nos lábios. Assim você sente o clima. Acho que a expectativa do beijo é sempre o mais divertido. Se você perguntar para mim e para os meus amigos, a empolgação do quase-beijo é uma das melhores sensações do mundo. Por isso eu gosto de brincar em volta dos lábios antes de chegar a eles.

> "GOSTO DE IR PRIMEIRO PARA O PESCOÇO ANTES DE TOCAR NOS LÁBIOS. ASSIM VOCÊ SENTE O CLIMA."

VAZQUEZ: Eu sou tão arrogante e tenho uma confiança tão foda que simplesmente vou fundo. Eu simplesmente puxo a garota para perto de mim e ataco. Sabe de uma coisa? Funciona sempre!

Como tornar um beijo inesquecível?

ADDE: Use a língua como se fosse um boquete. É o que eu faria.

ALLISON ROBERTSON: Eu li algo uma vez e, quer saber? Funciona mesmo. Não é certeza que vai ser inesquecível, mas em vez de tentar deixar sua marca e acabar fazendo algo esquisito, como morder e machucar alguém ou fazer algo que a pessoa possa não gostar, o que eu li (e notei que funciona) é ver como a outra pessoa beija e tentar imitar. Não tente fazer exatamente o que a pessoa quer, tem que incorporar o que os dois querem, mas acho que quando você tenta saber o que a outra parte está fazendo, e igualar um pouco, acaba sendo inesquecível.

ANDREW W.K.: Parece que o local onde você está faz a diferença. Você está em público, na casa de alguém, meio escondido numa esquina? Num bar, por exemplo, você vai para os fundos, perto do telefone público, ou algo assim. Acho que para se lembrar do seu primeiro beijo com uma pessoa, vai depender de onde vocês estavam quando aconteceu.

BRENT MUSCAT: Se você estiver num lugar legal para namorar, como um bom hotel ou na praia, algum lugar inesquecível, acho que o beijo também vai ser inesquecível.

COURTNEY TAYLOR-TAYLOR: Seco, macio e doce como uma torta. É assim que eu faria.

DANKO JONES: Basta beijar bem, eu acho.

DOUG ROBB: Eu não sei, cara. Acho que ou é inesquecível ou simplesmente não é. Você não pode dizer "olha isso! Vou dar um beijo inesquecível, agora vai ser um 'esquecível'".

EVAN SEINFELD: Para fazer um beijo ser inesquecível basta apertar a bunda dela com muita força.

GINGER: Beijar é algo tão pessoal que fica impossível responder esta pergunta objetivamente. É muito importante encontrar uma química no beijo e dar um pouco de tempo para saber como o novo parceiro gosta de ser beijado. Se beijar for uma batalha de egos, então a relação vai ter o mesmo destino.

HANDSOME DICK MANITOBA: Não há regra de ouro para isso. Acho que é como a magia da vida, a magia de se conectar com alguém e simplesmente deixar rolar.

JAMES KOTTAK: Diga: "não se esqueça deste beijo!"

JESSE HUGHES: Tenha a maior ereção do mundo enquanto beija a garota.

JIMMY ASHHURST: Você vai trabalhar junto com a outra pessoa. O primeiro beijo geralmente é uma espécie de exploração e pode ser meio esquisito, mas quando você passa a conhecer a pessoa... isso é o mais divertido em conhecer alguém, descobrir essas coisas, perceber o quanto vocês trabalham bem juntos.

JOEL O'KEEFFE: Coloque seu coração e tudo o mais nele... E nela!

LEMMY: Solte fogos de artifício quando estiver beijando a garota. Se a sua cabeça explodir também é sempre bom.

ROB PATTERSON: Dê o beijo quando ela não estiver esperando!

TOBY RAND: Dando o máximo de si, de primeira. E não se esqueça de olhar bem nos olhos dela quando for beijar.

VAZQUEZ: Se for comigo, então vai ser inesquecível.

Qual o truque mais excitante para se fazer durante o beijo?

ACEY SLADE: Adoro puxar cabelo. O que posso dizer? Talvez esse seja o meu fetiche.

ALLISON ROBERTSON: Depende de onde você está, mas eu gosto de pegar a nuca da pessoa. Alguns caras não gostam que você encoste no cabelo deles, mas eu gosto de fazer carinho na cabeça. Não necessariamente puxar o cabelo, está mais para massagear a cabeça ou o pescoço. Eu também gosto quando os caras abraçam. É meio estranho quando eles ficam com medo de tocar em você. Eu quero ser capaz de relaxar quando alguém me abraça. Gosto disso.

JAMES KOTTAK: O velho carinho no pescoço sempre funciona.

JIMMY ASHHURST: A boa e velha passada de mão na parte de trás do pescoço é geralmente boa para mim. Talvez isso tenha a ver com a questão do *bondage*, eu não sei.

JOEL O'KEEFFE: Com uma das mãos você a segura e com a outra desabotoa o sutiã dela. Ou, para algo um pouco mais ousado, vá descendo com a mão, coloque alguns dedos lá embaixo e divirta-se!

ROB PATTERSON: É segredo.

TOBY RAND: Chupe o lábio inferior dela com muita força e, mais uma vez, olhe diretamente nos olhos da pessoa enquanto fizer isso. Se uma garota fizer isso comigo, eu digo: "puta merda! Você é o máximo!"

VAZQUEZ: Vocês podem me achar nojento, mas na minha cabeça isso as excita: quando estou aos amassos com uma garota, gosto de passar a mão pelas costas dela, de modo que meus dedos parem bem ali, na região do cofrinho. Não sou nada cavalheiro. Adoro demonstrações públicas de afeto.

Existe algum jeito de acariciar os seios que deixa a mulher mais excitada?

ACEY SLADE: Dentro do sutiã ajuda. Dito isso, nada mais broxante que sutiã com enchimento. Eu prefiro uma garota que seja confiante em relação ao próprio corpo. A maioria das garotas que não tem peitos grandes provavelmente é magra. Nada é pior do que botar a mão num sutiã com aquele enchimento enorme.

ADDE: Depende tanto... Algumas garotas gostam de um carinho mais bruto e outras dizem "ai" porque têm seios sensíveis. Então você tem que entender o que ela está sentindo.

ALLISON ROBERTSON: Não, porque todas as garotas são diferentes. Algumas gostam de tudo bem suave, outras preferem que lhe apertem os peitos, e eu acho que esse não é necessariamente o jeito certo. Também acho que mesmo que uma garota tenha uma reação diferente, dependendo do cara, se ele tem mãos boas ou esquisitas, isso não importa. Acho que depende é da garota, mesmo.

BLASKO: Para fazer algo assim tem que pegar leve com a mulher. Você não quer cair de boca direto, enfiar o dedo, dar logo uns tapas, beliscões e apertões. Tem que ralar para chegar lá. Comece devagar e vá aumentando a intensidade.

BRENT MUSCAT: Eu diria para não pegar muito pesado. Apenas pegue e aperte um pouco, faça um carinho de leve. Depende da garota, eu sei que às vezes os seios ficam doloridos na época da menstruação, então essa pode não ser uma boa época para fazer isso, daí a noção do momento certo. Como eu disse, dependendo do dia, os seios da garota podem estar sensíveis, então comece lentamente e veja o tipo de reação dela. Tem muito a ver com o feedback: você faz algo e vê como ela reage, é no estilo ação e reação. Começar devagar é sempre o melhor a se fazer, em relação a tudo. Depois você aumenta a intensidade. Se ela gostar, pode ir mais além. Se ela gemer de prazer, então pode ir aumentando cada vez mais. Se ela estiver no clima, você pode até perguntar: "e aí, está gostando? Como você prefere?" Se você ficar íntimo e se sentir confortável com alguém, sempre pode pedir um feedback.

CHIP Z'NUFF: Depende da situação e do ponto em que estão as preliminares. Seja carinhoso e gentil com os seios, beije suavemente, faça um pouco de carinho, mas não aperte demais. Não seja um babaca egoísta a ponto de machucar a garota. Seja muito carinhoso e gentil e, depois que o clima já estiver rolando e o jogo começou para valer, aí você pode pegar mais pesado. Mas, no começo, ser carinhoso e lento é essencial.

DANKO JONES: Eu sempre notei que brincar com os seios é bom. E muito fácil de fazer, basta não pegar forte demais nem fraco demais que geralmente funciona.

JAMES KOTTAK: Tenho certeza que existe, mas eu não sou o cara certo para te responder.

JIMMY ASHHURST: Peitos reais ou falsos? Eu sei que os falsos não têm muita sensibilidade. Tudo depende de você entender a garota e ouvir os barulhos que ela faz, esse geralmente é um bom indicador do que está dando certo ou não.

JOEL O'KEEFFE: Cubra os seios dela com champanhe, depois dê lambidinhas e chupe até a última gota. Ela fica excitada e você fica bêbado.

LEMMY: Você deve ir na direção do bico do seio. Não belisque ou morda, nada disso. Você pode passar três quartos de hora mordendo aquela porra, mas se passar o dedo em volta dele umas quatro vezes, vai descobrir que a garota fica muito mais excitada.

NICKE BORG: Basta deixá-la em paz até que ela queira que você toque nos seios dela, porra. Apenas fique na sua, aja como se nem estivesse prestando atenção nos peitos dela, se são grandes, pequenos, tanto faz, aí ela vai ficar pensando: "que porra é essa? Ele não quer pegar nos meus peitos" e *aí* você vai lá e pega.

ROB PATTERSON: Basta não ser bruto. As mulheres gostam de tudo suave, até certo ponto.

TOBY RAND: Pegue o peito e massageie todinho, como faria com qualquer outra parte do corpo. Depois brinque com o bico como se brincasse com um pião... mas não aperte com muita força. Lamber o dedo e fazer isso sempre dá certo, se você estiver no clima.

VAZQUEZ: Depende da mulher. Algumas têm mamilos realmente sensíveis e conheci garotas que tinham orgasmo só de brincar com os mamilos. E conheci outras que diziam: "se você encostar nos meus mamilos eu vou te dar um soco na cara, porque dói". Com algumas mulheres, não se faz nada, então voltamos ao velho esquema de perguntar antes de fazer.

Que partes do corpo podem ser acariciadas para excitar mais o parceiro?

BLASKO: Tudo, na verdade. Não acho que realmente haja algum limite. A menos, é claro, que elas sintam cócegas, o que seria um problema. Fora isso, qualquer lugar vale.

DANKO JONES: Eu chamo de cantoneira, que é a curva da mulher que vai da parte inferior das costas até a bunda. Eu realmente gosto de mulheres com belas cantoneiras, que tenham quase uma forma de L ou C nas costas. Geralmente isso acontece quando elas dançavam na infância, faziam balé desde cedo e assim conseguem esta bela curva. Então, eu diria essa área, mais a parte de trás do pescoço e, às vezes, lamber os braços.

JOEL O'KEEFFE: Isso realmente depende da garota, mas como eu disse antes, o corpo dela é um templo e a boceta é a porta da frente, então faça questão de fazer uma entrada triunfal e ela *sempre* vai querer mais.

ROB PATTERSON: Humm... qualquer parte, desde que a carícia seja feita corretamente.

TOBY RAND: Adoro pegar a garota pela parte de baixo da bunda, entre a coxa e a bunda, e levantá-la do chão um pouco. Isso sempre parece dar um pouco mais de excitação.

DICAS DE SEXO DE ASTROS DO ROCK

CASAMENTO

"SE VOCÊ ABRIR A PORTA DO CARRO PARA ELA E A MOÇA SE INCLINAR PARA DESTRANCAR A SUA PORTA, NO LADO DO MOTORISTA, É ESSA."

Como iniciar a conversa sobre acordo pré-nupcial?

ALLISON ROBERTSON: Acho que faz sentido fazer um, depende da quantidade de dinheiro envolvida ou se um ganha mais que o outro. É preciso trazer esse assunto à tona antes mesmo de ficar noivo ou assim que acontecer o noivado.

DANKO JONES: Basta falar. É um assunto que deve surgir facilmente se os dois forem muito abertos, honestos e se conhecerem bem. Não deve ser um problema.

DOUG ROBB: Eu diria se você for por esse caminho, tem que conversar bem antes, logo no início do relacionamento. Se você vai se casar com alguém (espero que não aconteça em duas semanas) e estiver num relacionamento, depois de um tempo o assunto vai acabar surgindo. Provavelmente na mesma época em que o assunto do casamento vier à tona, se você estiver namorando alguém. Quando surgir, se é o que você quer fazer, é preciso ser sincero e dizer: "eu me sinto assim. Quero fazer o acordo pré-nupcial. Se nós precisarmos chegar nesse ponto, você sabe a minha opinião e eu sei a sua" e partir daí. Definitivamente não é algo que você queira soltar no último momento, na véspera do casamento e tal.

EVAN SEINFELD: Se você está começando a ter um relacionamento sério com uma garota, então deve começar a contar histórias de casamentos felizes envolvendo acordos pré-nupciais e de mulheres que são confiantes e não precisam arrancar até as calças do homem se o casamento não der certo. Chame as mulheres sem acordos pré-nupciais de vampiras, parasitas e abutres. Não dê espaço para que a mulher discorde.

JAMES KOTTAK: Você contrata um advogado para isso. Para o divórcio não precisa, mas com certeza tem de ter um advogado para o acordo pré-nupcial.

JESSE HUGHES: Não inicie.

ROB PATTERSON: Simplesmente fale. Não há dúvida sobre isso.

Quando você sabe que é hora de se casar com a pessoa com quem está namorando?

ACEY SLADE: Pela minha experiência, é meio difícil. Eu era um roqueiro de 34 anos que vinha espalhando minha semente por aí há anos. Quando me casei, tive muitos sinais e alertas de que talvez fosse melhor esperar. Ela se dirigia a mim como: "você é um roqueiro que nunca vai se comprometer. Como eu posso ter qualquer segurança?" Acredite na sua intuição quanto a isso. É realmente fundamental. Cheguei até a me colocar no lugar dela e pensei: "só estou nervoso porque não quero esse compromisso". Bom, eu pensava isso mesmo. Será que era verdade? Acabou que minha intuição estava certa, então, acredite na sua intuição.

ADDE: Quando ela te excitar e aceitar o fato de você estar na estrada praticamente *todos* os dias do ano.

ALLISON ROBERTSON: Eu não acho que exista necessariamente uma "hora de se casar". Eu já fui casada, mas a ideia não foi minha e aceitei porque parecia certo. Mas até onde me consta, casamento é mais se você quiser filhos. Aí sim começa a fazer mais sentido estar casado, nesse tipo de situação. Do contrário, não existe "hora de se casar" porque eu não acho que você tenha que casar. Você pode acreditar em alguém ou não, pode viver com alguém ou não e pode querer estar com alguém para sempre ou não. Na minha opinião, estar casada não resolve todos os problemas. As pessoas ainda traem, ou não. Foda-se, não importa.

ANDREW W.K.: Eu só fui casado uma vez e, para mim, foi quando senti que não estava mais olhando para a minha namorada como namorada. É quando você não tem mais sobre ela o mesmo conceito que tem sobre todas as outras garotas ou relacionamentos em que você já esteve. Quando você percebe que o espaço que ela ocupa não é o de uma garota, mulher ou pessoa, mas de sua parceira. É uma sensação muito intensa e você sabe quando se imagina com ela para sempre. Se não conseguir imaginar isso, eu não acho que deva se casar. Você tem que ser capaz de compreender isso e, mesmo que seja impossível de imaginar porque você não consegue viver tudo isso num pensamento, deve ser pelo menos capaz de imaginar a circunstância do momento como se fosse para sempre. Quer dizer, o jeito que a pessoa existe, ela existe como a minha mãe, meu pai ou meu irmão. Eles são uma ideia primária, básica, que existe num estado tão singular quanto o meu. Não são uma ideia nem fazem parte de uma série, mas têm a mesma importância que eu.

BLASKO: Acho que você sabe. Em algum momento, você pensa: "ei, isso parece certo", sabe? "Vamos nos casar!"

BRENT MUSCAT: Todo mundo diz que simplesmente sabe. Eu não sabia disso até descobrir a pessoa certa e, quando descobri, eu soube. É assim mesmo. Você tem uma sensação, olha para ela e pensa: "não quero ficar sem ela. Essa garota é tudo que eu posso ver na minha vida". Você simplesmente sabe. E sente que ela é inteligente o bastante, faz de você uma pessoa melhor, acrescenta algo a você e é uma boa parceira. Eu acho mesmo que você sabe. Quando você sabe que é a pessoa certa, passa a pensar nisso também: "eu gostaria de me casar com esta mulher". Você também sente que não quer perdê-la.

CHIP Z'NUFF: Quando ela estiver grávida. É uma forma. Se a sua família for igual a minha, você não tem filhos fora do casamento. Mas, enfim: tempo. Tempo é fundamental. Se você estiver com alguém há um bom tempo, vai saber. E vai saber de cara, mas espere alguns anos para ter certeza antes de mergulhar nessa porra dessas águas profundas, só para garantir. Minha recomendação seria morar juntos por um tempo. Eu recomendo: se você realmente ama alguém e a pessoa te ama, morem juntos e veja se dá certo. Pague suas contas e tal e não vá para a porra da boate de striptease ou bar toda noite, com seus amigos, caralho. Se você a ama e quer viver com ela, esta é a mulher do seu futuro, é isso o que eu faria. Fui casado por 23 anos; 15 com minha primeira esposa, oito com a segunda, então eu sei como funciona e este é o melhor conselho que posso dar: não se case de cara, more junto primeiro.

COURTNEY TAYLOR-TAYLOR: Quando se passaram cinco anos. Quando você chegou a tanto tempo, cinco anos, tendo apenas uma briga por ano, não mais que isso, e ainda está maravilhado com esta pessoa. Tão maravilhado que ela ainda é, na sua cabeça, uma pessoa melhor, que você tem que se comportar muito bem e fazer tudo certinho para mantê-la. Certo? Porque, então, você sabe que essa é a pessoa certa e pode ser forte, confortável, paciente, interessante, divertido e sexy. Você vai saber isso sobre si mesmo, porque é fundamental saber se você é um ótimo namorado, um verdadeiro doce para se ter. Você também sabe que ela não pode estar fingindo há tanto tempo sem que essa não seja de fato a personalidade dela, e provavelmente ela está tentando viver de acordo com a ideia que você tem dela. Mas sabe de uma coisa? Se o casal consegue fazer isso por cinco anos, está bem pra caralho!

DANKO JONES: Quando você não tem interesse em mais ninguém, não tem vontade de se envolver a sério com outra pessoa e não imagina que existam outras opções. Muita gente está em relacionamentos, mas o motivo pelo qual eles desistem quando a situação complica é porque, no fundo, não importa se eles vão admitir isso ou não, eles estão esperando aparecer alguém melhor. Quando essa ideia ou essa opção for apagada, aí você pode se casar com a pessoa.

DOUG ROBB: Não quero usar a escapatória de responder: "bom, você simplesmente sabe". Eu acho que tem muita coisa que acontece aí. Se você tiver sorte, vai encontrar muitas pessoas na vida para dividir experiências e ter relacionamentos. No meu caso, sempre houve uma pessoa, por tantas razões que nem dá para citar, com a qual eu sempre soube que ia rolar. E acho que é isso que acontece, apenas saber que ela é a pessoa certa.

EVAN SEINFELD: Quando vi a minha esposa foi amor à primeira vista, mas da primeira vez que me casei eu soube, durante a cerimônia, que seria um fracasso.

JAMES KOTTAK: Se você abrir a porta do carro para ela e a moça se inclinar para destrancar a sua porta, no lado do motorista, é essa.

JESSE HUGHES: Quando você se dá conta da possibilidade de viver confortavelmente com uma pessoa pelo resto da vida e se compromete com ela. Então é hora, não tem mais o que perguntar. Tudo o mais é imaterial. As pessoas passam muito tempo invocando a pergunta em vez de respondê-la.

JIMMY ASHHURST: Eu te aviso, porque não faço a menor ideia.

> "EU RECOMENDO: SE VOCÊ REALMENTE AMA ALGUÉM E A PESSOA TE AMA, MOREM JUNTOS E VEJA SE DÁ CERTO."

NICKE BORG: O casamento é algo que foi criado na época moderna e, de certa forma, as pessoas estão cagando nele, jogando pelo esgoto, casa, separa, casa, separa, como se fosse algo divertido como tomar a porra de uma cerveja ou algo assim. Não! Não sou cristão nem nada do tipo, mas fui criado numa cidade pequena, com pais muito religiosos e se você ia se casar é porque ama muito aquela pessoa e quer fazer este compromisso de "sou seu para sempre." Na verdade, é só assinar um papel, mas há uma beleza nisso.

ROB PATTERSON: Quando você percebe que não consegue viver sem ela.

VAZQUEZ: Quando você sabe que pode contar com ela. O amor que ela sente por você não é porque você é famoso. É até melhor se não for uma fã. Convenhamos, você nem sempre vai ser aquele cara fodão. Porque o negócio está uma merda mesmo, então não é que vá sobrar alguma merda de dinheiro para nós. Você quer ter alguém que entenda a realidade do que está acontecendo.

Existe um jeito ideal de pedir alguém em casamento?

ACEY SLADE: Acho que deveria ser inesquecível, faça algo original. Já pensei em fazer algo como um pedido no Empire State. É legal, mas meio clichê.

ADDE: Fique de joelhos. Fique de joelhos e peça a mão dela.

ALLISON ROBERTSON: Não. Eu não sou o tipo de garota que tem essa fantasia, mas acho que se você for pedir alguém em casamento não precisa ser original, mas deve ser algo que fique associado a uma boa lembrança. Então acho que uma boa forma é tradicional, mas de um jeito que não seja... eu não ia querer que alguém me pedisse em casamento de modo deprimente ou no estilo: "e aí, vamos nos casar?" Acho que se alguém vai fazer um pedido desses deve ser um pouco mais grandioso, não necessariamente num jantar ou como nos filmes, mas definitivamente algum lugar interessante ou inesquecível.

ANDREW W.K: Fazer um pedido mais formal e intenso é melhor. O mesmo vale para o casamento, acho que fazer uma grande cerimônia, com muita gente, e fazer isso de modo bem tradicional, tem seu valor e eu nunca tinha pensado nisso antes. Antes de me casar, um amigo muito sábio, que já era casado e muito mais velho, disse que quando ele se casar de novo vai fazer uma cerimônia muito mais formal. Eu perguntei: "por quê?" e ele respondeu: "bom, na nossa primeira cerimônia fizemos algo engraçado. Foi realmente discreto, na praia, havia todo tipo de gente com roupas malucas, não tinha muitos parentes lá e o casamento foi horrível". Ele acha que eles não estavam levando a sério o bastante para perceber onde estavam se metendo e a cerimônia em si refletia isso. Então acho que quando você for pedir alguém em casamento, compre a aliança (não necessariamente precisa ficar de joelhos) e planeje. Eu não acho que deva sair de uma conversa casual. Não sei se você viu o filme *Sex And The City*, lembra da proposta de casamento? Esta é provavelmente a outra ponta do espectro: um acordo em tom de conversa, mas cada um com seu gosto. Eu acho que quanto mais intensa a ideia do que se está fazendo, mais consciente você estará das implicações envolvidas.

BLASKO: Acho que as garotas gostam de ter algum tipo de tradição envolvida. Olha, todo mundo quer fazer algo criativo, mas acho que o básico... não tem como errar se ficar de joelhos, desde que você tenha uma aliança. E falar com o pai dela também é uma boa maneira de fazer isso.

BRENT MUSCAT: Engraçado, minha esposa sempre briga, dizendo: "você nunca me pediu em casamento." Acho que teria sido legal se eu tivesse pedido, mas quando estávamos pensando no assunto, nós praticamente falamos nisso juntos. Minha esposa era de outro país, não podia ficar muito tempo nos Estados Unidos e estava dizendo que os pais ficavam pressionando para que ela se casasse. Eles marcavam encontros para ela conhecer outros caras e tal. Eles estavam agindo como casamenteiros enquanto eu estava saindo com ela! Até que ela me disse: "olha, vou acabar tendo que voltar para casa em algum momento" e nós conversamos. Por isso eu nunca a pedi em casamento, eu não tinha como saber. Se pudesse voltar no tempo, talvez eu pedisse, como manda o figurino, mas acho que na época eu estava apavorado. Realmente achei que ela era areia demais para o meu caminhão, eu tinha tanto medo de ela dizer não, então nós conversamos, concordamos e nos casamos.

CHIP Z'NUFF: Eu consigo pensar em algumas formas. Para mim foi bem simples. Minha primeira esposa foi minha namoradinha de infância e depois de anos e anos de namoro eu simplesmente falei: "nós devemos ficar juntos para sempre", mesmo que na época eu não soubesse que estava mentindo. Quando você se casa pela primeira vez, quer que seja para sempre. Ninguém se prepara para o fracasso. Porém, após algum tempo você se pega olhando para o cardápio, mesmo se não estiver pedindo. Você ainda tem que olhar por aí, porque somos homens, somos animais. Mas se é algo especial de verdade e você realmente se sentir desse jeito, conte para ela. Seja sincero, é sempre bom ser sincero com as mulheres. Fale de seus sentimentos para ela sem ser exagerado. Seja homem em relação a isso.

COURTNEY TAYLOR-TAYLOR: Bom, se tem eu não sei, porque não pedi.

DANKO JONES: Ficar de joelhos é meio falso. Acho que o elemento surpresa é sempre divertido e memorável.

DOUG ROBB: Não, acho que não. Por muito tempo, eu achei que fosse pedi-la em casamento no palco, na frente de milhares de pessoas. Pensei nisso e achei que ia ser legal, especial e tudo o mais. Acabei fazendo o pedido na cama. É porque fui pego na mentira, então tive que pedi-la em casamento. Passei o dia todo na casa dos pais dela, falando com eles, basicamente pedindo a mão dela, o bom e velho pedido de mão. Ela ficou mandando mensagem de texto e me ligando o dia inteiro, mas eu não atendi porque estava na casa dos pais dela. Quando cheguei em casa, ela estava trabalhando como *bartender* na época e chegava muito tarde, inventei uma historinha absurda de ter esquecido o telefone no estúdio e tal. Aí ela vem para a cama e fala: "então, onde você estava hoje?" Naquela hora ou eu falava que merda eu estava fazendo ou no dia seguinte o meu cunhado... que me viu na casa dos pais dela, ia dizer algo como: "ei, o que o Doug estava fazendo na casa dos seus pais?" Então, pensei: "fodeu, tenho que fazer isso agora". Aí eu levantei, tirei a remela do olho e perguntei se ela queria se casar comigo, às quatro da manhã, na cama. A melhor parte era que eu estava usando uma camiseta que meu pai tinha me dado havia uns 12 anos (ou algo assim) em que ele me desenhou cantando e embaixo escreveu "Doug do Hoobastank". Eu estava usando uma camiseta de mim mesmo, o que é bem ridículo, e pedindo minha garota em casamento às quatro da manhã. Ou seja, realmente não foi na frente de um estádio lotado, mas foi espontâneo e sincero.

EVAN SEINFELD: Sou um romântico inveterado. Eu sei que pareço um pervertido horroroso às vezes, mas com a minha esposa eu juntei cada centavo, comprei o maior e melhor diamante que pude encontrar e coloquei numa embalagem antiga, de princesa. Eu fiquei de joelhos, na verdade, foi no meio do sexo: mandei a aliança por FedEx para o hotel em South Beach, Miami, onde estava hospedado e fiquei de joelhos. Acho que você pode ser até fofo e inteligente e fazer aparecer o pedido no telão do jogo de beisebol ou algo assim, acho que se é alguém com quem deseja passar o resto da vida junto, você vai querer lembrar disso para sempre.

GINGER: Deve ser feito em particular e em algum lugar que ambos se lembrarão com carinho porque foi o local onde aconteceu o pedido. Algum lugar que ela adore.

JAMES KOTTAK: A qualquer hora, em qualquer lugar, onde você achar melhor.

JESSE HUGHES: A forma ideal de pedir é pagar 40 mil camelos ao pai da noiva... não, estou brincando. A melhor forma de pedir, para mim, é de joelhos.

JIMMY ASHHURST: Eu acho que saber o momento certo é tudo. Com sorte seria algo voluntário e não do tipo: "ah, olha só, o teste de DNA chegou e é seu". Acho que se for voluntário de ambas as partes, então pelo menos você estará à frente dos concorrentes.

ROB PATTERSON: De joelhos, com um anel de diamante negro.

VAZQUEZ: Desde que você não faça isso num bar, já está bom. Acho que qualquer mulher ficaria feliz com um pedido desses. Não precisa fazer uma superprodução, mas, definitivamente, não deve ser num pub.

Qual seria a cerimônia de casamento perfeita?

ACEY SLADE: Vou contar o que eu fiz e acho que foi perfeito. Foi ideal: nós tínhamos pouco dinheiro, ela é da Dinamarca e eu sou daqui [EUA], então como juntar todo mundo? Ficou realmente complicado. A ideia que eu tive foi trabalhar como voluntário na Parada de Halloween da Cidade de Nova York. Liguei para o pessoal da Parada e disse: "o que vocês acham de um casal fazer uma cerimônia de casamento no meio da Parada de Halloween?" E eles acharam a ideia mais legal do mundo. Mesmo só com uns vinte convidados nossos que puderam comparecer ao casamento (por causa da logística da situação), nós nos casamos em frente a oito milhões de pessoas, quatro milhões na parada e outros quatro milhões que assistiram pela televisão. Todos estavam fantasiados e o mais engraçado foi que parecia uma brincadeira de Halloween, mas o pastor era de verdade.

ADDE: De uma coisa eu tenho certeza, quero *todos* os meus amigos lá, para testemunhar, e o resto não importa. Tem que ser num lugar interessante, mas o ideal é ter a presença de todos os nossos amigos.

ALLISON ROBERTSON: É difícil saber. Meus pais são divorciados, mas sempre achei que eles tiveram um casamento bem legal. Foi no quintal da nossa casa. Eu já era nascida, quando eles se casaram. Eu era bebê. Foi uma festa com muitos roqueiros. Meu pai era músico e minha mãe trabalhava numa gravadora. Para mim esse é o máximo da cerimônia de casamento: muito mais tranquilo, não religioso, sem igreja, o pessoal veste o que der na telha. É legal se o cara usar um terno exótico (desde que não seja totalmente horrível ou trágico) e a mulher vestir algo que apenas expresse o estilo dela. Sou fã disso. Já estive em vários casamentos de amigos que foram tradicionais e ótimos, mas é igual ao de todo mundo. Acho muito mais interessante se houver uma boa banda tocando, se for a banda do seu amigo, ou até contratar uma banda cover péssima e rir histericamente disso. E boa comida, claro. Gosto de personalizar. Acho muito chato fazer o convencional.

BLASKO: Eu simplesmente fui para Las Vegas, e foi perfeito para mim.

BRENT MUSCAT: Bom, eu fiz três. Uma nos Estados Unidos, que foi ótima. Era abril, portanto primavera. Meu tio tem uma casa em South Pasadena, uma área realmente linda do sul da Califórnia, cujo quintal tinha todas as flores e uma faixa de grama retangular e bem longa, cercada por canteiros e tal. Eu perguntei se poderíamos nos casar no quintal dele e economizamos um bom dinheiro, pois não precisamos alugar um salão nem igreja. Às vezes as pessoas dirigem da igreja para o hotel, para a recepção dos convidados e eu disse: "vamos fazer tudo num lugar só". Então nós fizemos isso. Tivemos a festa com bufê na casa do meu tio, foi ótimo. Meu pai pagou a bebida, minha mãe pagou o bufê. Eu devia escrever um livro ensinando a fazer um casamento com pouco dinheiro! Quando as pessoas dizem que gastaram 20 ou 30 mil dólares num casamento, bom eu consegui meu smoking por 75 no centro de Los Angeles – e eu o tenho até hoje. Minha esposa comprou o vestido por algumas centenas de dólares. A aliança eu acho que custou uns 900 dólares, apenas um diamante simples que compramos no bairro das joalherias, também no centro. Então nós provavelmente gastamos por volta de 2.000 dólares. Um amigo meu foi o DJ, eu escolhi todas as músicas. E foi ótimo, sensacional! Chamamos um pastor para fazer o casamento. Todos os meus amigos roqueiros estavam lá. Assim que nos casamos, tocamos a música *White Wedding*, do Billy Idol. A gente se divertiu e foi ótimo. Depois fomos para a Coreia e fizemos um casamento tradicional, onde usamos trajes típicos e tal. Isso foi bem legal. Em seguida a nossa entrada, eles tinham um reverendo, uma espécie de reverendo cristão coreano para celebrar ao modo deles; e eu tive que decorar minhas falas no idioma local, então, foi interessante.

DANKO JONES: Uma que seja pequena.

EVAN SEINFELD: Minha esposa e eu nos casamos o tempo todo. Nós nos casamos umas sete ou oito vezes. Pode ser muito significativo quando você tem todos os seus amigos e parentes lá, mas também é importante quando são só vocês dois numa cerimônia espiritual. Minha esposa e eu nos casamos pelo menos uma vez por ano para nos lembrar do motivo pelo qual estamos juntos e confirmar que queremos estar juntos. A vida muda.

JAMES KOTTAK: Curto e carinhoso. Sem grandes palavras e só com algumas pessoas. Ou na sala de estar do Tommy Lee.

JESSE HUGHES: A cerimônia de casamento perfeita seria aquela em que eu me caso com a Carmen Electra... não, estou brincando. Para mim, é como uma simples cerimônia batista ao ar livre, no estilo antiquado dos pastores.

ROB PATTERSON: Na praia em Maui, ao pôr do sol.

TOBY RAND: Para mim, na praia, algo ao ar livre, com certeza. Eu acho que usaria calça social e um colete, mas ficaria descalço.

Seus colegas de banda devem esperar ser convidados para a sua festa de casamento?

ACEY SLADE: Os meus sim, mas acho que depende da situação. Se você for fazer algo pequeno, eles não devem levar para o lado pessoal se não forem convidados. Sou mais fã de um casamento pequeno e íntimo, mas no que diz respeito aos colegas de banda, se eles são seus melhores amigos, por que não?

ALLISON ROBERTSON: Bom, eu fui casada e acho que sim. Na verdade, no meu casamento foram a minha irmã e outro amigo, que era do grupo antigo. Provavelmente teriam ido apenas duas pessoas, se não fosse pela minha banda. Então, sim! A menos que eles tenham feito a maior merda contigo, a banda deve estar na sua festa de casamento. Quanto mais, melhor. Além disso, quando você convida pessoas para sua festa de casamento, elas basicamente têm que fazer um monte de merdas por você. Eles são como servos, organizam tudo, por isso é divertido convidá-los.

BLASKO: Não.

> "A MAIORIA DOS INTEGRANTES DAS BANDAS NÃO SE DÁ MUITO BEM UNS COM OS OUTROS."

CHIP Z'NUFF: Eu acho que os colegas de banda devem estar na festa de casamento, claro. Porém, há muitas bandas que conheço cujos integrantes não são muito amigos um do outro, mas fazem ótima música juntos, têm uma bela química. Se eu fosse me casar de novo (não vou me casar de novo agora, embora tenha uma namorada), teria Steven [Adler] como padrinho e convidaria os caras da banda, com certeza. Só não vou fazer isso porque o Adler me mataria.

COURTNEY TAYLOR-TAYLOR: Depende de quanto tempo a sua banda está junta.

DANKO JONES: Sim. Bom, depende se você se dá bem com eles. A maioria dos integrantes das bandas não se dá muito bem uns com os outros, então convide aqueles de quem você é amigo. A menos que você queira fazer as pazes (resolver problemas políticos), aí você pode convidar todos eles, desde que não fiquem totalmente bêbados e seus sogros não comecem a pensar que você é um monstro.

DOUG ROBB: Eles teriam que ser convidados, mas eu tenho família grande e decidi chamar apenas a minha família muito próxima para a minha festa de casamento. Não quero começar a trazer amigos e tal, porque se você faz a festa grande demais, as pessoas começam a ficar ofendidas se forem deixadas de fora.

JAMES KOTTAK: De jeito nenhum!

JESSE HUGHES: Não, mas eles esperam.

JIMMY ASHHURST: Acho que depende da sua banda. Se você estiver no Wham! é melhor não chamar. Mas eu convidaria, com certeza. Tenho um bom relacionamento com os caras da minha banda.

NICKE BORG: Eu convidaria, mas eles provavelmente teriam outros compromissos. Hahaha! Não, claro. Provavelmente, Dregen seria meu padrinho e Peder e Johan estariam lá, totalmente orgulhosos de mim.

ROB PATTERSON: Claro! Eu ficaria puto se eles não aparecessem! Especialmente se for no Havaí!

TOBY RAND: Porra, eles são meus melhores amigos! Na verdade, espera aí, você disse *contribuir* com a festa de casamento? Então, não. Hahaha! Eu tenho irmãos para isso. Se eu for rico, vou dar um festão de casamento. Por isso eu diria talvez.

VAZQUEZ: Não. Eu jamais faria um casamento em que houvesse uma festa, mas se fizesse, eles seriam convidados. E provavelmente apareceriam sem presentes.

DICAS DE SEXO DE ASTROS DO ROCK

MASTURBAÇÃO (AUTOEROTISMO)

"NÃO GOZE DENTRO DELA
É UM DESRESPEITO,
JOGUE NA BOCA."

O que você descobriu sobre si mesmo com a masturbação?

ACEY SLADE: Que eu faço em excesso.

ADDE: Que eu tenho mente suja. Que eu gozo com... Quando você toca numa banda, você conversa com os outros integrantes e eles falam: "eu gozo com isso e com aquilo" e eu percebo que não é bem com isso que eu gozo, então eles perguntam: "que tipo de fantasias você tem?" Bom, isso é particular.

ANDREW W.K.: Quase tudo o que eu vivi sexualmente começou comigo, sozinho. Passei por várias formas diferentes de sensação, porque antes de estar com uma garota, quando não tinha experiência, só tinha a mim mesmo para usar como base e avaliar o que era bom. Então foi interessante aprender o que eu gostava por meio do que já tinha feito comigo. E aprendi ao longo dos anos o que era bom para mim por conta da masturbação. Sempre é diferente fazer sexo com você mesmo quando comparado com transar com uma mulher, mas no fim das contas eu acho que é tudo igual. A única vez que eu me senti realmente mal sobre dar prazer a mim mesmo foi quando a garota com quem eu estava ficou ofendida, porque tudo tinha que me guardar para ela. Na época eu realmente acreditei que estava fazendo algo horrível, que de alguma forma eu estava sendo infiel. Agora eu entendo (não importa se você usa pornografia ou não) que é um tipo de sexualidade completamente discreto, autônomo, extremamente valioso, importante e saudável. Acho que é sempre uma boa ideia manter essa relação sexual que você tem consigo e ter uma parceira que entenda que isso não tem nada a ver com ela. Para o bem ou para mal, elas precisam entender e podem interpretar como quiserem, mas achar que você não pode se masturbar porque está comprometido com alguém é confundir tudo. Não é sexo com outra pessoa, é sexo consigo e acho que isso jamais deveria ser uma ameaça a um relacionamento.

BRENT MUSCAT: Acho que descobri minha sexualidade com a masturbação, porque antes de fazer sexo com uma garota, a primeira vez que eu ejaculei foi me masturbando, então foi assim que descobri como tudo funciona. Ficar de pau duro e gozar pela primeira vez, isso foi com a masturbação.

CHIP Z'NUFF: Que é melhor você estar sozinho se não quiser ser pego numa posição comprometedora. É muito saudável tirar umas balas do tambor de vez em quando. É bom para si, pois descobri que quando estou na estrada e bato uma punheta, a chance de sair e ser promíscuo diminuiu imensamente. Eu nem penso nisso. Mas se você fica uma ou duas semanas sem nada, está num show, vê essas garotas bonitas e elas te sufocam de admiração, fica realmente difícil recusar. Por isso eu recomendo. Acho saudável para todos descabelar o palhaço uma ou duas vezes por semana.

COURTNEY TAYLOR-TAYLOR: Não muito, eu acho.

DANKO JONES: Minha mão é minha melhor amiga e minha companheira de vida.

DOUG ROBB: Eu costumava me masturbar muito mais. Até a masturbação perde a graça com o tempo. Quando eu era mais novo, mal podia esperar para ficar um tempo sozinho. Agora não faz diferença. Descobri que nunca fui pego me masturbando, acho que devo ser o único entre os meus amigos. Parece que na vida de todos em algum momento, eles foram pegos, o pai entra no local ou algo assim. Então acho que eu percebi, com a masturbação, que tenho boa capacidade de planejamento.

EVAN SEINFELD: Que a masturbação nunca é demais.

HANDSOME DICK MANITOBA: Eu descobri que eu adoro, mas não sei o que descobri sobre mim mesmo. Nunca parei para pensar nisso, mas sempre foi uma constante na minha vida, não importa se estou "comendo alguém" ou não, digamos assim. Praticamente não importa. É como se o sexo com outra pessoa e a masturbação fossem duas categorias diferentes.

JESSE HUGHES: Sexo é ótimo, foi o que eu descobri com a masturbação.

JIMMY ASHHURST: Que eu sou gostoso pra caralho!

LEMMY: A primeira coisa que eu descobri foi que posso ter orgasmos. Todo o resto é só detalhe, não é?

NICKE BORG: Nada, eu acho. É apenas algo que eu faço, e às vezes exagero quando estou frustrado.

ROB PATTERSON: Que eu sou impaciente. Hahaha!

TOBY RAND: Que eu gosto de imagens e gosto de me lembrar de mulheres específicas com quem transei em determinados momentos para me dar tesão. Além disso, é sempre bom se segurar e não bater uma rápido demais. É muito mais divertido se testar para ver até que ponto você consegue aguentar, porque isso sempre funciona no quarto também.

VAZQUEZ: A pornografia foi muito positiva na minha vida, porque eu nunca teria entendido tudo o que realmente amo nas mulheres. Eu nunca teria conseguido entender totalmente até viver isso por meio do pornô.

Quantas vezes ao dia a masturbação seria considerada um exagero?

ACEY SLADE: Eu diria duas vezes. Não faço mais isso, mas em alguns momentos da minha vida...

ADDE: Duas. Eu não consigo me masturbar mais do que uma vez por dia.

ALLISON ROBERTSON: Acho que mais de uma vez ao dia talvez seja exagero.

ANDREW W.K.: Eu não sei se há uma quantidade específica para ser exagero, acho que exagero é só quando a masturbação começa a interferir na sua capacidade de fazer outras coisas. Como um vício, se vira uma compulsão a ponto de você ser incapaz de cumprir seus afazeres diários, então, provavelmente é um exagero.

BLASKO: Não existe exagero. Exagero é se você começar a sangrar, aí sim passou do limite.

BRENT MUSCAT: Um amigo disse que se masturba uma quantidade inacreditável de vezes e eu falei: "como você consegue fazer tantas vezes?" Acho que ele disse umas dez vezes. Ele contou que estava dolorido e tal, então eu acho que se você fica dolorido, pode ser um exagero. Está na hora de fazer uma pausa. Acho que o máximo que fiz num dia foram provavelmente três vezes. Devo ter ficado dolorido na época, então acho que esse seria o limite e a hora de dar um tempo.

CHIP Z'NUFF: Bom, eu não quero mencionar nenhum nome de banda, mas conheço muitos caras que fazem duas ou três vezes ao dia. Se você não tiver um grande desejo sexual, uma vez ao dia deve ser bom para você.

COURTNEY TAYLOR-TAYLOR: Eu diria que se forem mais de quatro ou cinco vezes, há grandes chances de você fazer um buraco nele. Isso deve ser feito apenas num período específico, como alguns dias seguidos em que algo diferente esteja acontecendo. Você está mandando ver, você é o cara, está com tudo, ou quando está deprimido pra caralho. Apenas um período curto, uma semana no máximo, de quatro ou cinco vezes ao dia, mas acho que depois disso seu braço vai começar a ficar enorme e você vai acabar fazendo um buraco no pau.

DANKO JONES: Mais de duas vezes é loucura, ou mais de três, eu acho. Quando chega nesse ponto, você tem que sair de casa, cara. Porra.

DOUG ROBB: Depende da sua idade, se você tiver 17 anos e me falar que se masturba duas vezes ao dia, todos os dias, talvez eu tenha esquecido o que é ter 17 anos, eu diria: "cara, isso é meio exagerado". Uma vez ao dia parece tranquilo, se você for jovem e viril. Acho que se você estiver na minha idade, 24 anos, e ainda fizer isso mais de uma vez ao dia, então precisa sair mais, encontrar alguns hobbies ou algo assim.

EVAN SEINFELD: Se eu ficar separado da minha esposa por um dia, costumo me masturbar quatro ou cinco vezes num dia. Sabe, porque eu e minha esposa fazemos sexo cinco ou seis vezes por dia. É saudável para um homem se aliviar pelo menos uma ou duas vezes ao dia. E mulheres que se masturbam tem um contato muito maior com seu orgasmo e gostam mais de sexo. Então, garotas, não sejam tímidas, façam.

HANDSOME DICK MANITOBA: Depende da sua idade.

JAMES KOTTAK: Eu diria umas 12 vezes.

JESSE HUGHES: Qualquer quantidade que faça você ser pego é exagerada.

JIMMY ASHHURST: Ah, Deus, há alguns dias em que você se pergunta o que os vizinhos vão pensar. Eu não acho que exista exagero, cara. Se te excitar, tudo bem. É para isso que estamos aqui.

LEMMY: Duzentas é sempre um exagero. Eu sempre tento parar na 145ª, mas depende da sua idade, eu acho. Quando você é mais jovem, faz muito mais e diminui, ou quer diminuir, à medida que envelhece.

NICKE BORG: Seis horas direto.

ROB PATTERSON: Oito vezes.

TOBY RAND: Não acho que exista uma quantidade excessiva. Se você consegue fazer muitas vezes ao dia, por que não faria, porra? Provavelmente é um motivo pelo qual astros de rock recusam groupies, porque eles batem muita punheta nos ônibus durante a turnê.

VAZQUEZ: Depende do indivíduo. Eu toco uma punheta todo dia, se eu sei que não vou comer ninguém.

Ver alguém se masturbando te dá tesão?

ACEY SLADE: Ver uma garota se masturbar? Sem duvida que dá tesão.

ADDE: Sim, com certeza!

ALLISON ROBERTSON: Em mim, não. Não mesmo. Nem sei por que. Talvez eu seja esquisita, mas não funciona para mim.

BLASKO: Se for uma garota, sim.

DANKO JONES: Um cara, não. Tô fora! Mas é sim, acho. Depende do seu estado de excitação. Pode ser algo como "isso está me chateando para cacete."

EVAN SEINFELD: Se for uma mulher, sim.

GINGER: Porra, sim! Também é a forma perfeita de saber exatamente como ela gosta.

> "SE VOCÊ ESTIVER SE MASTURBANDO NUM QUARTO COM OUTRA PESSOA, NÃO É EXATAMENTE MASTURBAÇÃO, VOCÊ ESTÁ DIVIDINDO AQUILO COM ALGUÉM, ENTÃO QUEBRA ESSE LAÇO CONSIGO MESMO."

HANDSOME DICK MANITOBA: Sim, eu adoro esse tipo de brincadeira sexual com minha mulher. As vezes nós nos masturbamos separadamente. Para mim, porém, o ato masturbatório é quando você está sozinho num quarto. Se você estiver se masturbando num quarto com outra pessoa, não é exatamente masturbação, você está dividindo aquilo com alguém, então quebra esse laço consigo. Mas é algo que sempre faço, sempre fiz e sempre vou gostar. Não tem quase nada a ver com transar, com o fato de estar feliz ou não. É algo reconfortante e legal, que você sempre pode fazer.

JAMES KOTTAK: Não.

JESSE HUGHES: Desde que não seja um cara, acho totalmente excitante.

JIMMY ASHHURST: Uma mulher, sim. Bastante.

LEMMY: Não. Toda pergunta que você me fez é pessoal. Todas as garotas gostam disso? Tudo depende da sua mãe e do seu pai, a menos que você seja Sigmund Freud.

NICKE BORG: Sim, claro. Com certeza.

ROB PATTERSON: Claro! Mas a minha garota, não um cara!

TOBY RAND: Sim, eu adoro ver uma mulher se masturbar.

VAZQUEZ: Assim que eu começo a ver eu penso: "tudo bem, estou pronto para mandar ver". Eu não quero ficar sentado lá e vê-la brincar sozinha, é algo do tipo "tá bom, agora eu quero te comer".

O que se deve fazer com o sêmen após a masturbação?

ACEY SLADE: Num ônibus você usa uma meia, claro. Já ouviu falar de corrida de meias? Se você está numa banda e ninguém comeu ninguém naquela noite, todos pulam na cama e tocam uma punheta. Quem jogar a meia no corredor primeiro perde. Agora, eu nunca tive essa experiência, só ouvi falar. Pessoalmente não quero saber quando outro cara está tocando uma punheta.

ADDE: Jogue nos peitos ou na boca da garota. Sim!

ANDREW W.K.: Eu diria para descartá-lo de alguma forma. Não deixar largado por aí. Tive amigos que adoravam deixar o sêmen na roupa e iam cuidar do seu dia. De novo, eu acho isso muito agressivo e me lembro a situação do sexo em público ou onde outras pessoas possam ouvi-lo. É uma violação agressiva do desejo de outra pessoa de estar envolvida sexualmente com você, é como exibir alguém.

BLASKO: Limpe tudo e livre-se dele imediatamente.

BRENT MUSCAT: Você pode fazer o que quiser com ele. Pode jogar em algum lugar, colocar num lenço, pegar com uma camiseta que precise ser lavada. Não sei o que é melhor. Acho que é melhor tentar não jogar em algum lugar que alguém possa ver depois. Se os lençóis ficarem sujos, pode ser embaraçoso caso uma namorada ou um amigo esteja na sua casa. Então acho que um lenço ou pano molhado é bom.

CHIP Z'NUFF: Se estiver, sozinho, tenha sempre uma toalha, meia ou algo para não fazer uma sujeira. Depois jogue imediatamente na máquina de lavar, ou, se estiver num hotel, na lata do lixo. Se estiver com uma mulher, você sabe onde colocar. Apenas descarte. Não goze dentro dela, é um desrespeito, jogue na boca. Se você acha que vai terminar, avise a ela e faça isso. É interessante e não tem bagunça.

COURTNEY TAYLOR-TAYLOR: Banheiro. Uso uma toalha ou algo assim. Você não quer que isso vá pelo ralo, vai criar problemas de encanamento. Provavelmente vai custar 140 dólares para coletar as bolas de pelo que grudaram em torno do seu esperma, então, não jogue pelo ralo. Vá ao banheiro, enrole em algum tipo de papel ou apenas faça na toalha.

DANKO JONES: Limpe. Levante, vá para o banheiro e limpe-se. É o que eu sempre faço.

DOUG ROBB: Não use como gel de cabelo! Jogue fora se estiver numa toalha de papel, lenço ou algo assim. Roupas sujas são sempre boas para limpar tudo, porque você vai lavá-las de qualquer modo.

JAMES KOTTAK: Limpe tudo!

JESSE HUGHES: É melhor limpar e se livrar completamente dele.

JIMMY ASHHURST: Um descarte rápido e gracioso. Uma bela descarga é provavelmente o melhor a fazer.

LEMMY: Ah, jogue fora, cara. Não é bom guardar isso.

NICKE BORG: Se você não quiser ser pego ao fazer isso na sua cozinha, tente ter algum lugar para colocar e jogue a merda fora. Se estiver com outra pessoa, talvez você possa jogar nela, caso ela queira. Depende de quantas vezes você já fez isso antes, então talvez não saia tanto assim.

ROB PATTERSON: Engula.

TOBY RAND: Para mim, ou você tem uma camiseta velha pronta para isso ou basta passar no corpo como se fosse hidratante. Mas um dos meus amigos na verdade devora aquilo, não vou citar nomes. Não que eu o tenha visto fazer isso, mas sim, é esquisito pra caralho.

VAZQUEZ: Eu toco punheta no banheiro para jogar direto na privada e pronto. É eficiente, limpo, todos ficam felizes.

Como obter o melhor orgasmo com a masturbação?

ACEY SLADE: Com pornografia ou com uma parceira.

BLASKO: Quanto mais você puder se segurar, melhor.

JIMMY ASHHURST: Preliminares: se você conseguir se forçar a ter um pouco de paciência, geralmente o resultado final fica mais volumoso.

ROB PATTERSON: Se você não sabe isso, há algo errado.

TOBY RAND: Aperte o saco com muita força e quando estiver prestes a gozar não acaricie, apenas segure a base do pau e o saco. Depois continue mandando ver.

VAZQUEZ: Por mim, desde que tenha pornografia, tudo bem. Eu só passei a usar filmes. Eu costumava gostar de revistas, por algum motivo, e depois eu passei a preferir os filmes. Não sei por que eu gostei de revistas por tanto tempo. As pessoas ficavam: "por que você compra isso, porra?", e eu dizia: "sei lá, cara. Eu gosto, só isso."

DICAS DE SEXO DE ASTROS DO ROCK

SEXO PAGO

"EM GERAL ELAS NÃO TÊM NEM A METADE DO TESÃO DE UMA GAROTA COMUM, MAS HÁ ROMANTISMO ENVOLVENDO O ROCK'N'ROLL E AS BOATES DE STRIPTEASE."

Como escolher uma prostituta num puteiro?

ACEY SLADE: É fácil, basta escolher a mais gostosa.

BLASKO: Nunca fui a um puteiro, então, não sei. Mas para fazer meu dinheiro valer a pena, teria que ser a mais gostosa.

BRENT MUSCAT: Escolha a menos atraente, porque ela provavelmente vai ter mais vontade de agradá-lo e, de certa forma, deve ser a mais limpa também. Há muita probabilidade de a mais bonita ter feito muito sexo naquele dia e não estar no clima.

> "HÁ MUITA PROBABILIDADE DE A MAIS BONITA TER FEITO MUITO SEXO NAQUELE DIA E NÃO ESTAR NO CLIMA."

CHIP Z'NUFF: Já estive em puteiros. Todas as garotas chegam e falam com você no bar enquanto está pedindo uma bebida e você pode perceber, pelo jeito que elas se comportam, o tom da voz delas, as palavras que elas usam, o que elas têm para dizer e como elas vão dizer as coisas para você, isso é tudo. É bem fácil escolher. Não vá apenas pela aparência. Tenha uma conversa de verdade. É muito importante, isso vai tirar todas as dúvidas sobre aquela pessoa. Eu recomendo conversar primeiro por alguns minutos e aí, claro, olhar para ela. Veja se ela te agrada em termos de rosto e tudo o mais e aí você pode escolher. Lembre-se de que é possível escolher nesses bordéis. Geralmente existem de dez a 30 garotas lá. Você tem muito tempo. Seja paciente, a paciência é uma virtude. Se você foi até lá para isso, vai acabar encontrando alguém que funcione para você.

COURTNEY TAYLOR-TAYLOR: Nunca paguei por sexo, mas pelo que vi com amigos, você basicamente anda pelo local até que uma delas lhe dê aquele impulso elétrico nas partes baixas que faz você dizer: "puta merda! Uau, preciso gozar agora". Não espere que vá ser ótimo. É bem clínico e ela vai querer mais dinheiro. Elas só querem pegar a sua carteira. Algumas vão fazer você chegar quase lá e depois querer mais grana, dizendo: "vamos lá, vamos lá, mais uma, mais uma". Então você tem que estar sempre pronto para mandar ver, já que está pagando. É um trabalho.

DANKO JONES: Tem que ser gostosa. Muito gostosa. Eu acho que não faria isso. Particularmente, eu não faria isso, mas se fosse fazer, tenho certeza que ela seria um belo espécime em relação ao físico.

DOUG ROBB: É outra coisa que nunca vivi, mas, se tivesse, eu provavelmente escolheria a que acho mais atraente. Quer dizer, não é isso que se faz?

HANDSOME DICK MANITOBA: Eu busquei prostitutas três vezes na vida: uma quando os Dictators estiveram em Amsterdã em 1978 ou 1977, acho. Nós andamos por aí e lá estavam algumas garotas que eram lindas de morrer, mas queriam uma quantidade absurda de dinheiro. Também havia outras mais comuns, porém bonitas o bastante. O que fizemos foi escolher uma e falar: "vamos nos encontrar daqui a uma hora" e foi isso. Escolhi uma e fui. A segunda vez foi quando eu era taxista em Nova York e liguei para uma garota de programa, que me encontrou no Central Park West. Ela ficava falando: "vamos lá, vamos lá!", e me convenceu a fazer algo no táxi. E a terceira vez foi no meu aniversário de 27 anos. Aconteceu de eu me encontrar nessas situações, não foi algo do tipo: "vou pegar uma prostituta hoje."

JAMES KOTTAK: Aquela que tomou banho mais recentemente.

JESSE HUGHES: Nunca estive com uma prostituta em toda a minha vida.

JIMMY ASHHURST: Temos a internet para isso hoje em dia. Houve uma época, na Tailândia, em que elas eram numeradas, o que achei bem útil. Facilitava. Por exemplo, "quero a número 7, com a número 13 para acompanhar."

LEMMY: Não sei, nunca procurei uma prostituta. Eu só gostaria de dizer que não entendo como pode ser ilegal vender algo que é perfeitamente legal dar. É uma lei idiota, que desperdiça muitas horas de trabalho de policiais e joga muita gente na prisão sem motivo. Se alguém quiser fazer sexo, vai fazer, não importa se você coloca a garota na cadeia na primeira vez que você a pega ou não.

NICKE BORG: Bom, todas dizem que querem se casar com você e que te amam, então dependendo do seu nível alcoólico, cabe a você acreditar ou não. Mas eu já estive em situações em que elas dizem: "você é foda pra caralho. Eu te amo. Meu nome é Angel Rose". E eu falei: "não, não é". "Não, sério, meu nome é Lydia Garcena". "Não, não é." "Bom, é sim, está aqui o número do meu celular." Eu retruco: "não, não é", e o pior é que era mesmo. Então você nunca sabe. Mas, cara, você tem que estar muito na merda para procurar uma prostituta na porra de um puteiro e querer pagar para fazer sexo. Acho que há algo meio pervertido nisso, eu nunca recomendaria, não mesmo.

ROB PATTERSON: Nunca fiz isso.

TOBY RAND: Nunca fui a um puteiro. Bom, eu já até fui, mas nunca peguei uma prostituta... mas se eu fosse pegar, escolheria a mais gostosa. Não é como se eu fosse levá-la para sair.

As strippers são boas parceiras sexuais?

ACEY SLADE: Sim, elas são, são boas parceiras sexuais, mas provavelmente não de longo prazo.

ADDE: Sim, totalmente!

ALLISON ROBERTSON: Sim, acho que podem ser. Acho que depende da pessoa. Não tem nada a ver com que ela faz como trabalho nem se o trabalho é sexy ou não. Depende totalmente do quanto você está atraído pela pessoa e tal.

BLASKO: Já vi casos em que elas foram boas parceiras e casos em que não foram. Acho que tem uma mitificação envolvida com a aparência, em que você olha e avalia: "ah, essa vai ser boa de cama", e às vezes nem é. Às vezes você quer processar a mulher por propaganda enganosa.

BRENT MUSCAT: Não necessariamente. Sei que muitas strippers ficam cansadas da vida, de uma forma geral. Até onde sei, strippers que estão nessa há muito tempo veem um certo tipo de cara olhando para o corpo delas na boate e acham que ele só quer sexo. Mas nem todos os caras são assim. Às vezes essas garotas têm uma ideia preconcebida de como os caras são, por isso a última coisa que algumas querem é fazer sexo. Mas nem todas são assim. Eu já me diverti com strippers e fiz sexo com algumas que foram muito divertidas, mas, pela minha experiência, muitas têm problemas com homens. Então eu não diria que elas são melhores na cama, depende muito da mulher.

CHIP Z'NUFF: Não. Elas são ótimas dançarinas e eu aprecio essa forma de arte. Gosto delas, as amo. São ótimas em todo o país, são legais mesmo. Ser stripper é um trabalho difícil e eu realmente amo strippers. Apesar disso, aquelas com quem estive foram muito egoístas e egocêntricas, para elas, tempo é dinheiro.

COURTNEY TAYLOR-TAYLOR: Não que eu tenha vivido, portanto, não posso falar por todos. Tive experiências sexuais muito limitadas com strippers que conheci. Tenho certeza que qualquer integrante do Mötley Crüe diria: "tá maluco, porra? Que merda foi essa que ele disse? Ei, cara, você não vai acreditar na merda que esse idiota acabou de falar!"

DANKO JONES: Acho que sim. Eu não saio com strippers, mas conheço muitos caras que saem e eles me falaram que o ambiente de trabalho delas tem uma atmosfera sexual muito alta, mais do que qualquer outro. E como elas ficam o dia todo lá, isso vai se traduzir na cama. Pelo que sei, isso realmente acontece. O que eu ouvi é que há muito mais fetiches envolvidos, só porque eu acho que a ocupação atrai um determinado tipo de personalidade. Ouvi falar de umas merdas bem esquisitas, que fazem sentido por causa da profissão delas.

DOUG ROBB: Não sei. Nunca tive uma parceira sexual que fosse stripper... não que eu saiba.

GINGER: Pela minha experiência, as strippers usam sexo como malhação ou esporte. Nada tem menos espontaneidade do que alguém cujos truques são manjados.

HANDSOME DICK MANITOBA: Odeio soar intelectual num livro, isso é engraçado, mas há cerca de 50 milhões de strippers no mundo, e eu não acho que seja possível afirmar se elas serão boas ou más parceiras por serem strippers, é muito simplista. Deve haver mulheres que odeiam os homens porque eles fazem isso. Acho que algumas são strippers como parte da vida e, se encontrarem o cara certo, elas podem ser ótimas parceiras, assim como deve haver outras que são péssimas por causa disso. Acho que é a mesma variedade existente em qualquer outra profissão, algumas pessoas são afetadas por isso e outras não.

JAMES KOTTAK: Não sei, mas elas só querem o seu dinheiro então nem vale a pena.

JESSE HUGHES: Na minha opinião, não. Mas é claro que qualquer pessoa pode ser uma boa parceira sexual. Particularmente, eu não gosto de strippers.

JIMMY ASHHURST: Houve uma época em Hollywood em que eu e meus amigos conhecíamos uma stripper em cada canto da cidade, então nos acabávamos num bar qualquer e aquela que estivesse mais perto acabava nos entretendo pelo resto da noite. À medida que você envelhece e fica mais bem-sucedido, acho que todo o lance de stripper perde o apelo. Eu me cansei de pagar pelos jogos de Playstation do namorado que fica sentado esperando ela voltar para casa com o dinheiro. Então depois que você pensa nisso, tende a ficar meio desconfiado.

LEMMY: Geralmente não, porque elas costumam sair com outra garota na equipe... Numa boate de striptease você não conhece as melhores pessoas, ou aquelas mais cheias de classe, os clientes são mais do tipo animais, porcos nojentos, sabe? Isso não deixa o sexo masculino exatamente benquisto entre as mulheres. Trabalhar como stripper não ajuda a ver o homem como parceiro sexual adequado. É uma vergonha.

NICKE BORG: Qualquer pessoa que tire suas roupas na frente de um monte de estranhos (ou estranhas, tanto faz) para ter alguns dólares enfiados na calcinha ou entre os peitos tem algo meio errado na cabeça, de certa forma. Em geral elas não têm nem a metade do tesão de uma garota comum, mas há algo de romântico que envolve o rock'n'roll e as boates de striptease. Eu geralmente frequento essas boates, gosto mesmo. Às vezes eu vou apenas pelo clima, as bebidas, todo o ambiente meio sujo dos anos 1970 e 1980, que não se acha mais hoje em dia... e às vezes tocam bom rock'n'roll por lá. Às vezes eu gosto de passar um tempo com strippers porque, no fim das contas, elas nem estão interessadas em fazer sexo, o que às vezes é um alívio.

TOBY RAND: São, sim. Eu já namorei strippers. O bom é que elas são muito divertidas, o trabalho delas é divertido. E são bem parecidas com astros do rock: sobem ao palco e são vistas pelo público, por isso não têm quaisquer inibições. Elas amam o exibicionismo e não parecem ter qualquer escrúpulo em tirar a roupa e se divertir.

Quando se está em turnê, é melhor pagar por sexo ou se masturbar?

ACEY SLADE: Acho que se você vai pagar por sexo, é traição. Se a dúvida entre se masturbar ou pagar é essa; se rolar grana, está traindo. Se não estiver pagando, não conta como traição, por isso se você estiver tentando ser fiel, obviamente fique com a masturbação. Mas se você estiver em turnê e não quer ser fiel, nem assim eu vejo motivo para ter que pagar para fazer sexo.

ADDE: Se você conhece uma garota no bar e paga bebidas para ela a noite toda, basta mantê-la interessada. Isso é praticamente uma prostituição oculta para mim; então, eu não me importo.

BLASKO: Se você é casado, certamente a masturbação é o caminho.

DANKO JONES: É mais barato, mais fácil, mais limpo e tem menos problemas: tudo favorece a masturbação. É muito mais fácil e você ainda economiza uma grana.

ROB PATTERSON: Com certeza masturbação!

TOBY RAND: Eu ainda não paguei por sexo, o que significa que tenho muita sorte. Então, prefiro pegar uma groupie.

Alguma dica para conseguir o melhor serviço pelo seu dinheiro?

EVAN SEINFELD: Estamos lutando contra algo parecido com o Napster, Limewire e todos esses sites de compartilhamento de música, no setor de filmes adultos. É um ramo de negócio muito difícil, mas vou dizer o seguinte: quando toda a pornografia for grátis, ninguém mais vai conseguir fazer filmes pornôs de qualidade. Vamos ter que ver pessoas gordas e feias transando. Então, se você for um fã da Tera Patrick, ou seja lá qual for sua atriz favorita, entre nos sites, apoie o trabalho delas e ajude esse pessoal a fornecer o entretenimento de qualidade que você gosta de ter.

> "QUANDO TODA A PORNOGRAFIA FOR GRÁTIS, NINGUÉM MAIS VAI CONSEGUIR FAZER FILMES PORNÔS DE QUALIDADE. VAMOS TER QUE VER PESSOAS GORDAS E FEIAS TRANSANDO."

ROB PATTERSON: Sim, não gaste!

Como escolher um bom serviço de sexo por telefone?

BLASKO: Ainda existe isso? Não faço ideia.

DANKO JONES: Isso é muito caro. Sexo por telefone é ótimo com alguém que você conhece. É muito melhor.

ROB PATTERSON: Não faço ideia. A lista telefônica? A seção de massagem do jornal *LA Weekly*?

TOBY RAND: A única experiência que tive foi passar trotes com meus colegas quando estava em turnês, só por diversão, para zoar e rir. Então basta escolher um número.

Qual cidade do mundo tem as melhores profissionais do sexo?

ACEY SLADE: Provavelmente Colônia, na Alemanha. A rua Reeperbahn, em Colônia, é muito legal. Gosto mais que de Amsterdã, porque lá é igual a qualquer outro lugar, cara; enquanto Colônia tem uma boate de striptease em que as meninas estão nas janelas, isso é muito legal.

ALLISON ROBERTSON: Acho que o Japão e talvez Suécia e Alemanha, só porque é um assunto muito importante nesses lugares, as pessoas são muito singulares e você provavelmente teria que ter muita habilidade para trabalhar nisso. E eu até jogaria Los Angeles no meio, com base nas que atuam em domicílio, strippers particulares.

BLASKO: Amsterdã, eu suponho. Nunca fui lá, mas escolho esta porque é como se existisse de tudo lá. Isso cria uma expectativa muito grande, com certeza.

BRENT MUSCAT: Fui a lugares na Europa que tinham bairros da luz vermelha e algumas garotas pareciam bem bonitas lá. Eu não sei. Nunca fiquei atraído por garotas a quem tivesse de pagar. Talvez eu tenha ficado mal-acostumado, porque ou estava na banda e nunca precisei pagar por isso, ou estava com uma namorada.

CHIP Z'NUFF: Amo a Scores, boate de Nova York, Scores East and West. Da última vez que estive lá, fizemos um grande programa de rádio, o DJ nos levou lá e era um lugar muito legal. Adoro aquilo. As pessoas são amigáveis e as garotas cuidam mesmo de você. Você pode beber pra caralho e praticamente não há regras. Se a menina gostar de você, ela vai para casa contigo, passa um tempo lá e manda ver.

COURTNEY TAYLOR-TAYLOR: Amsterdã, realmente. Tem mesmo para todos os gostos. Você quer garotas inteligentes, capazes de entabular uma conversa? Pode muito bem encontrar. Eu falei com uma moça. Ela estava chateada, eu também. Ela estava na janela dela, eu estava em pé na frente do pub ao lado, esperando alguém. Nossa, ela era legal. E muito gostosa. Provavelmente tinha trinta e poucos anos. E, meu Deus, era maluca. Se você puder bancar, imagino que a melhor forma de escolher uma garota num prostíbulo é se puder, sinceramente, e sem sinal de ironia, virar para o seu amigo e falar: "eu namoraria com ela". Esta seria a melhor de todas, o máximo. Pelo que sei, porém, isso raramente acontece.

DANKO JONES: Acho que seria Amsterdã, porque é legalizado. As pessoas vão lá para isso. Eu andei pelo bairro da luz vermelha, tem muitas gostosas por lá. Algumas são tão gostosas que você pensa: "que porra ela está fazendo aqui?" Mas agora eu sei que é melhor evitá-las. Nunca pensei muito nisso sobre qual cidade é a melhor.

DOUG ROBB: Provavelmente é um clichê dizer Amsterdã, mas com certeza é o primeiro lugar por onde andei e fiquei exposto à venda de sexo em público. Estive lá quando alguns caras da minha equipe técnica quiseram realizar esse capricho. Eu perguntei como foi e até eles acharam meio estranho. Talvez porque nos Estados Unidos seja considerado ilegal na maioria dos lugares, então é algo difícil de entender. Também fomos a um distrito em Bangcoc, numa boate, e ficamos sentados no que parecia ser um bar. Cerca de 20 garotas fingiam dançar, desfilavam de biquíni para lá e para cá. Os biquínis tinham números e vi pessoas dizendo: "sim, vou pegar a número 37" e simplesmente sair. Isso é bem sério. Então eu diria Amsterdã ou Bangcoc.

JAMES KOTTAK: Tenho certeza que é Amsterdã.

JESSE HUGHES: Nunca transei com uma prostituta, mas já coloquei umas para trabalhar. Explico: eu estava no velhíssimo hotel Marriott de Varsóvia, Polônia, quando entrei num bar e, juro para você, havia uma proporção de sete mulheres para cada homem. Eram muito gostosas, dignas de pornô europeu. Tinham de 19 a 22 anos e bastava pagar 30 dólares e ficar o tempo que quisesse. Levei três ao quarto de um amigo e nós as mandamos fazer brincadeiras como se fossem pôneis, sabe do que estou falando?

JIMMY ASHHURST: Toronto. E, claro, a mais conhecida: Amsterdã. Olhar as vitrines é uma experiência incrível. Nós ainda não estamos tão civilizados assim no meu país, infelizmente.

LEMMY: Não sei, nunca fiquei com uma, sabe? Não a trabalho, pelo menos.

NICKE BORG: Los Angeles... e Austin, no Texas.

ROB PATTERSON: Eu diria Amsterdã, pelo que me contaram.

TOBY RAND: De acordo com a experiência dos outros, têm que ser Amsterdã. Agora, eu já estive na Tailândia e é... incrível.

VAZQUEZ: Nunca fiz isso, então tenho que imaginar... Amsterdã não é badalada nisso? É o que eu ouço falar. Nos EUA não há muitos bordéis, eles têm mais serviços de acompanhantes e merdas do tipo.

DICAS DE SEXO DE ASTROS DO ROCK

SEXO SEM COMPROMISSO

"COM UM CAPUZ, UNS ÓCULOS E UM CASACÃO, EU SEMPRE CONSEGUI ESCAPAR INTEIRO."

Como deixar claro que está querendo apenas sexo sem compromisso?

ACEY SLADE: Se uma garota está ficando com um cara de uma banda e for a primeira noite, ela deve ter certeza que vai ser sexo sem compromisso. Acho que nem precisa falar, mas, de novo, voltamos ao lance de jovens *versus* pessoas mais velhas: uma garota mais madura vai saber isso. E não há nada de errado se uma garota quiser trepar com um cara gostoso que viu no palco.

ADDE: É meio óbvio. Se vocês estiverem num bar, é quase certo que se trata de sexo sem compromisso.

ALLISON ROBERTSON: Basta dizer logo de cara para não ter que lidar com chororô depois, sabe do que eu estou falando? Diga logo: "olha, isso é só por hoje".

ANDREW W.K.: As pessoas costumam se surpreender por eu nunca ter me aproveitado da minha profissão como tradicionalmente se faz... fico realmente fascinado com as pessoas que se aproveitam, ao ponto da devassidão. É realmente interessante, pois "o que leva alguém a fazer isso? O que impede que alguém faça isso?" Para ser bem sincero, eu realmente acho que a única diferença é que eu adoraria ter feito, de certa forma ainda posso fazer, e talvez até faça; mesmo casado, tudo é possível, minha esposa tem uma cabeça muito aberta, e a ideia de sexo sem compromisso me atrai muito, assim como a pornografia. Essa é a graça da pornografia. Meu problema é com o lado emocional, social e ético do sexo sem compromisso, o que significa que não sei como eu me sentiria em relação a isso ou à pessoa a longo prazo, e não sei o que pode acontecer após esse frenesi do momento físico.

BLASKO: Acho que nunca fui claro sobre esse assunto. Às vezes eu acabo me dando mal por isso, quase sempre, na verdade. Às vezes fica subentendido e está tudo bem, ninguém se sente culpado. Antes de me casar, eu nunca soube e ainda não sei se há uma boa maneira de fazer isso.

BRENT MUSCAT: Não acho que você necessariamente tenha que explicar isso. Segundo o meu ponto de vista, se eu estou em turnê numa cidade e vou embora no dia seguinte, é senso comum ou fica simplesmente presumido. Fica no ar o "bom, você sabe que vou embora amanhã, não é?" Houve vezes em que, se realmente gostei da garota, eu ficava com o telefone dela e sempre que voltava àquela cidade ligava para ela. Não é necessariamente algo a ser discutido. Não acho que seria um jeito muito bom de quebrar o gelo se você dissesse: "e aí, gata? Só quero fazer sexo com você essa vez". Isso pode arruinar todos os seus planos.

CHIP Z'NUFF: Eu não acho que você deva explicar isso. É melhor deixar quieto. Se você estiver com alguém, vai rolar, mas vocês acabaram de se encontrar, basta dar tudo de si. Quanto mais perguntas você fizer, mais afundado em problemas você vai ficar. Basicamente, se você encontra aquela pessoa e ambos se gostam, faça o que tem que fazer e deixe quieto. Não pergunte, não conte, eu gosto disso.

COURTNEY TAYLOR-TAYLOR: A melhor forma possível está na natureza da descrição do seu trabalho: sou vocalista de uma banda de rock. Nós rodamos o mundo fazendo muitas turnês. É a melhor maneira para mim. Eu nunca fiquei com uma pessoa que eu não esperasse namorar. As únicas vezes em que isso foi um problema foi devido à geografia. Então você sabe que pode ser algo anual ou que aconteça duas vezes por ano, se você gostar dela e ela aceitar. Realmente duvido que as pessoas em geral cheguem e... eu não sei o que os outros fazem, deixa para lá. Nunca tive que explicar a alguém: "sabe, ontem foi nossa última noite. Na verdade eu não gosto de você e nunca mais quero fazer isso de novo." Nunca vivi essa situação.

DANKO JONES: Sim, isso é interessante. Depende de onde essa transa sem compromisso acontece. Se for num bar e envolver só você e alguém que você encontrou, acho que fica subtendido que há uma certa chance de isso ser apenas sexo sem compromisso. Se acontecer num show e for sexo sem compromisso, a pessoa (não aquela da banda, mas a outra) pode interpretar mal e acabar aparecendo no dia seguinte.

DOUG ROBB: Precisa? Você não pode apenas ir embora? Não seria mais fácil apenas ir embora?

GINGER: Sempre avise antes. É melhor se arriscar a perder uma foda do que ter que lidar com uma situação desconfortável e ter que se livrar de alguém depois.

HANDSOME DICK MANITOBA: Depende de como você chega nessa situação, onde vocês se encontraram, o que você estava procurando. Perceba os sinais. Você não tem instintos à toa. Você não tem olhos e ouvidos à toa. Você não tem cérebro à toa. Perceba os sinais. Houve vezes em que aconteceu o contrário. Uma vez eu estava querendo transar sem compromisso com uma garota, que me levou ao camarote do pai dela no jogo de futebol americano dos Giants. Quando coloquei minha mão no joelho dela, a garota diz: "ah, eu não quero que você pense algo errado." E eu retruquei: "tenho trinta e poucos anos, você me levou para sair. Eu sou homem, você é mulher." É bom dizer essas merdas: "eu estou procurando isso, você está procurando aquilo, estamos procurando duas coisas diferentes." Ninguém está certo ou errado. É como se ambos estivessem em lugares diferentes. Você pode ter a pessoa certa na sua vida, mas se for o momento errado, então é a pessoa errada. É tudo uma questão do momento certo. Acho que você tem que explicar para a pessoa qual é a sua situação. Não precisa fazer discurso. Perceba os sinais, todo mundo deveria perceber as deixas.

JAMES KOTTAK: Assim que terminar, caia fora!

JESSE HUGHES: Depende. Se for preciso mentir para ela, então você mente e o simples fato de não ter ligado em seis semanas e não ter retornado nenhum SMS explica tudo. Nove entre dez vezes é muito difícil para o cara ser direto em relação a isso. Eles sempre têm que inventar uma historinha porque, infelizmente, a maioria dos homens encara o sexo como obter algo de uma garota em vez de fazer algo com uma garota. Você trepa, come alguém. Mas quando vê isso dessa forma, normalmente é preciso que uma mulher diga: "olha, cara, estou pouco me fodendo se você vai me ligar ou não."

JIMMY ASHHURST: Sou horrível nisso, cara, sou mesmo. Quanto mais você puder repetir que vai embora de manhã, melhor. Talvez deixar a passagem de avião na mesinha de cabeceira ou algo assim.

JOEL O'KEEFFE: Diga algo como: "o ônibus sai em quatro horas, amor. Então é agora ou nunca." Mesmo se o ônibus não sair, você já tem uma rota de fuga garantida.

LEMMY: As que estão dispostas a fazer isso querem justamente essa falta de compromisso. É uma espécie de aventura, na verdade. Eu gosto de sexo sem compromisso, é ótimo! Até fiz uma música sobre o assunto.

NICKE BORG: Depende de como foi. Acho que você corre um risco se pensar que só quer comer aquela garota, ir embora e pegar o ônibus com sua banda para a próxima cidade. Se ela for do tipo "puta que pariu, cara, ela é ótima!", você achou que estava usando a garota, mas ela pode te deixar maluco por ser a garota mais foda que você já encontrou na vida, pelo menos na hora você acha isso. Acho que todos nós esperamos que dure só uma noite, especialmente se você encontra alguém depois da meia-noite, mas às vezes você se surpreende com uma garota sensacional e foda.

ROB PATTERSON: Eu só fiz isso duas vezes na vida e ficou subtendido desde o começo.

TOBY RAND: Para começar, quando você está em turnê fica bem óbvio que vai para outra cidade na próxima noite, então, deixe bem claro para ela que você vai embora no dia seguinte. Fora isso, basta dizer: "você parece uma pessoa incrível, então vamos nos divertir pra caralho por uma noite e nos lembrar disso para sempre."

VAZQUEZ: Você tem que ser sincero com ela de cara, tem que falar tudo. O que é lindo no sexo sem compromisso quando você está em turnê é o fato de ser igual a qualquer relacionamento, mas em vez de acontecer ao longo de, digamos, um ou dois anos, acontece em apenas algumas horas. Você tem o primeiro encontro, aquele namorinho, um pouco de preliminares, o sexo em si e tem a despedida chorosa. É esquisito, cara, porque você acaba tendo vários minirrelacionamentos.

Qual a melhor forma de, educadamente, deixar a pessoa na mão e fugir no dia seguinte?

ACEY SLADE: Diga: "o pessoal do ônibus está me chamando."

ADDE: Primeiro de tudo, eu vou para a casa dela. Não quero ninguém na minha casa. Vou para a casa dela e basta não deixar meu número de telefone. Eu apenas digo algo como: "muito obrigado, você é maravilhosa, te vejo depois. Tchau."

> "NÃO PASSE A NOITE E FAÇA O CAFÉ DA MANHÃ! SIMPLESMENTE DÊ O FORA O MAIS RÁPIDO QUE PUDER, PORRA."

ALLISON ROBERTSON: Eu provavelmente usaria: "tenho um namorado me esperando em casa." Pode deixar o cara puto, mas assim ele sabe que não tem chance mesmo. Porque se você disser algo como: "da próxima vez..." ou levá-lo a pensar que vai haver uma próxima vez e você não quer isso, de acordo com a minha experiência, o cara vai ficar te perseguindo. Então, é melhor mentir, dizer que você é lésbica e que isso foi só por diversão. Parece melhor que dizer: "ah sim, isso foi realmente divertido. Da próxima vez que eu estiver na cidade..." Ninguém gosta de achar que a pessoa vai voltar e, quando ela volta, ser ignorado. Parece realmente ruim quando você está do outro lado da situação. Eu não sei. Você não quer desperdiçar o tempo dos outros.

CHIP Z'NUFF: Apenas seja sincero e diga: "estou prestes a ir para outra cidade. Foi maravilhoso com você ontem. Deus abençoe você e toda a sua família. Espero te ver de novo em breve. Pronto."

DANKO JONES: Sou péssimo nisso. Eu simplesmente evito ou me finjo de burro. Acho que não importa o quanto você seja colocado na parede, no fim das contas, é melhor ser sincero com alguém, não importa o quanto isso magoe. Depois que você fala tudo, fica bem mais fácil. Teve uma garota, acho que nos entendemos mal e ficou naquela: "eu estava pensando que era isso, mas obviamente você pensou que era aquilo. Realmente sinto muito." Na maioria das vezes elas não aceitam suas desculpas e provavelmente deixarão um milhão de mensagens de ódio em comunidades ou fóruns. Nas vezes que houve mal-entendidos, eu nunca fui capaz de falar com a pessoa e resolver, tudo porque depois a gente vai embora mesmo, você fica um dia e no dia seguinte parte, afinal, estamos sempre viajando. Se a transa sem compromisso aconteceu em casa, enquanto você estava em turnê ou sei lá onde, isso é o que realmente me chateia: você nunca vai conseguir chamar aquela pessoa num canto e fazer com que ela te ouça. Geralmente é tarde demais quando você a vê de novo. Elas ficaram pensando nisso por semanas, meses ou até um ou dois anos, e você não consegue convencê-las do contrário. É uma batalha perdida, melhor esquecer. É a parte de estar numa banda que realmente me chateia: você está num lugar um dia e no dia seguinte já foi. Se alguém falar merda a seu respeito ou te entender mal, seja em relação a sexo ou qualquer outro assunto, fica difícil limpar o seu nome. Se houver alguém que não goste de mim (nem estou falando profissionalmente, e sim no âmbito pessoal mesmo) é ainda pior se eu chegar a passar algum tempo com a pessoa, de modo íntimo. Fico chateado mesmo se ela não gostar de mim, porque eu não estou aí para magoar ninguém. Esse não é meu estilo. Estou contando porque já me aconteceu isso e nunca fui capaz de limpar meu nome com algumas pessoas. Fico chateado com isso.

DOUG ROBB: Não passe a noite e faça o café da manhã! Simplesmente dê o fora o mais rápido que puder, porra. Esse é o símbolo mais fácil e direto de "eu só queria essa vez."

JAMES KOTTAK: Diga: "ah, cara, temos uma reunião da banda da qual eu tinha me esquecido."

JESSE HUGHES: Já fiz: disse que precisava usar o banheiro. Daí eu abro a torneira, abro a janela e saio de fininho, deixando a porta trancada.

JOEL O'KEEFFE: Bom, diga apenas: "estou saindo para fumar, quer que eu traga alguma coisa da rua?" Depois corra pra caralho rumo ao primeiro ônibus e diga ao motorista para pisar fundo.

LEMMY: Você não precisa fugir. Quer dizer, no meu trabalho, sempre partimos no dia seguinte mesmo. Eu não sei como é quando você mora no mesmo lugar o tempo todo. Pode ficar complicado, eu imagino. De várias formas.

ROB PATTERSON: Não espere até a manhã seguinte! Vá embora quando elas forem dormir! Hahaha!

TOBY RAND: A melhor rota de fuga é quando o gerente de turnê já recebeu um SMS seu na noite anterior, dizendo que você está com uma garota e pedindo, por favor, para bater na porta e te arrastar de lá ou tirá-la do quarto. E ela tem que ir embora porque houve uma emergência!

Como evitar que a pessoa volte a entrar em contato?

ACEY SLADE: Agora é impossível. Realmente impossível. Você tem que ser mais sincero com as pessoas, agora mais do que nunca, porque vai acabar sendo pego se estiver traindo sua esposa ou namorada. Você vai ser descoberto de um jeito ou de outro e vai ser pela internet.

ANDREW W.K.: Bom, não dê o seu telefone e se você fizer isso, passe aquele que você não costuma atender. Mas desde o começo acho melhor apenas dizer: "não vou te dar meu telefone." Você pode nem falar com ela de novo. Se ela surtar, com sorte vai ter mais gente com vocês. Quanto mais direto você for, melhor. Algumas vezes eu fiz de um jeito que as garotas simplesmente fingiram que eu não disse nada e surtaram de qualquer forma.

BLASKO: Não dê o seu telefone e nem o seu perfil no MySpace, eu acho.

BRENT MUSCAT: Bom, acho que você decide se quer dar os seus contatos ou não. Se você não quiser mais vê-la, não precisa dar o telefone. Pode apenas dizer: "foi ótimo ficar com você. Talvez eu te veja quando estiver na cidade de novo", ou algo assim.

CHIP Z'NUFF: Bom, se você estiver ocupado, mas tiver um gerente de turnê para tomar conta de toda a equipe, então está em boa situação. Você pode vê-la de novo. Se você encontrá-la de novo, ela vai ter uma boa lembrança da última vez.

COURTNEY TAYLOR-TAYLOR: Esta seria a melhor forma de fazer isso: "ah, eu me sinto tão culpado. Puxa vida! Eu tenho uma namorada. Estou me sentindo muito culpado. Achei que deveria te contar isso. É que você é tão gostosa, eu não pude me controlar. É melhor eu ir embora agora." Essa seria uma boa, eu acho. "Por favor, não conte a ninguém. Eu realmente não consegui me controlar."

DOUG ROBB: Acho que se você for embora e não deixar nenhuma informação de contato. Se você der essas informações e ela tentar entrar em contato, você não deve retornar, ou algo assim, acho que é provavelmente a forma mais fácil.

HANDSOME DICK MANITOBA: Eu já fiz isso, mas sou realmente sensível e não gosto de me jogar para cima de alguém. Ame as pessoas com quem você está, ame quem te quer. Não fique perseguindo ninguém. Por exemplo, você pode correr atrás de alguém por um tempo e se ela se apaixonar por você, ótimo. Mas ficar correndo atrás, é quase como idolatrar alguém. Eu não me esforçaria tanto. Quando conheço uma garota, sempre espero um ou dois dias para ligar, nunca vou com muita sede ao pote. Não há nada mais broxante do que ir com muita sede ao pote ou alguém muito carente.

JAMES KOTTAK: Eu não sei mais nada com todos esses celulares e tal. Não sei.

JESSE HUGHES: Evite a garota a todo custo, e se encontrá-la de novo, finja que não a viu.

JIMMY ASHHURST: Dizer que você tem um irmão gêmeo ou sósia é uma boa forma de escapar. Você pode voltar à cidade e dizer: "não fui eu. Deve ter sido meu irmão gêmeo." Use esse método especialmente se houve algo desagradável. Negue tudo.

JOEL O'KEEFFE: Às vezes ter mais contato é bom, pode ser melhor que o primeiro. Mas se não for o caso, então, é hora de dar no pé ao estilo ninja e escapar da captura a qualquer custo. Da última vez que precisei empregar a arte da fuga ninja eu estava em turnê no Reino Unido. Com um capuz, uns óculos e um casacão, eu sempre consegui escapar.

LEMMY: Escute, se ela era tão ruim assim, por que você ficou com ela? Eu nunca estive com um monstro. Para evitar contato você simplesmente fecha todos os canais.

ROB PATTERSON: Não dê os seus contatos.

TOBY RAND: Bom, para começar ela não pode ter o seu número de telefone verdadeiro. O que eu gosto de fazer com a pessoa é deixá-la totalmente confortável para não ficar esquisito depois. Deixe o dia seguinte divertido. Tome café da manhã ou faça o que você quiser. Aí diga que tem alguma merda pra fazer. Seja sincero com ela e fale: "olha, eu não estou querendo nada, só um pouco de diversão." Eu acho que é sempre bom evitar dar os contatos, porque é o tipo de coisa que sempre dá problema depois. Recomendo lidar com isso na hora e dizer que está lá para se divertir, parece funcionar.

VAZQUEZ: Diplomacia e discrição, se você não usá-los, vai ter muitos problemas.

DICAS DE SEXO DE ASTROS DO ROCK

SEXO ORAL

"NÃO ENROLE MUITO, POR EXEMPLO SOPRANDO NELE OU BRINCANDO COM ELE. SE VOCÊ VAI CHUPAR, ENFIE LOGO NA BOCA E CHUPE."

Existe alguma técnica infalível de boquete que te leve à loucura?

ACEY SLADE: As garotas subestimam muito as mãos quando se trata de um boquete. Não há nada pior do que uma garota que só fica subindo e descendo com a boca. Tem que usar a mão. É obrigatório, ainda mais se fizer um movimento de torção.

ADDE: Muito cuspe. Sim, muito cuspe!

ALLISON ROBERTSON: Não. Acho que basta saber usar muito bem os lábios. Eu sei que parece óbvio, mas conheço muitas garotas que realmente não gostam disso. Elas mentem e dizem que sim, mas não gostam. Então eu acho que tem muito a ver com gostar ou não. Se você simplesmente não gosta, tudo bem, mas vai acabar tendo que fazer em algum momento. Uma coisa curiosa que notei, é que muitas mulheres não parecem ter entendido que é preciso ter cuidado com os dentes. Porra! Você devia ter aprendido isso no ensino fundamental. Acho que é a regra número um.

ANDREW W.K.: Sim, vá devagar. É um grande mal-entendido para muitas garotas que o sexo oral não é como tentar simular uma relação vaginal tradicional. É algo totalmente único, diferente, que tem muito a ver com o lado visual. Está relacionado a ter esse ponto de vista diferente, a não se preocupar com o tempo. Também acho que ir devagar pode ser mais confortável para a garota. Isso sempre funcionou para mim.

BLASKO: As pessoas geralmente dizem: "não sou muito boa nisso". Bom, o negócio é o seguinte: desde que você faça, já começou bem. Se não colocar dentes no meio, então é melhor ainda.

BRENT MUSCAT: É diversão garantida se a garota conseguir fazer a garganta profunda. É sempre sexy se ela puder engolir o máximo que puder, pelo menos para mim. Talvez seja um fetiche, não sei. Acho o seguinte: se você vai fazer, então faça bem feito. Não enrole muito, por exemplo, olhando para ele, ou brincando com ele. Se você vai chupar, enfie logo na boca e chupe.

CHIP Z'NUFF: Eu gosto do uso da mão como um acelerador de motocicleta, sabe? Girando a mão durante o boquete. Nós chamamos de Moedor de Pimenta ou Acelerador de Motocicleta. Isso leva qualquer um às alturas na hora, a menos que se tenha um ótimo controle mental. Esse truque começa o jogo instantaneamente. Mas é preciso ter cuidado, porque você pode não aguentar e gozar, aí você está ferrado. Afinal, nem todos temos 18 anos, quando somos resistentes e ficamos de pau duro de novo rapidinho. Mas o Acelerador de Motocicleta é a melhor técnica.

COURTNEY TAYLOR-TAYLOR: Acho que não.

DANKO JONES: Tem que ser boca e mão. Isso funciona perfeitamente. Nada de dentes, apenas boca e mão.

DOUG ROBB: Acho que quanto mais molhado melhor.

HANDSOME DICK MANITOBA: Nada, sem truques. É tudo uma questão de momento. Uma combinação de mãos e boca e, obviamente, nada de dentes. Outro fato importante no que diz respeito a estilo e técnica é que vocês aprendem um com o outro. Saber do que o seu parceiro gosta, os pequenos detalhes. Eu me lembro de estar com uma garota na Espanha uma vez, que começou a puxar meu pau com força, como se fosse feito de aço, e eu não sabia como dizer "devagar" ou "cuidado" em espanhol. Como no dia seguinte eu ia vê-la de novo, aprendi que "despacio" significa com cuidado e "lento" significa devagar. Então eu ficava "lento, lento!"

JESSE HUGHES: Eu resumo a melhor técnica para boquete assim: descrevo o pior boquete que recebi. Foi incrível!

JIMMY ASHHURST: Nunca soube muito bem o que estava acontecendo lá embaixo. É difícil dizer se elas estão usando alguma habilidade específica ou se a boca está apenas meio aberta. Eu sou capaz de diferenciar os bons boquetes dos ruins e há, com certeza, uma vasta gama entre esses dois extremos. Acho que tem muito a ver com as circunstâncias, mas há quem tente e se complique. Quer dizer, não é nada impossível... eu só posso imaginar, não tenho como saber.

LEMMY: Acho que não. Vou sair com o mesmo tipo de resposta de novo, é sempre pessoal. Algumas garotas gostam de uma coisa, outras preferem algo diferente. Ir direto ao ponto é bom. Quer dizer, elas sempre parecem gostar disso e eu também.

NICKE BORG: Para ser bem sincero, nunca fui o cara do tipo "ah, me pague um boquete". Acho supervalorizado. Talvez seja só eu, sei lá. Mas às vezes eu fico muito surpreso mesmo, não é que eu ache o sexo oral uma coisa incrível, mas acho que a maioria das mulheres faz do jeito errado. Por isso, nem saberia dizer a melhor técnica. "vá com calma! Não tenha pressa. Eu cheirei um grama de pó, vá com calma, porra."

ROB PATTERSON: Nenhuma, eu sou fácil de agradar.

TOBY RAND: É quando uma garota coloca a língua em volta da cabeça do seu pau e faz círculos ao redor dela.

VAZQUEZ: Eu não sou muito fissurado por um boquete, mas existem duas mulheres do passado que me vem à mente. Uma delas enfiava tudo na garganta e eu falei: "puta merda! Achei que isso era lenda." Essa foi, de fato, uma loucura.

Brincar de "quente e frio" é mesmo mais excitante?

ACEY SLADE: Eu gosto de estar no controle, então, geralmente, sou eu que inicio essa brincadeira. Fico meio assustado quando uma garota começa esse jogo de quente ou frio porque isso no geral significa que eu não estou segurando as rédeas.

ADDE: Isso é só diversão, não tem nada a ver com sexo... colocar gelo ou chocolate quente na boca, por exemplo. Essa é só a parte divertida do negócio, não tem nada a ver com sexo.

BRENT MUSCAT: Eu fiz uma garota mastigar gelo uma vez. Da outra, ela tinha gelo na boca. Não achei grande coisa em nenhum dos dois casos.

CHIP Z'NUFF: Ouvi falar que o truque do cubo de gelo é muito bom. Igual ao Kama Sutra, em que você bota o cubo de gelo em certas partes do corpo e logo em seguida põe a boca lá. Acho que é isso, nunca experimentei.

DANKO JONES: Eu tentei essa merda é só distraiu a minha atenção.

JESSE HUGHES: Para mim, o objeto exótico normalmente é o contexto. Se você estiver na cozinha e pegar uns sorvetes, é uma merda muito doida.

JIMMY ASHHURST: Eu prefiro só o quente.

ROB PATTERSON: Você diz a temperatura? Quente, definitivamente quente.

> "CERA DE VELA É MUITO CLICHÊ, MAS O QUE SE PODE FAZER COM ELA É EXCITANTE PRA CARALHO."

TOBY RAND: Adoro usar gelo, adoro. Adoro que usem em mim. Frutas frias, não importa quais, desde que tenham um gosto bom. Coisas frias me excitam porque obviamente eu já estou quente. Cera de vela é muito clichê, mas o que se pode fazer com ela é excitante pra caralho. Então vamos anotar esses dois.

VAZQUEZ: Desde que a boca esteja lá, prefiro a temperatura ambiente.

Qual é a melhor forma de ficar ereto de novo o mais rápido possível depois de um orgasmo?

ACEY SLADE: Uma das vantagens da sobriedade é que isso não é um problema para mim. Recomeçar as preliminares na garota vai te excitar de novo, recomece o círculo vicioso.

ANDREW W.K.: Sexo oral, eu acho. Depende. Talvez tirar uma soneca rápida, de uns 20 minutos para recuperar as energias. Você acorda e parece que se passou um tempão. Também ajuda se a garota for muito, mas muito, linda.

BLASKO: Acho que acontece. Por exemplo, algumas pessoas nascem com essa capacidade e outras não. Eu não sei se existe algum tipo de técnica. Sou abençoado porque não tenho grandes problemas com isso, não é algo que me exige tanto esforço assim.

CHIP Z'NUFF: Espere 15 a 20 minutos e depois faça sexo oral nela. Se você fizer isso, vai ficar excitado de novo. Estará apto para mais algumas vezes.

DOUG ROBB: Boquetes. Isso é unanimidade, convenhamos!

HANDSOME DICK MANITOBA: Geralmente peitos me excitam. Nunca falha para mim. Pegar nos peitos ou brincar com eles e deixar a garota realmente no clima, me agarrando e dizendo: "vamos lá, vamos lá!". Basta estar no clima. Mas eu geralmente gosto de relaxar um pouco depois da primeira foda. É algo psicológico. Quando eu era mais novo queria trepar de novo o mais rapidamente possível, mas agora prefiro algo de longa duração… em vez de trepar, gozar e trepar de novo, eu prefiro ter uma experiência mais longa, gozar e finalizar. Esse é o meu estilo ultimamente.

JESSE HUGHES: A melhor forma de ter uma ereção depois de um orgasmo, porque como todos vocês sabem, o pênis perde 70% do sangue depois do orgasmo… então a melhor forma de ter uma ereção logo em seguida é ainda ter tesão na garota depois de gozar.

JIMMY ASHHURST: Troque de parceira.

LEMMY: Sei lá, cara. Às vezes você tem sorte, às vezes não tem.

Qual é a melhor forma de estimular o clitóris com a boca?

ACEY SLADE: Basta encontrar o homenzinho na canoa e fazer pequenos círculos ao redor dele.

ADDE: Faça o alfabeto com a língua!

ALLISON ROBERTSON: Para ser sincera, é difícil dar dicas. Eu só penso que é o tipo de coisa em que é preciso saber a preferência da outra pessoa, até porque nunca vi alguém chegar a um consenso sobre isso. Já ouvi tantas coisas diferentes de amigas que não têm nada a ver com o que eu gosto e tal. Aí você encontra caras que perguntam: "por que eu fiz isso e aquilo com a outra namorada e ela gostou, mas você não?" Cada pessoa é totalmente diferente, sabe? Para mim, é menos uma questão de habilidade e mais de descobrir do que a pessoa gosta. Há muitas maneiras, e muitos caras se acham o Don Juan, mas não existe uma resposta certa que valha para todas.

ANDREW W.K.: A língua, sem dúvida, mais especificamente você deve pensar na língua como um dedo, que tem um número infinito de dobras. Como se fosse uma cobra, com vários movimentos, se é que isso faz sentido. Quando você começa a estimular o clitóris, tem que continuar por um tempo. Precisa de paciência, você nunca pode perder a concentração. Não pode perder o foco, tem que estar realmente presente. Sempre use este truque: faça o movimento por um pouco mais de tempo do que você acha que deveria. Na hora em que você pensar "certo, já estou fazendo isso há bastante tempo", aí você diz: "tudo bem, agora é que vou começar de verdade."

BLASKO: Descrever verbalmente é muito difícil.

BRENT MUSCAT: Basta chupar um pouquinho. Coloque a boca e mexa um pouco a língua.

CHIP Z'NUFF: Com a boca, gentilmente, para cima e para baixo. Não há motivo para ir para frente e para trás igual a um idiota. Basta ir para cima e para baixo, bem devagar e então enfie dois dedos lá, tocando contrabaixo. Esta é a técnica. Sou mestre nisso, vou até escrever um livro chamado *Playing Bass*, de Chip Z'Nuff.

COURTNEY TAYLOR-TAYLOR: Faça qualquer coisa, desde que muito, mas muito de leve.

DANKO JONES: Bom, me disseram que eu tenho uma língua comprida e acho que tenho mesmo. Minha técnica é esticar a língua e ter certeza que ela vai do alto até o fundo e então você bate nele como se fosse um pedaço de bife e muito, muito calmamente move a língua ao redor do clitóris. Elas não têm a sensação de lambida, mas tem essa sensação de estar coberto. Depois eu coloco minha língua contra ele e, muito calmamente, contorço e faço um movimento de ondulação, isso sempre dá certo. Lamber também é ótimo. Como disse o comediante Sam Kinson, e eu segui este conselho e sei que funciona, basta lamber como se fosse as letras do alfabeto. Assim a garota tem uma sensação diferente, e você também precisa ouvir para perceber quando ela fica excitada pelo som da respiração ou dos gemidos, e aí você se baseia nisso. Mas não exagere, tem que variar um pouco os movimentos, de forma bem sutil.

DOUG ROBB: Eu diria para chupá-lo e ao mesmo tempo fazer cócegas nele com a língua.

GINGER: Use a língua, não muito suavemente nem com muita força. Use muita saliva. Ron Jeremy recomenda desenhar letras do alfabeto no clitóris e eu tenho que dizer que funciona. Mantenha um ritmo consistente. Você quer sentir cada movimento e não levá-la ao clímax cedo demais. Sempre peça para ela dizer quando você estiver fazendo perfeitamente.

HANDSOME DICK MANITOBA: O melhor conselho que já tive foi quando falei com uma lésbica. Ela disse: "você sabe a atenção que você dá ao beijo, no sentido de tentar beijar bem, entrar no clima e relaxar a língua, como sendo o aperitivo absoluto da experiência sexual? Lá embaixo é só outra boca. Perca-se nela e trate-a como se fosse outra boca". Descobri que isolar o clitóris e mexer levemente nele com a língua... a maioria das mulheres gosta das mesmas coisas, mas há detalhes. Nenhum ser humano é igual a outro. Então, você pode dizer pelo jeito que ela se contorce e pelos sons, que você está indo na direção certa, está no caminho certo. É como pegar no pau: não pode ser forte demais, nem leve demais. Várias partes da experiência sexual levam você a dizer: "tudo bem, poder me pegar com um pouco mais de força agora". Acho que fazer carícias legais e suaves, seguindo a orientação delas é melhor. Você vai improvisando em cima do que dá certo.

JESSE HUGHES: Acho que as garotas em geral gostam quando você vai direto ao assunto com entusiasmo, sem precisar de indicações. Eu simplesmente uso a língua em todas as direções até ouvi-las fazer algo que me permite perceber que ela está gostando. Normalmente elas dizem algo como: "gosto disso."

JIMMY ASHHURST: Isso é muito difícil. Eu nunca vou saber. Tente de tudo, cara. Alguém disse para lamber o alfabeto e quando chegar numa certa letra ela faz um barulho ou algo assim. Isso ainda é um mistério, mas eu não acho que deva ser descoberto, sabe? Temos uma vida inteira, então tente tudo o que puder.

JOEL O'KEEFFE: Duble a letra da sua música favorita na jukebox sexual dela. Se não conseguir pensar em nada, tente *Walk This Way* do Aerosmith pelo ritmo rápido e refrão grande, mas tem que imitar os movimentos labiais do grande Steve Tyler para ter o efeito completo. Se você conseguir fazer isso tudo, vai deixá-la maluca!

LEMMY: De um lado para o outro. É assim que se faz.

NICKE BORG: Vá devagar. Deixe acelerar aos poucos. Olhe para o rosto: como ela está reagindo? Ela parece que está gostando pra caralho? Está tremendo? Como ela está se sentindo? Está quente ou fria? Vá muito, muito lentamente e encontre o seu caminho.

ROB PATTERSON: Bom, eu tenho piercing na língua, imagine só.

TOBY RAND: Na verdade eu gosto de agir no clitóris do mesmo modo que faço na boca. Ou seja, eu beijo lá embaixo como beijo na boca. Então quando a garota me beija, ela já sabe o que vai ter quando eu chegar lá embaixo. A partir daí é só dizer o que mais ela quer. Eu adoro receber instruções, adoro!

VAZQUEZ: É preciso perguntar à garota o que ela quer. Algumas preferem bem devagar, como se a sua língua fosse a porra de uma pena. Outras querem que você vá com tudo, como estivesse dando um chupão daqueles! Por isso eu sempre pergunto o que ela quer.

Como manipular o gosto ou o volume do sêmen?

ACEY SLADE: Nunca senti o gosto da minha porra. Fico imaginando os caras que dizem que dá para mudar o gosto. Acho que eles têm um monte de copinhos plásticos em casa, vestem um desses trajes nucleares esterilizados, colocam um pregador no nariz e ficam lá lambendo os copinhos e dizendo: "nossa, isso foi nojento, mas acho que tem gosto de abacaxi!"

BLASKO: Não sei se isso é possível. Sei que algumas pessoas falam em aipo. Eu experimentei e não notei muita diferença. Acho que já nasce com aquele gosto.

CHIP Z'NUFF: Um grande astro pornô me deu um belo conselho: para ter uma porra gostosa, tome muito suco de abacaxi e coma muito aipo. O aipo vai te deixar com um pau duro igual ao Chinese Arithmetic. Por isso eu recomendo palitos de aipo cru (é muito bom para a saúde) e suco de abacaxi. Não beba muito café. Xaviera Hollander recomenda no livro *The Happy Hooker* não comer muito doce e nem beber muito café. Os homens que tomam muito café e comem muito chocolate tem sêmen com gosto horrível.

"PARA TER UMA PORRA GOSTOSA, TOME MUITO SUCO DE ABACAXI E COMA MUITO AIPO."

DANKO JONES: Não toque punheta por um tempo, mas em termos de dieta eu sempre ouvi que zinco e atum funcionam. Foi o que eu ouvi.

JESSE HUGHES: Ouvi falar de ervilha.

JIMMY ASHHURST: Já me falaram de vodca, suco de toranja... eu nunca fui de planejar com muita antecedência, então é meio difícil pensar nisso. Pensar "ih, caralho, é melhor beber suco de abacaxi." Quem faz isso?

NICKE BORG: Há um comediante de *stand-up* que eu conheço bem e... sabe aquela barra de chocolate com coco chamada Bounty? Bom, uma vez ele se refestelou na merda de leite de coco, ou algo assim, e a garota disse: "o que você fez, comeu um Bounty?" Hahaha! Mas quando se trata de porra, não deixe acumular por muitos dias. O baixista da banda do meu amigo uma vez disse à namorada o motivo pelo qual ele tocava punheta, ela ficou meio decepcionada, dizendo "você não acha que eu sou...", aí ele respondeu, "olha, se você não se masturba umas duas vezes ao dia, o sêmen vai apodrecer no corpo!" Por isso o sêmen velho, se você não ejacula há muito tempo, vai ter um gosto horroroso. Não se masturbe dez vezes antes de trepar, mas não deixe acumular por duas semanas antes de fazer sexo com sua garota porque a porra vai ter gosto ruim, vai ficar podre, de acordo com esse baixista.

RON PATTERSON: Suco de abacaxi, ou isso é lenda urbana?

TOBY RAND: Aipo! Sem dúvida, cara, é incrível! É minha melhor dica. Coma aos montes, o máximo que puder e você vai gozar baldes. As garotas adoram! Pergunte a ela [aponta para a atual namorada, loura e atriz]... ela está sorrindo, certo?

VAZQUEZ: Nunca experimentei isso. Ouvi falar que você pode comer muito aipo e gozar aos montes, mas eu não toparia fazer isso. Sou latino, já sou bem fértil.

DICAS DE SEXO DE ASTROS DO ROCK

ROMANCE & CONQUISTA

"O PRINCIPAL ASPECTO DO ROMANCE É SIMPLESMENTE ESTAR ATENTO. CUIDE DE QUEM VOCÊ AMA. PRESTE ATENÇÃO EM QUEM VOCÊ AMA."

Qual a melhor forma de conquistar o coração de alguém?

ACEY SLADE: Para mim, provavelmente, é ter senso de humor e transmitir uma sensação de estabilidade. Se eu estou com alguém que me dá uma sensação de estabilidade, é ótimo. Se eu não me sentir estável nem seguro... nós, músicos, somos pessoas instáveis. Eu sei que posso trazer estabilidade a um relacionamento. Para um músico, sou realmente bom nisso. Posso pagar as contas, cuidar de tudo, mas é uma questão de segurança emocional. Com minha ex-esposa, eu pagava tudo, sustentava a casa e tudo o mais, mas não havia estabilidade emocional, e era disso que eu precisava.

ALLISON ROBERTSON: Acho que ouvir a pessoa, ouvir o que ela tem a dizer e não apenas tentar impressioná-la constantemente, falar de si mesma ou ser gostosa o tempo todo, se for mulher. É importante ser amiga e ouvi-lo, porque, no fim das contas, parece que a maioria dos meus namorados gostou dos meus bons conselhos ou simplesmente o fato de eu ter ouvido quando eles precisavam falar. Homens, você sabe, nem sempre conversam uns com os outros sobre o que estão pensando, por isso eles precisam de confidentes e este é um papel bom para uma mulher.

BLASKO: Acho que a honestidade é provavelmente a melhor forma de conquistar o coração de alguém.

BRENT MUSCAT: Estar presente e por um bom tempo. Conversar muito para encontrar coisas em comum parece ser a melhor forma. Se vocês gostam da mesma banda, você pode levá-la a um show, vocês podem se divertir juntos. Descubra do que ela gosta. Como eu falei, boa parte do sexo está, na verdade, entre os ouvidos, no seu cérebro. Boa parte consiste em achar coisas em comum e criar uma conexão desta forma.

CHIP Z'NUFF: Pelo estômago. As mulheres adoram comer. Leve-a para um ótimo jantar ou faça um ótimo jantar para ela. Você nem precisa levá-la para comer fora, basta chamar a menina para o seu apartamento e fazer um ótimo jantar, como o strogonoff do Adler. Ela vai ficar feliz imediatamente. Boa comida é um ótimo termômetro para começar o jogo, e ainda mostra o tipo de personalidade que você tem.

COURTNEY TAYLOR-TAYLOR: Seja fácil de lidar, tenha força o bastante para ser apenas fácil de lidar.

DANKO JONES: Ser muito sincero, direto, sem drama, sem babaquices e fazer a garota rir.

DOUG ROBB: Humor. Acho que caras com um bom senso de humor e que não se levam a sério demais o tempo todo, algumas vezes você tem que se levar a sério, mas se você deixar a vida te levar e não ficar muito preocupado com tudo... eu posso estar totalmente enganado, mas gosto de pensar que as garotas gostam disso, de um cara que consegue rir de si mesmo.

JAMES KOTTAK: Uma bela canção, um buquê de flores e ótima comida.

JESSE HUGHES: Na verdade, este é o meu assunto favorito porque o romance é a coisa mais legal do mundo. Um efeito colateral infeliz do rock'n'roll e da cultura pop foi a perda do lado romântico da equação do amor. Romance é a coisa mais linda do mundo. A melhor forma de conquistar o coração de uma mulher é simplesmente observar aquela mulher. É mais uma filosofia, em vez de um caminho específico, mas tudo depende da situação, e isso também vale para as garotas. Portanto, o contexto é tudo. O principal aspecto do romance é simplesmente estar atento. Cuide de quem você ama. Preste atenção em quem você ama. Quando você a observa com um pouco mais de profundidade, além da mera bajulação, você vai notar certas coisas, e aí o romance é simplesmente uma demonstração de que você prestou atenção a algo mais profundo que as aparências.

JIMMY ASHHURST: Segurança. Acho que todas as mulheres procuram isso no fim das contas.

LEMMY: Faça-a rir. Conte uma ou duas piadas. Faça com que ela dê boas gargalhadas, isso funciona.

ROB PATTERSON: Para mim, é inteligência e autoconfiança.

TOBY RAND: Honestidade e confiança, quando alguém não tem medo de ser quem é, nem de demonstrar afeto ou de mostrar algo a respeito de si para você. Conheci tanta gente falsa na vida que desejo apenas uma pessoa sincera, legal e tranquila. Acho que uma garota tranquila, que não tem noias, é o máximo e topa qualquer parada, é o maior tesão e o caminho para o meu coração.

VAZQUEZ: Obviamente você tem que falar com ela e precisa ouvir, ou pelo menos fingir que ouve. Acho que tem muito a ver com química. Meu pai sempre me disse "sabe, as pessoas dizem que sexo não é tudo, mas se você não conseguir acertar isso com uma mulher, tudo vai pro caralho". Tem que rolar essa química, você tem que ser capaz de falar com ela. E ela tem que saber que você compreende.

Como mostrar ao parceiro que você está verdadeiramente apaixonado?

ACEY SLADE: O jeito que eu mostrava a minha ex que a amava era contar a ela sobre as turnês que eu iria fazer e o quanto eu iria ganhar, fazendo com que ela se sentisse parte do que estava acontecendo, porque eu sempre fui muito egoísta com minha carreira e minha música. Convenhamos, o sucesso não dura para sempre e eu sempre tive uma atitude do tipo "tem uma turnê chegando, tenho que fazer. Não me importo se não vou ganhar muito dinheiro. Não importa se sua mãe vai estar aqui nas férias, tanto faz." Sabe, eu sempre fui assim. Então para mim, mostrar amor era dizer: "olha, eu tenho essa oportunidade. O que você acha disso?"

ADDE: Eu diria a ela o tempo todo que a amo e a estimo. E daria a ela todo o amor que tenho.

ALLISON ROBERTSON: Acho que é quando você realmente pode confiar na outra pessoa. É quando você sabe que ele não olha ou pensa em outra pessoa. Para mim, isso é o ápice. Estou numa banda e vejo muita gente por aí. Tem muitos caras bonitos, muitos idiotas e várias pessoas dando em cima de mim, mas acho que um cara sabe quando estou apaixonada ou quando só me importo com aquele cara em particular, porque ignoro completamente os avanços de todos os outros. Esse é o sacrifício supremo para um cara, então eu não espero isso com muita facilidade de um homem. Alguns caras gostam de olhar por aí e eu acho que está tudo bem, desde que não encostem em outras pessoas.

ANDREW W.K.: Acho que o melhor é deixá-las em paz. Dar apoio incondicional, ser totalmente cabeça aberta, deixá-la florescer por completo e ficar feliz em fazer o que ela quiser. Além disso, envolve deixar a pessoa seguir e ficar afastado, mas manter-se o mais próximo possível ao mesmo tempo. Acho que é o equilíbrio quando você tem confiança o bastante em si mesmo a ponto de liberar por completo essa confiança na outra pessoa. Acho que é quando você está no melhor estado de amor.

BLASKO: Ouvir o que ela tem a dizer.

BRENT MUSCAT: Ser gentil e passar muito tempo com ela. Levá-la a lugares e dizer: "olha, eu realmente me apeguei a você e te amo". Diga que você a ama.

CHIP Z'NUFF: Ah, as ações falam mais que as palavras, e não só no sentido de comprar presentes para ela, mas passar um tempo ouvindo o que ela tem a dizer e fazer pequenas coisas para ela. Eu não me importo em botar o lixo para fora, lavar ou pendurar a roupa, arrumar a cama. Essas pequenas coisas às vezes mexem com a garota. Ela diz: "nossa, não estou acostumada com isso". Abrir a porta do carro é muito respeitador. Qualquer coisa cavalheiresca geralmente funciona.

DANKO JONES: Neste ramo de trabalho você tem que dar segurança e depois dar segurança de novo. E buscar uma garota segura de si e que não seja carente.

Depois de fazer isso, aí sim ela acredita em você. Então eu dou segurança ao ser verdadeiro, mostrando a ela que sou verdadeiro em outras áreas da minha vida, não necessariamente apenas nas questões que envolvem mulheres e traição, mas em tudo que gosto, sendo muito consistente com a comida ou uma camiseta que aprecio. Qualquer coisa pequena assim lhe dá a garantia que "sim, ele é consistente com o que diz". Isso é muito importante se você quiser um relacionamento sério com alguém e fazer turnês tocando rock'n'roll. É obrigatório. Além disso, também descobri a necessidade de apresentá-la a seus amigos e família, se você me mostrar quem são seus amigos, vou dizer quem você é. Se você apresentá-la ao seu amigo que fuma o dia todo, fuça os classificados em busca de prostitutas, anda com uma escopeta, tem uma bela coleção de armas em casa e trafica pó como negócio paralelo, então ela vai pensar: "bom, talvez esse cara não seja boa coisa..." você nunca vai mostrar esse amigo para ela! Deve mostrar o amigo legal. Para quem trabalha numa banda, acho que você deveria mostrar a ela seus amigos legais, estáveis, os amigos normais que você tem. Além disso, seja consistente com o que diz e sempre seja honesto. É assim que você conquista a confiança e vai, um dia, poder sair em turnê sem haver nenhuma carência ou insegurança da parte dela. Não vai ser preciso lidar com ela chorando ao telefone antes de você entrar no palco porque ela ouviu algo de alguém ou alguma merda dessas.

DOUG ROBB: Sacrificar coisas que você adora para fazer algo com ela, sem que ela peça.

HANDSOME DICK MANITOBA: Eu simplesmente a respeito. Acho que uma das coisas mais difíceis de um relacionamento e de ter muita intimidade de alguém, e isso vale para *qualquer* relacionamento, não precisa ser romântico, é que a outra pessoa não é você. Isso é difícil de assimilar às vezes. Ela não é você, não tem que ter seus sentimentos ou compartilhar isso ou aquilo. Ela é ela, e mesmo que seja completamente diferente, é uma questão de aceitar. As pessoas são assim. Se vocês querem ficar juntos, a escolha é sua. Amar, aceitar e respeitar as pessoas como elas são, não como quem você quer que elas sejam.

JAMES KOTTAK: Quando ela estiver muito doente e vomitando e, em vez de sair para uma noitada em Hollywood, você fica em casa e ajuda a limpar o vômito.

JIMMY ASHHURST: Se você estiver preparado para correr este risco, oferecer segurança para ela seria uma boa ideia.

LEMMY: Arranque o seu coração e ofereça a ela.

ROB PATTERSON: O amor é sentido, não mostrado.

TOBY RAND: Quando você está com sua parceira, só quer estar com ela o tempo todo. Quando você não está com ela, sabe aquele momento em que você a vê pela primeira vez , com aquele brilho nos olhos, e só quer agarrá-la? Acho que é mais isso do que qualquer tipo de merda materialista.

VAZQUEZ: Eu imagino que você pode compor uma música para ela. Você compõe uma música, canta para ela e pronto! Não tem que ser algo na Linha *Baby I Love Your Way,* não precisa ser tão bom. O fato de você ter feito isso só para ela... elas amam isso, cara.

Qual a coisa mais romântica que alguém já fez por você?

ACEY SLADE: Sinceramente, tive uma ex-namorada... nós estávamos juntos há um tempo quando um dia, do nada, ela simplesmente apareceu com rosas, sem qualquer motivo.

ADDE: Fazer uma longa viagem só para me ver por, digamos 12 horas, e então voltar porque eu estava saindo em turnê. Isso foi realmente romântico.

ALLISON ROBERTSON: Acho que seria me ouvir e realmente deixar que eu seja eu mesma. Para mim, isso é o mais romântico. Nem é um gesto, é mais um comportamento geral, que não acontece muito, alguém realmente te ouve e lembra do que você disse. Recentemente, uma pessoa estava me ouvindo muito. Ele pedia comida para mim e se lembrava do que eu comia nesse determinado local (sou vegetariana). Fico mais impressionada com um cara atencioso do que com alguém que gasta dinheiro ou faz um monte de coisas grandiosas. Fico mais impressionada quando alguém ouve mesmo o que eu tenho a dizer, guarda e aplica aquilo depois.

BRUCE KULICK: Uma vez eu ganhei um presente que achei ultraperfeito para mim. E olha que é realmente difícil me presentear, porque tenho sorte: eu sei do que gosto e compro o que gosto. Eu me presenteio o tempo todo, por isso geralmente quando as pessoas compram algo para mim é algo que eu não quero. Então, quando ganho um presente do qual precisava muito, mas tinha preguiça ou vergonha de comprar, isso significa muito para mim. Pode ser algo bobo como uma câmera digital ou um filme que eu esteja doido para ver. Acho que é o velho ditado: "faça aos outros o que você quer que façam a você". Assim, sempre que alguém faz um esforço por mim... vou dar um exemplo do que não funciona: minha ex-esposa achou que seria divertido alugar um carro antigo no meu aniversário. Eu gosto de carros, mas não sou fissurado. É legal dirigir um Cadillac antigo, mas não quando ele está no meio do engarrafamento, como uma lata-velha lerda, barulhenta e beberrona de gasolina. A intenção dela foi boa, mas não deu certo e eu acabei odiando o presente. Portanto, tenha cuidado: se você vai dar um presente radical para alguém, tenha certeza que seja algo que a pessoa queira, basta isso.

CHIP Z'NUFF: Acho que a coisa mais romântica que alguém já fez por mim foi minha primeira esposa ter me dado uma filha linda. Essa foi a coisa mais romântica do mundo, uma filha chamada Tara. Ela tem 24 anos agora. Acima de tudo e de todas as pessoas com quem fui feliz, isso foi o máximo do romantismo. Já recebi bons presentes e fui feliz com deusas maravilhosas, mas esse é o que se destaca, apenas uma garotinha linda. Isso muda você. Dá para falar logo de cara. Uma criança é uma parte de você e é uma bênção.

COURTNEY TAYLOR-TAYLOR: Cuidar de mim quando estou doente.

DANKO JONES: Acho que pegar um avião para me ver apenas por uma noite e depois viajar de volta.

DOUG ROBB: Dizer sim quanto ao pedido de casamento. Talvez eu tenha uma memória péssima, mas é a única reposta que me vem à cabeça. Fiquei muito feliz por ela não ter falado um "não".

HANDSOME DICK MANITOBA: Eu teria que voltar ao melhor "eu te amo" que já ouvi: foi quando a minha garota Zoe estava fazendo uma cesariana e eu estava lá sentado, dando força, segurando sua mão. Eu estou lá apoiando o torso enquanto os médicos trabalham com a metade inferior do corpo dela, atrás da cortina. Estamos esperando o nosso filho. Eu tinha quase 49 anos e esse era o meu primeiro filho. Então, os médicos dão a volta na cortina e me entregam essa coisinha linda de bebezinho, dizendo: "este é seu filho." Eu fiquei derretido pra caralho enquanto a Zoe me olhou e disse: "eu te amo." Foi o momento mais puro e o melhor "eu te amo" que já ouvi.

JAMES KOTTAK: Tirar minha cabeça da privada quando eu estava vomitando.

> "ELA ARRUMOU UM BONECO DO ADOLF HITLER, DUAS VELAS E UMA GARRAFA DE SUCO DE MAÇÃ ESPUMANTE PARA MIM NO MEU ANIVERSÁRIO."

JESSE HUGHES: Eu namorei uma garota chinesa (e só digo isso porque ela fazia o estilo assassina asiática, meio Mata Hari) que era repórter do *Naked News*. Ela era independente e rica. Nós namoramos muito sério e ela costumava me chamar de The Happy Dictator. Então, a garota foi num site e pagou 5.000 dólares por um boneco de 30 centímetros que era uma recriação meticulosa de Adolf Hitler com dois uniformes. Ela arrumou um boneco de Adolf Hitler, duas velas e uma garrafa de suco de maçã espumante (porque eu não bebo) para mim no meu aniversário. Não sei dizer se eu deveria ficar excitado e dizer "você vai fazerrr isso" ao estilo Gestapo ou se deveria ficar totalmente ofendido. Foi a situação mais bizarramente romântica da minha vida. Veja bem, não há nada de bom em relação a Hitler. Quero fazer uma camiseta escrita: "Hitler: que tremendo babaca!" Agora, se você é asiática e dá isso de presente, é muito estranho, com certeza.

JIMMY ASHHURST: Fazer brownies e montar um livro chamado *o que eu amo em você*, no qual ela escreveu um monte de coisinhas... deve ter levado um tempão para fazer isso.

LEMMY: Uma vez eu recebi um boneco vodu pela minha caixa postal em Londres com um monte de alfinetes nos genitais. Devo ter feito algo errado com alguém, certo? Ou pode ter vindo do namorado dela, imagino.

NICKE BORG: Gostar de mim como eu sou. Dizer para mim que não tem problema, falar: "eu realmente não quero que você faça isso, mas não tem problema porque você vai acabar descobrindo que não quer fazer isso. E está tudo bem porque eu te amo". Basicamente, apenas entender, dedicar pra caralho a sua vida a alguém. Essa é a coisa mais romântica, eu acho.

ROB PATTERSON: Minha noiva apareceu na Alemanha quando eu estava em turnê no Dia dos Namorados e decorou o quarto de hotel inteiro quando eu saí por alguns minutos. Foi tão bonitinho.

TOBY RAND: Eu estava tocando num show e pensei que a pessoa não estava no país. Ela estava evitando meus telefonemas para conseguir disfarçar a história, até que eu olhei e ela estava lá, sentada no meio da plateia.

VAZQUEZ: Tive uma ex-namorada que fez um livro artesanal, com poesia e essa merda toda. Tinha fotos de nós dois e tudo o mais. Foi emocionante pra caralho. Foi legal. Eu gostei muito disso.

Que presente melhor diz "eu te amo"?

ACEY SLADE: Eu costumava achar que eram guitarras, depois pensei que fossem tatuagens. Mas, na verdade, é doar a si mesmo, incondicionalmente. Eu sei que soa piegas. Já namorei mulheres que tinham muito dinheiro, me davam presentes, e isso também pode ser uma armadilha, não é bom. Então, eu acho que basta doar-se.

ALLISON ROBERTSON: Flores... estou brincando! Eu gosto de presentes. Então, se houver algo sobre o qual venho comentando, é sempre legal se alguém compra para mim. Mas, para ser sincera, eu realmente acredito que fazer o jantar ou construir algo do zero seja mais "eu te amo" do que um presente. Além disso, eu acho que viajar é um belo presente, basta dizer: "olha, vamos para tal lugar e fazer tal coisa", porque eu não costumo viajar por turismo. Estou sempre viajando, mas não chega a ser divertido, é legal, mas não é relaxante, porque estou a trabalho.

ANDREW W.K: Algo bem atencioso, geralmente. Não importa se são presentes sofisticados ou muito simples no preço, a questão é como eles se relacionam a algum aspecto da minha vida que era específico e só aquela pessoa, aquela mulher, poderia estar familiarizada com ele. Seja um equipamentozinho para o meu estúdio, alguma comida, algo para a casa, esses presentes são muito atenciosos e, para mim, dizem tudo.

BLASKO: Sexo. Acho que isso funciona.

BRENT MUSCAT: Joias são boas porque em geral duram para sempre, enquanto algo como uma rosa fica feia e morre em alguns dias. Por isso joias seriam ótimas. Algo que ela possa usar e pensar em você. Um anel ou colar seria bom.

CHIP Z'NUFF: Atos. Os seus atos, este é o presente. Ela vai continuar com raiva se você chegar em casa tarde. Ela vai continuar puta contigo se ela tiver essa mansão linda e você não estiver lá. Então, o presente da gentileza e de ser bom é o melhor. Passe um tempo com ela, de verdade. É o que todos nós queremos. Você vê um velho casal na rua, eles estão de mãos dadas e passam tempo juntos. É isso que todo mundo procura, se a gente parar e pensar. Eu aplaudo isso! Não há nada como ver um velho casal andando pela rua. É tão charmoso e verdadeiro. Não é forçado. É muito orgânico, não tem igual.

COURTNEY TAYLOR-TAYLOR: Um fim de semana na praia com uma banheira quente no quarto. Simplesmente fugir de tudo com alguém.

DANKO JONES: Eu sou péssimo para presentes.

DOUG ROBB: Tempo. Acho que passar um tempo e dar toda a atenção à pessoa vale mais do que qualquer presente. No meu caso, eu penso assim porque estou fora tanto tempo que passar alguns momentos com alguém é algo valiosíssimo.

GINGER: Algo novo que você ache que ela vá gostar. Mesmo que ela não goste, vai apreciar o fato de você ter pensado nela. Flores são bobas, chocolates não são uma boa ideia e ursinhos de pelúcia podem fazê-la pensar que você a vê como criança. Não há necessidade de gastar muito, mas se você vir algo caro que faça você se lembrar dela então compre. É só dinheiro mesmo, e você, muito possivelmente, terá grande probabilidade de ganhar mais se tiver amor na sua vida.

JAMES KOTTAK: Eu diria que um belo Mercedes E430 é uma boa.

JESSE HUGHES: Os diamantes são os melhores amigos de uma garota. Os homens preferem as louras, mas as louras não gostam de aleijados. Dito isso, depende, cara. O presente mais romântico que você pode dar a alguém é algo que demonstre que você está prestando atenção, e coisas bobas e clássicas, pieguices e clichês podem ser os presentes mais úteis e românticos. O que eu quero dizer é o seguinte: se você estiver num restaurante, mande trazer uma sobremesa especial com velas e alguns dos *maîtres* surgindo e batendo palmas sem motivo. Além disso, não basta dar presentes, deve-se pensar no momento em que você dá o presente. Dê o presente sem ocasião especial, quando não houver motivo para ganhá-lo. Não no dia dos namorados, mas num dia qualquer. Aí você ganha mais pontos! E dê o presente na frente de um público distante, por exemplo, mande entregar as flores.

JIMMY ASHHURST: Qualquer coisa que venha numa caixa da Tiffany's, cara.

LEMMY: Diamantes.

NICKE BORG: Faça sua amada entender e acreditar que você se importa de verdade e a apoia. Especialmente em momentos difíceis e duros, se você apenas mostrar que está por perto e dando apoio, pode ser o melhor presente. Não gosto muito de presentes. Todos gostam de flores, isso é sempre legal, mas dar um presente *de verdade* a sua amada é estar presente quando ela precisa.

ROB PATTERSON: Um equipamento Pro-Tools? Hahaha!

TOBY RAND: Uma garrafa de Jägermeister... e sentar no sofá, bebendo juntos. Uma garrafa de qualquer coisa com dois copos.

VAZQUEZ: Sinceramente, eu não acho que presentes façam isso, cara.

DICAS DE SEXO DE ASTROS DO ROCK

SEXO SEGURO (CONTRACEPTIVOS & DSTs)

"EU SÓ FAÇO SEXO SEM CAMISINHA SE ACHAR QUE TENHO FUTURO COM A PESSOA."

Qual a precaução mais importante a ser tomada?

ACEY SLADE: Com certeza camisinha, 100% camisinha.

ADDE: Sou horrível com isso porque assim que fico bêbado e acho uma garota, nós acabamos na cama e eu não quero usar camisinha. Quando estou bêbado eu penso: "não me importo se pegar alguma doença!" Então sou péssimo com isso, péssimo.

ALLISON ROBERTSON: Camisinha, com certeza.

BLASKO: A coisa mais segura a fazer é simplesmente não fazer. Além disso, use camisinha.

BRENT MUSCAT: Uma camisinha é sempre bom. Acho que se você é sexualmente ativo deve ir ao médico pelo menos a cada seis meses para fazer um check-up. E mantenha-se limpo, tenha consciência do seu corpo. Tome banho todos os dias e olhe para si mesmo. Tenha consciência do que está acontecendo. Se algo não estiver normal, você deve ir ao médico. Não faça sexo se algo estiver errado. E use camisinhas sempre.

> "FIQUE LONGE DO PÓ ATÉ COLOCAR A CAMISINHA. AÍ VOCÊ CHEIRA UMA CARREIRA, E SÓ ENTÃO VOCÊ TRANSA."

BRUCE KULICK: Bom, claro que usar uma camisinha. Se você estiver num relacionamento sério isso não é importante, mas quando não estiver, acho que é fundamental. Para mim sempre foi muito fácil usar camisinha e sempre tive muito cuidado. Até onde me consta, não existem pequenos Bruces por aí.

CHIP Z'NUFF: Com certeza você tem que ter uma camisinha. Tem que rolar algum tipo de proteção no carinha. Também existem coisas para as garotas agora. Deixa eu te contar: não gosto de nada disso, porque acaba com o romance. Se você vai ser um cara promíscuo mesmo ou se estiver com uma garota que você acha promíscua, faça questão de se proteger. Mas se a garota é só sua e tal, não precisa fazer esse tipo de coisa. Eu acho melhor apenas ter cuidado. Antes de gozar, simplesmente tire. Não goze dentro, senão você vai ter que se preocupar com isso pelos próximos 30 dias até ver o que acontece. Por isso minha recomendação é profilática, e se for uma garota que você ache questionável, existe preservativo para elas também. Não use mais de uma camisinha, use apenas uma. Não coloque dois preservativos para aquela garota promíscua. Isso não adianta nada. É horrível.

Pergunte a qualquer médico e ele vai dizer que duas camisinhas são uma piada. É uma mentira e não funciona. Basta uma boa camisinha e ter cuidado. Para a mulher, após fazer sexo eu recomendo que ela vá direto ao banheiro se lavar. Assim ela tem uma chance maior de estar segura.

DANKO JONES: Bom, você tem que usar camisinha. Acho que essa seria a primeira precaução. Além disso, escolha bastante. Não pegue qualquer uma. Da minha perspectiva, isto é, da perspectiva de um cara que está numa banda (a menos que você toque numa banda de black metal), a probabilidade é que se você toca rock'n'roll, após alguns anos, terá encontrado muitas garotas que você não conheceria caso trabalhasse num banco. Então, ao longo dos anos, você desenvolve uma espécie de sexto sentido e deve colocar em prática a sabedoria que você acumulou com a experiência na estrada. É algo que vem com a experiência: agora eu posso olhar para alguém e dizer "essa faz drama! Vou fugir dela!"

DOUG ROBB: Camisinhas.

EVAN SEINFELD: Na indústria de vídeos adultos nós temos uma política rígida de testes quando fazemos avaliação de elenco para um filme, mas, caras, usem camisinha.

JAMES KOTTAK: Não faça. Na dúvida, mande embora.

JESSE HUGHES: A medida de segurança mais importante a ser tomada durante o sexo é não morrer.

JIMMY ASHHURST: Uma camisinha, com certeza.

LEMMY: Tenha uma arma embaixo do travesseiro, esta é a medida mais segura.

NICKE BORG: Ninguém quer ter uma doença, e hoje em dia existem doenças letais. Não tenho orgulho de mim mesmo por ter feito sexo sem proteção muitas, mas muitas vezes com pessoas que poderiam mesmo ter alguma doença. A camisinha está aí para isso, então tente usar essa porra e fazer algo sexy com elas. Claro, todos concordam que não é tão legal ter a porra de um plástico no seu pau, mas tudo bem. Fique longe do pó até colocar a camisinha. Aí você cheira uma carreira, e só então você transa.

ROB PATTERSON: Camisinhas.

TOBY RAND: A medida de segurança mais importante é usar camisinha. Na verdade, a mais importante mesmo é não fazer sexo... apenas receba boquetes.

VAZQUEZ: Deixe a porra da luz ligada, tá? Você quer saber que porra está rolando. Obviamente, tem que usar camisinha, cara. Quero dizer, que porra é essa? Mas deixe a luz ligada ou você não vai saber em que merda está se metendo.

Como você pode ter certeza que não vai pegar alguma doença antes de fazer sexo com alguém?

ACEY SLADE: Acho que é só usar o bom senso e olhar para a pessoa. Já recusei sexo com garotas muito atraentes. Elas conheciam o gerente da turnê e citaram o nome de um monte de bandas, e eu realmente tive que pensar: vale a pena morrer por isso? Portanto, sempre use camisinha. Isso não impede que você faça sexo enquanto está em turnê, nada vai impedir isso, mas ajuda.

ALLISON ROBERTSON: Eu sou o tipo de pessoa segura então eu tenho que confiar nos caras, mas nunca se pode ter certeza. É por isso que a gente tem que se prevenir. Você pode se sentir segura e acabar descobrindo algo só depois. Acho que a gente deve esperar o melhor, mas enquanto isso, tem que usar camisinha.

ANDREW W.K: Acho melhor perguntar e falar sobre isso. Diga: "eu não tenho isso" ou "eu tenho isso" e peça a ela para fazer o mesmo. É interessante porque meu pai e outras pessoas muito mais velhas do que eu, dizem que eles se sentem mal por mim, pois quando eles tinham a minha idade ninguém pensava nessas coisas e não era preciso se preocupar com isso. Eu me pergunto se é porque não existia ou porque simplesmente não pensavam nisso. Imagino que talvez não existisse a AIDS ou o HIV, por exemplo, mas de todo o escopo de doenças que existia, parece que as pessoas não tinham tanta informação. A partir da minha geração, todos receberam uma grande dose de educação sexual, especificamente sobre sexo seguro, usar camisinhas e todas aquelas doenças horríveis explicadas nos mínimos detalhes, com todos os sintomas descritos por meio de cores, gostos, cheiros e consistências. Era realmente horrível e eles fizeram um grande esforço para tornar o sexo e as doenças que você podia pegar a coisa mais nojenta e repulsiva possível. E realmente funcionou! Já evitei muitas experiências sexuais apenas por medo de pegar alguma doença horrível. Assim, falar com as pessoas e tentar fazer com que elas sejam sinceras é a melhor defesa. Mesmo assim, existem mulheres que mentem e às vezes eu só descobria que elas tinham alguma doença meses depois. Perguntar a ela é a única solução, do contrário você estará correndo risco sempre.

COURTNEY TAYLOR-TAYLOR: Não tem como. Você apenas tem que estar com a mesma pessoa.

DANKO JONES: Sim, é uma loucura. Primeiro de tudo, procure sinais de herpes, depois converse um pouco e tente conhecer a pessoa, eu acho. É só uma noite, então fica difícil dizer. Usar camisinha deve ser feito sempre.

HANDSOME DICK MANITOBA: Não tem como saber. É preciso se proteger, mas não tem como saber, porque há histórico genético e sanguíneo. Há um momento em que todos tomaram alguns drinques e você está prestes a dormir com alguém que não conhece e não pode pedir a ficha médica dela, então você se protege o máximo que puder. É uma das coisas mais difíceis da vida que vou ter de explicar ao meu filho. O momento chega e você fica tão fora de si, porque os hormônios tomam conta, te jogam na situação, e você não se importa com nada, exceto com o que está acontecendo, e aí você acaba pagando pela vida inteira. Eu cresci numa época diferente em que, se algo desse errado, você teria que tomar algum remédio, algumas pílulas, mas ficaria bem. Aí veio a era da AIDS e agora você pode morrer por fazer sexo, então, os garotos estão convivendo com uma situação diferente. Você pode ficar o mais seguro possível, mas, como falei, não dá para pedir a ficha médica da pessoa.

JESSE HUGHES: Não faça sexo com uma mulher muito rodada. Sabe de uma coisa? Você basicamente é o que come e o mesmo vale para o sexo. Se você é a Dorothy e acabou de descer em Hollywood, só vai encontrar viciados, prostitutas e gays. Mas é aquilo: se você pegar AIDS, faça uma limonada.

JIMMY ASHHURST: Você nunca deve ficar totalmente confortável. É aí que as coisas começam a dar errado.

LEMMY: Não trepe com ninguém. A camisinha protege você contra a maioria das doenças, certo?

TOBY RAND: Acho que hoje em dia, ninguém consegue ficar realmente confortável a menos que tenha um exame de DST bem na sua frente, chegamos a esse ponto.

VAZQUEZ: Obviamente você usa camisinha e essa merda toda, mas é tudo uma aposta. Como é que a gente vai saber, porra?

Qual a melhor coisa a se fazer quando não existem camisinhas disponíveis?

ACEY SLADE: É não fazer sexo. Vi o irmão de um amigo meu morrer de AIDS, é a forma mais indigna de morrer, infelizmente. Eu sou grato por ter tido essa experiência. Fiquei quatro anos fazendo sexo num relacionamento e dizendo: "não, precisamos usar camisinha". Uma coisa totalmente escrota que muitos caras de bandas fazem é ter uma esposa ou namorada em casa e sair fodendo por aí na estrada sem camisinha. Isso é muito irresponsável e errado pra caralho! Já é ruim você ficar fazendo joguinhos emocionais. Quando você faz isso significa que não está 100% no relacionamento, mas a outra pessoa não sabe disso, ela é apenas uma vítima inocente. E aí você acaba passando algo que ela terá que carregar pelo resto da vida porque você não estava 100% comprometido, isso não é justo.

ADDE: Eu ia preferir tirar a camisinha mesmo, então...

ALLISON ROBERTSON: Arrume algumas! Eu acho mesmo que, neste mundo, você tem que portar camisinha. Os caras deveriam andar com elas. Não que eu não comprasse para eles ou algo assim, mas sempre gasto muito dinheiro em outras coisas. Acho que isso é responsabilidade do cara.

ANDREW W.K.: Tudo que você puder fazer sem ter contato com a mucosa, então vai basicamente envolver as mãos e você pode ficar um pouco deslocado nesse momento.

BLASKO: Sexo oral.

BRENT MUSCAT: Vá comprar. Existem camisinhas em todos os lugares hoje em dia, em qualquer loja de conveniência. Eu me lembro de quando namorava uma garota e ia para a casa dela. Isso foi há uns 10 anos, quando eu morava em Los Angeles. Eu sempre falava: "merda! Não tenho camisinha." Ela respondia: "vamos pegar o seu carro e ir à loja" e era excitante. Você pode ter que esperar alguns minutos, mas pelo menos tem certeza que vai transar. Se ela diz para ir à loja comprar camisinha, você sabe que vai rolar. Mas isso é melhor, eu acho, muitas boates têm camisinhas no banheiro, os funcionários que ficam tomando conta do banheiro têm, ou os amigos. A maioria das pessoas carrega camisinha hoje em dia.

BRUCE KULICK: Ah, então faça com que ela te masturbe ou te pague um boquete, ou então você a masturba. A masturbação é maravilhosa porque tira uma série de doenças do caminho e com certeza não vai fazer ninguém engravidar.

CHIP Z'NUFF: Se você não tiver nada à mão, basta não gozar dentro dela e, quando acabar o ato, faça com que ela levante e vá ao banheiro mijar imediatamente. Depois o cara deve ir ao banheiro se lavar, com certeza. É o melhor que se pode fazer, mas você está assumindo um risco. Se for com alguém que você não conheça muito bem, é assim que se joga. Um em cada quatro jovens tem DSTs agora, mas na nossa geração eu não sei se era assim. Antigamente, quando você pegava alguma doença, tomava alguma coisa e estava bom em uma semana para foder de novo. Hoje em dia é bem mais difícil.

COURTNEY TAYLOR-TAYLOR: Masturbação mútua.

DANKO JONES: Apenas saia e bata uma punheta. Eu faria isso, só bater uma punheta. Eu não ficaria chateado, porque depois de uma semana e meia você ficaria igual a um zumbi, morrendo de medo da pessoa com quem você passou a noite e do que ela pode ter te passado.

DOUG ROBB: Acho que depende de quem você está pegando. Se você está num relacionamento há um tempo, conhece a história, sabe que ela não tem DST e não está totalmente preocupado com gravidez, pode arriscar, porque é bem melhor. Mas se for alguém que você não conhece, eu diria para não fazer isso, cara.

GINGER: Não foda! Pratique suas habilidades de preliminares e leve-a a um longo e satisfatório clímax com sexo oral. Muitos abraços depois, também. Assim você vai conseguir usar as caminhas que vai comprar amanhã.

HANDSOME DICK MANITOBA: Se eu soubesse que era sexo sem compromisso, diria: "eu não tenho camisinha, você não tem camisinha. Eu não te conheço, você não me conhece, vamos nos divertir hoje e deixar para fazer mais da próxima vez."

JAMES KOTTAK: Vaze!

JIMMY ASHHURST: Se você não tiver camisinha, então diga: "desculpe, você vai ter que cuidar disso". Bater uma punheta é bom e ela vai ficar para isso se estiver afim. Porém não vai passar disso... talvez um pouco de sexo oral.

LEMMY: Faça sem camisinha, então. Eu não consigo usar mesmo. Não consigo. Tenho uma crise de riso. A única vez que tentei usar uma eu caí da cama de tanto rir, e ela também estava rindo. Aí ela não engravidou, porque não dá para engravidar pelo riso.

NICKE BORG: Não faça sexo, não faça penetração. Simplesmente não faça.

ROB PATTERSON: Nada. Não trepe.

TOBY RAND: Muitas preliminares... ou improvise. Só não se esqueça de rezar!

VAZQUEZ: Não tem como fazer, cara. Melhor conseguir um boquete.

Quando você está num relacionamento, como decidir entre pílula ou camisinha?

ACEY SLADE: Nisso eu sou meio antiquado. Com a minha ex, antes da minha esposa, nós usamos camisinha o tempo todo em que estivemos juntos, eu sempre usei camisinha, porque não éramos noivos e nem casados, por isso nós usávamos o tempo todo. Como não éramos noivos, não era um relacionamento monogâmico, eu não podia colocá-la em risco. Mas com a minha esposa, quando ficamos noivos, eu parei de usar camisinha. Para mim, é assim que vai ser, porque Deus me livre fazer sexo com alguém, engravidar a garota e acabar botando um filho nesse mundo sem ter a intenção. Eu só faço sexo sem camisinha se achar que tenho futuro com a pessoa.

ADDE: O negócio na Suécia é que *toda* garota sueca toma pílula, é um país promíscuo. Mas sério, assim que começa um relacionamento com alguém, você larga a camisinha.

ALLISON ROBERTSON: Acho que depende da pessoa. Algumas garotas querem tomar pílula e outras não. E tem as que nem podem tomar porque têm efeitos colaterais, então, talvez você sempre vá ter que usar camisinha. Depende. Acho que as garotas devem tomar pílula, caso queiram. É bom. Mesmo se você não fizer sexo, é bom. Geralmente elas ajudam a proteger contra o câncer e tal, então eu acho a pílula uma boa ideia. Agora, se você quiser engravidar, não serve, claro.

BLASKO: Acho que depende da mulher. Algumas não gostam de tomar pílula. Se elas fumam, nem podem tomar pílula. Então, acho que a bola está com elas, em geral.

BRENT MUSCAT: Já fiz os dois. Eu tive uma namorada e a gente usou camisinha por três anos, depois tive namoradas que tomavam pílula e por isso não usávamos camisinha. Então o principal é que se você não vai usar camisinha, tem que saber se elas não estão dormindo com mais ninguém.

DANKO JONES: Não sou eu que tenho que decidir. É ela, porque o corpo é dela.

JESSE HUGHES: Sem camisinha, não tem trepadinha! Mas gosto de cavalgar em pelo. Sou um caubói, cara!

JIMMY ASHHURST: Ah, meu Deus. Se você estiver num relacionamento, então foda-se a camisinha. Não precisa.

NICKE BORG: Há tantos casos de pílulas deixando as garotas perturbadas pra caralho... aí elas trocam de pílula e nada muda, mas algumas param e acabam virando uma pessoa totalmente diferente. Então não sei, é bem estranho. Não gosto de remédios, seja para quem tem doença mental ou para quem não quer engravidar. Não gosto de pílulas fodendo com seu corpo, porque elas *estão* fodendo com você. Além disso, seria realmente chato ter que usar camisinha o tempo todo, então eu acho... tem algo chamado Persona. É uma maquininha de fertilidade que diz exatamente quando seu parceiro pode gozar em você ou se tem que tirar antes. É algo muito, muito específico, não em termos de horas, mas dias. Parece um telefonezinho celular. Você pode olhar e dizer: "vai fundo, goza dentro, mas depois você vai ter que esperar três dias". É demais!

TOBY RAND: Acho que tem um jeito de fazer isso sem nenhum dos dois. Se a garota não quiser tomar pílula, tudo bem. Eu não vou usar camisinha, desde que nós dois façamos testes, estejamos bem de saúde, sejamos fiéis e, sempre que esteja prestes a gozar, encontremos outras formas para que eu goze fora. Adoro isso. Adoro gozar fora.

VAZQUEZ: Definitivamente a pílula. Porque, convenhamos, odeio essa porra de camisinha. É um mal necessário, mas camisinha é pros caras que têm cabelo curto.

Qual a melhor forma de passar de um orifício para outro com segurança?

ACEY SLADE: Tomar banho, usar camisinhas.

BLASKO: Já ouvi dizer que isso é inaceitável. Que não se deve fazer isso.

DANKO JONES: Se você quiser fazer isso direito, pode acabar com o clima, porque terá que sair correndo para se limpar. Não sei, cara.

ROB PATTERSON: Isso me faz rir!

TOBY RAND: Se houver um banheiro por perto, nada melhor do que pular no chuveiro para uma ducha rápida. Uma vez tinha um suco ao lado da cama, acho que era vodca com suco de laranja, que eu peguei e lavei meu pau. Você sabe, as mulheres são boas nisso. Elas cuidam de si mesmas.

> "UMA VEZ TINHA UM SUCO AO LADO DA CAMA, ACHO QUE ERA VODCA COM SUCO DE LARANJA, QUE EU PEGUEI E LAVEI MEU PAU."

VAZQUEZ: Isso é importante: se você vai da boceta para o cu, não pode voltar para a boceta depois. Se fizer muito sexo anal, tem que tomar banho depois, e eu te digo o motivo: nem é pelo cara, é pela garota. Ela pode pegar infecção no trato urinário. Então, se ela disser: "quero muito que você coma o meu cu", você fala "opa, ótimo!" mas tem que limpar depois.

DICAS DE SEXO DE ASTROS DO ROCK

PREFERÊNCIA SEXUAL (HETERO & HOMO)

"A FORMA DE SABER SE O SEU MELHOR AMIGO É GAY É VER SE O PAU DELE TEM GOSTO DE MERDA."

Como saber se você tem tendências gays ou bissexuais?

ACEY SLADE: Ah, "all rock'n'roll is homossexual". É uma frase de alguém da banda Manic Street Preachers. Sei lá, não sinto que tenha nenhuma dessas tendências.

ADDE: Se você ficar atraído por um homem, então você é pelo menos bissexual.

ALLISON ROBERTSON: Eu cresci numa família bem liberal na Califórnia, então acho que todo mundo pode ser um pouquinho gay se quiser, é só uma questão de destravar ou não uma determinada parte do cérebro. Não acho que haja algo errado em pensar que você pode ser e escolher não ser [gay ou bissexual]. A decisão é completamente pessoal. Talvez você deva sair do armário se souber que está mais interessado no mesmo sexo. Se estiver confuso, acho que não há nada errado em guardar isso só pra si até estar pronto. Agora, acho que você simplesmente sabe. As pessoas sabem. Acho que muita gente sabe assim que nasce e leva muito tempo para se sentir confortável, às vezes.

ANDREW W.K.: É uma pergunta muito complicada que eu tenho certeza que as pessoas se fazem a vida inteira. Quando alguém é gay, quando alguém é bi? É por causa de ideias que tiveram, algo que fizeram? Você pode ter feito uma determinada coisa e ainda dizer que é hetero? Você pode ter desejos, nunca realizá-los e ainda dizer que é gay ou hetero? Quer dizer, são perguntas muito místicas. Algumas pessoas diriam que nasceram gays e negar isso é como negar que se é de uma determinada etnia. Outros dizem que se rotular de qualquer forma, incluindo a sexualidade, é um engano baseado na sua capacidade de fazer escolhas livres a qualquer momento. Então, eu acho que cada pessoa descobre a forma mais confortável de olhar para a própria sexualidade e agir a partir disso. Ouvi histórias de amigos que eu acho que são hetero, mas tiveram experiências em que... para mim, mesmo ter experiências sexuais em que há outro homem presente, mesmo se você não fizer nada com ele, para mim é bem forte. Mas eu tenho amigos hetero que acham isso uma atividade muito hetero. Ou seja, estamos falando de diferentes níveis do que é ser gay. Algumas pessoas acham que desde que você não seja comido, outro homem pode te pagar um boquete ou você pode comer outro homem, então não é gay. Essas ideias são muito pessoais e muito amplas. Na verdade, depende do indivíduo. Acho que o principal é não se preocupar tanto com o que você é, apenas faça o que quiser. Além do mais, acho que a forma pela qual a sociedade vê isso está mudando. Nunca tive uma experiência gay, não é algo que tenha me ocorrido, mas eu me dou a liberdade de dizer que a sexualidade é muito ampla e eu não quero limitar ninguém, nem a mim mesmo, no fim das contas.

BRENT MUSCAT: Bom, se você ficar atraído por alguém do mesmo sexo, acho que é pelo menos bi. Se você é um cara que não se sente atraído por garotas, mas olha para os caras e pensa: "Nossa! Ele é sexy" e não acha garotas sexy, então acho que você saberia que é gay. Seria bem óbvio.

BRUCE KULICK: Obviamente, se você se sente atraído por caras você é gay. Não que haja algo errado com isso. Acho que os caras geralmente sabem desde bem jovens. Não é como se, de repente, aos 40 anos, você virasse gay. Você sabe na época do ensino médio. Eu posso reconhecer e dizer: "nossa, esse cara é bonito". Sei quando um ator ou músico tem boa aparência. Quando vi os Beatles, eu sabia que o McCartney era um cara atraente. Todos os caras nos Beatles eram bonitos, cada um a seu modo. É fácil dizer que alguém é atraente, mas se você é gay, você se imagina beijando e dormindo com o cara. Nem acho que seja tão complicado assim. Sempre tive uma queda por mulheres, mas eu gosto de roupas, de moda e de me apresentar (na maioria das vezes) arrumadinho. Às vezes eu digo "sou metrossexual", mas há uma grande diferença entre metrossexual e gay, é claro.

CHIP Z'NUFF: Bom, você saberia de cara, porque se você é um homem e está atraído por outro, você é bissexual. Se você quiser beijar um cara... acho homens atraentes, tudo bem, mas não quero trepar com eles. Eu posso ver um cara bonitão e dizer para minha garota "quer saber? Ele é um gato". Por exemplo, se você estiver andando na rua de mãos dadas e ela fala: "nossa, esse cara é bonito" eu posso dizer: "sim, ele é muito bonito". Mas se você olha para o cara e quer beijá-lo, você é bissexual. Não se envergonhe se você for, cada pessoa é o que é. Eu cresci numa família de meninos e meninas e sou bem tranquilo em relação a isso. Já vi os dois lados e sei que amo minhas mulheres.

COURTNEY TAYLOR-TAYLOR: Não sei. Nunca senti que tivesse, mas olha o que o Brian Warner disse: "se você estiver chupando o pau de outro cara e ficar de pau duro, você é gay. Se não ficou de pau duro, então não é". Essa é a visão do Marilyn Manson sobre o assunto, que sempre achei engraçada, então, eu vou citá-la.

DANKO JONES: Acho que se você simplesmente quer transar com alguém do mesmo sexo. Sou bem hetero. Estou cercado de caras o tempo todo e esse pensamento nunca me passou pela cabeça. Acho que uma vez que você pensou, já abriu o caminho para esse tipo de sexualidade.

DOUG ROBB: Da mesma forma que você sabe se tem tendência a ser hetero. Não é como se você decidisse "hummm, eu gosto de vagina". Eu sei que tenho tendências hetero. Se você começar a dizer "Eu gosto de vagina, mas gosto de pau às vezes" então você estaria dizendo a si mesmo "sou bi". Acho que você simplesmente sabe.

HANDSOME DICK MANITOBA: Gosto do que o humorista Andre Dice Cay disse: "que negócio é esse de bissexualidade? Não existe isso de bissexualidade. Ou você chupa pau ou não chupa!" Essa era a atitude dele e sempre me pareceu bem verdadeira.

JESSE HUGHES: A melhor forma de saber se você é gay é reparar se você tem uma ereção gigantesca enquanto paga um boquete para o seu melhor amigo. Já a forma de saber se o seu melhor amigo é gay é ver se o pau dele tem gosto de merda.

JIMMY ASHHURST: Se você se flagra em algum momento com um pau enfiado no seu cu, então há grandes chances de você ser gay.

LEMMY: Provavelmente quando o pau do seu namorado tiver gosto de merda.

NICKE BORG: Tem essa coisa antiga (e peço desculpas a todos que estão lendo. Vou levar tapas de várias mulheres por isso): a maioria das garotas tem essa necessidade de fazer sexo com outra mulher. A maioria dos caras não tem isso de fazer sexo com outro cara. Eu nem fico excitado com esse papo de "você quer que eu lamba a minha irmã ou melhor amiga?" Eu digo: "tá, tudo bem, se ela topar". Mas seria muito horrível ser trocado por uma garota. Isso me faria sentir realmente idiota e já vi isso acontecer muitas vezes, a esposa ou namorada troca o cara por outra garota... ou o contrário. "Sinto muito que tenhamos dois filhos, mas eu sou gay e vou casar com o Sr. Paul agora." Eu pensaria: "mas que porra é essa?" Deve ser algo muito difícil de aceitar. "eu estive com você por 10 anos, nós trepamos e agora você é gay?" Tenho muitos amigos gays, inclusive caras, e amo todos eles.

ROB PATTERSON: Chupe um pau. Se você gostar, vai saber que é gay.

TOBY RAND: Eu sei que eu não tenho porque posso apreciar um cara bonito, mas claro que não quero dar uns amassos nele. Apesar disso, sou muito carinhoso com meus amigos homens.

VAZQUEZ: Acho que você nasce assim. É uma daquelas coisas. Acredito totalmente que você nasce gay ou não, e é isso. Quer dizer, eu amo roupas de mulher, mas...

Qual é a sua resposta preferida quando leva uma cantada de alguém do mesmo sexo?

ACEY SLADE: Fico lisonjeado, mas digo: "olha, cara, eu não jogo nesse time". É que nem a música do Led Zeppelin, In Through The Out Door.

ADDE: Eu sou legal, um verdadeiro cavalheiro, mas bem tranquilo, sabe?

ALLISON ROBERTSON: Eu não quero ser cruel ou que elas achem que eu fico ofendida, porque eu nunca fico ofendida com essas coisas, então geralmente digo:

"nossa isso é muito legal da sua parte, mas eu não gosto das garotas desse jeito". É um elogio; então, eu jamais quereria dizer algo quer fosse interpretado como "eeww". Até acho que às vezes é mais legal levar cantada de mulher do que de algum cara esquisito. Funciona mais como elogio e parece mais gentil às vezes. Mas nem sempre!

ANDREW W.K.: Na verdade isso não me acontece com muita frequência, e eu agradeço por isso, porque quando aconteceu foi muito esquisito. Tive de dizer: "desculpe, não estou interessado. Não gosto disso", "tenho namorada", "sou casado" ou "sou hetero". É esquisito. Foi bem esquisito. Não é algo que eu gostaria que acontecesse de novo. Mas é bem-parecido com a situação de uma mulher em quem você não está interessando te passa uma cantada. É igualmente desconfortável. Houve vezes em que eu tive que dizer para uma mulher que não estava interessado em ficar com ela. Foi doloroso e cruel.

BLASKO: "Cara, eu não jogo nesse time."

BRENT MUSCAT: Muitos caras já fizeram isso. Geralmente eu não digo nada. Desde que eles não tentem encostar em mim ou não me deixem desconfortável. Acho que diria que tenho namorada. Eu não quero insultar ninguém. Apenas diria que tenho uma namorada e ele sacaria que sou hetero.

BRUCE KULICK: Eu tive um apartamento numa área bem moderninha de Los Angeles, em West Hollywood, então isso acontecia de vez em quando, mas ninguém nunca me cantou descaradamente. Tinha um vizinho que me paquerava um pouco, mas eu não toparia, é ridículo. Não sei, os gays percebem essa energia em nós, eles geralmente sabem se têm chance ou não. Acho que é por isso que nunca aconteceu muito comigo.

CHIP Z'NUFF: "Ah, muito obrigado. Fico feliz. Fico lisonjeado mesmo por você me achar atraente, mas eu tenho namorada e ela é que me dá tesão. Eu tenho certeza que você vai achar o que está procurando, porque você é muito bonito." Faça com que ele se sinta bem. Não o desrespeite. É elogioso quando alguém te acha atraente. Uma reposta negativa como "sai daqui, porra!" só faz você parecer gay ou bissexual que está com medo de assumir.

COURTNEY TAYLOR-TAYLOR: Acho que eu geralmente digo algo como "cara, eu não sou chegado em veadagem."

DANKO JONES: Ah, eu não tenho o menor problema com isso, porque já me aconteceu antes. Não encaro como insulto, na verdade enxergo como elogio e apenas digo: "sou hetero. Desculpe, cara. Eu gosto de mulheres". Então eles dizem: "você acha que gosta de mulheres" e tudo o mais. Mas é ótimo. Por mim tudo bem, eu não ligo. É um elogio, definitivamente.

DOUG ROBB: Nessa hora eu estendo a mão e mostro a aliança [de casamento].

HANDSOME DICK MANITOBA: Isso raramente acontece. Não faço o estilo bonitinho. Não acho que levaria a clássica cantada homossexual. Você tem que ser mais bonitinho para isso, acho. Raramente acontece de alguém me passar uma cantada em que eu tenha que dizer algo. Ouvi pessoas dizendo: "todo mundo é gay, todo mundo é bissexual, mas nem todos praticam", ou algo assim. Sei lá, eu não sei. Talvez seja verdade, talvez não. Talvez eu descubra algum dia, talvez não. Mas sou totalmente enamorado por vaginas, peitos e beijos e nunca precisei me pendurar em candelabros com 19 pessoas para ter uma ereção.

JAMES KOTTAK: "Obrigado, cara, você daria uma excelente esposa."

JESSE HUGHES: "Desde que a gente não se beije, vale tudo, porque eu não sou gay."

JIMMY ASHHURST: "Poxa, muito obrigado."

LEMMY: "Obrigado, mas não", basicamente.

NICKE BORG: Minha resposta seria: "cara, fico muito lisonjeado. Acho que você é ótimo, acho você legal pra caralho. Nós podemos passar um tempo juntos, mas não encoste em mim, porra. Eu não vou ser gay porque a gente bebe ou usa drogas juntos, porra". Geralmente os gays são mais abertos e fáceis de conversar sobre tudo, então eu diria: "cara, estou muito lisonjeado, muito obrigado, mas não sou gay. Nem se você me dopar com o pó mais fodão e me deixar chapado, desculpe!"

ROB PATTERSON: "Sou hetero, cara. Desculpe. Mas fico lisonjeado. Obrigado."

TOBY RAND: Minha resposta preferida é dizer: "ah, cara. Você é o máximo. Vamos só ser amigos e nos divertir". Porque eu conheço muitos caras gays e eles nunca foram realmente diretos, apenas mostraram interesse. O melhor é rir e se divertir com isso. Basta relaxar, fazer com que ele se sinta bem. Como acontece com qualquer pessoa, mesmo que você decepcione alguém, ainda pode tê-lo como amigo. Quem se importa?

VAZQUEZ: Ah, cara. Eu acho hilário. Sou muito bondoso com isso: "tudo bem, cara. Eu sei que sou lindo". Se um cara me diz que sou lindo, eu fico: "pô, cara, obrigado".

Qual a melhor forma de conseguir fazer sexo a três ou mais?

ACEY SLADE: Infelizmente costuma haver bebida no meio. Acho que, em geral, basta colocar duas garotas num quarto com você e uma garrafa de Jack Daniel's, se nenhuma das duas conseguir descobrir o que vai acontecer, então elas são bem burras.

ADDE: Acho que tem que ser algo do tipo... se eu quiser fazer sexo a três, tem que ser com desconhecidos. Não é algo que se faça com amigos, de jeito nenhum.

ALLISON ROBERTSON: Nunca fiz isso, mas eu teria que dizer que não importa quem você seja ou que parte dos três você é, tem que estar preparado para o caso de ser um desastre. Ou não. Você tem que estar preparado para dar muito errado ou para não sair exatamente do jeito que você imaginou. Portanto, a melhor forma de arranjar isso é ter cuidado e certeza de estar mesmo confortável com a situação. Eu também diria: prepare-se para nunca mais ver as outras duas pessoas envolvidas de novo.

ANDREW W.K.: Nossa! Também nunca fiz isso e não importa se são duas mulheres ou dois homens, é muito intenso, porque envolve uma terceira consciência. O mais perto que cheguei disso foi ver pornografia enquanto estava com uma mulher. Mesmo que vocês estejam apenas assistindo a um filme, é uma terceira perspectiva, um terceiro ponto de vista. É algo a mais para se envolver e para olhar. Você pode fazer algo parecido se imaginar alguém ou ter uma fantasia enquanto faz sexo, mas ter realmente uma terceira pessoa lá é meio extraordinário. Em tese eu adoraria ter essa experiência, mas é algo em que você está liberando uma energia extremamente poderosa, talvez destrutiva, e é arriscado. Parece muito, muito intenso.

BLASKO: Acho difícil convencer uma pessoa a trazer outra. Ela tem que estar organicamente lá. Você tem que estar numa situação em que elas já estejam juntas para começar.

BRENT MUSCAT: Quando isso me aconteceu geralmente foram as garotas que me abordaram e disseram: "olha, eu e minha amiga queremos fazer isso". Mas talvez eu só tenha dado essa sorte por estar na banda. Se a garota com quem você está gosta de garotas, acho que você sempre pode dizer: "você toparia com essa garota? E com aquela?" Vai tentando até encontrar a pessoa certa. Se uma delas topa, então é só uma questão de achar a outra. Alguns caras têm tanta coragem que perguntam a mil garotas e levam 999 nãos, mas recebem um sim, e é só disso que você precisa.

BRUCE KULICK: Se você estiver num relacionamento, obviamente tem que pensar: "essa pessoa estaria disposta a fazer isso?" Acho que não há tantas garotas que querem outra garota... primeiro que um cara geralmente não quer outro na história, quer outra garota. Se minha atual namorada estivesse disposta a fazer sexo a três, eu ainda ficaria nervoso sobre isso porque abre uma série de questões que podem causar problemas no relacionamento. Então, eu deixo isso mais na categoria de fantasia. Se rolou com alguém e deu certo, maravilha. Mas eu não acho que isso seja assim tão fácil.

CHIP Z'NUFF: A primeira coisa a fazer é falar. Fale com sua parceira sobre sexo a três. Se você estiver sozinho e for transar com duas garotas, um cara que conhece duas garotas, convide-as para o seu apê e fique com elas um pouco. Tome umas taças de vinho, talvez alguns baseados, e converse, bata um papo. Se achar que pode acontecer antes mesmo disso, então é moleza. Mas deixe as garotas começarem primeiro, é o que eu recomendo. Fique sentado e saia do caminho. Não seja o babaca que as sufoca. Depois que elas começarem, você pode julgar e decidir qual será o próximo passo. Mas deixe que elas comecem. Esta é minha recomendação, e eu sei que funciona.

COURTNEY TAYLOR-TAYLOR: Acho que não é uma boa ideia. Alguém vai sair magoado dessa história.

DANKO JONES: Encontre uma garota que goste dessa putaria, porque não faz sentido forçar alguém que não goste a experimentar. É óbvio que isso pode arruinar o relacionamento. Não vale a pena. Bom, depende. Se você não liga para o relacionamento, então vá fundo e force o assunto, mas se você se importa, forçar o sexo a três pode acabar com tudo. É melhor achar alguém preparado e que já tenha essas tendências.

DOUG ROBB: Como se cria essa mágica? Acho que volta à questão de ser aberto em relação a isso, jogue o assunto e diga que você gosta. Se a sua parceira também gostar, talvez aconteça algum dia. Se sua parceira diz que não gosta, não vai rolar.

GINGER: Faça com que ela escolha a garota. Como você vai querer que ela faça isso de novo, faça o favor de passar muito mais tempo e fazer mais contato visual com a sua mulher, não importa o quanto você queira devorar a amiga dela.

HANDSOME DICK MANITOBA: Você já viu esse seriado *Curb Your Enthusiasm*? É uma ótima comédia que passa no HBO. Uma vez, no aniversário de dez anos de casamento do protagonista, a esposa disse: "você pode ter outra garota, por um dia no nosso décimo aniversário". Então eu faço essa piada com minha esposa às vezes, nós pensamos nisso. Ela até disse: "se for algo que você realmente queria fazer, podemos tentar". Eu pensei e achei que poderia ser muito divertido, mas também poderia ter implicações de longo prazo. Por exemplo, se eu gostar muito da garota; ou se ela ficar com ciúme por eu estar tocando determinada parte do corpo de outra, ou beijando ou outro tipo qualquer de intimidade. E se *elas* tiverem uma química e isso me aborrecer? Pode dar certo, você gosta daquilo na hora, se diverte naquele e dia e deixa passar. Agora, se por acaso você tiver problemas para esquecer, vai conviver com as lembranças. Você ou a sua esposa podem conviver com as lembranças. Muita coisa pode dar errado. De vez em quando eu penso nisso. Acho que um dia vamos fazer sexo a três. Talvez a gente crie uma situação, porque eu gostaria de fazer isso, de modo a ser uma diversão leve. Mas nunca se sabe, eu não sei. Falamos nisso e não resolvemos ainda, mas acho que um dia vai rolar.

JESSE HUGHES: Faça com professoras de matemática.

JIMMY ASHHURST: Ah, essa merda é complicada, cara! Muita merda esquisita já resultou disso. Falo das merdas emocionais mais estranhas, mesmo se elas toparem de cara. É melhor primeiro ter muita certeza que as duas topam, especialmente se você se importa com uma delas. Há grande chance de tudo ser divertido e legal no começo, mas aí você fica com uma depois que a outra vai embora. Acho que é melhor se as duas forem conhecidas. Agora, se você estiver num relacionamento é melhor ficar bem longe disso, a menos que seja mais habilidoso que eu.

LEMMY: Na verdade, num sexo a três bem-sucedido, geralmente é a garota que dá a ideia. Quando o cara sugere não costuma dar muito certo, porque elas se sentem ofendidas, é uma merda. É muito fácil interpretar mal uma proposta dessas, especialmente se você não for muito bom com as palavras.

NICKE BORG: Acho que não depende de você, e sim da mulher. Para mim, como homem, a ideia deve vir da sua namorada ou esposa. Então você deve dizer: "eu não sei. Não tenho certeza. Tem certeza, querida?", "sim, eu quero fazer isso". Aí você fala: "tudo bem, amor" e depois comemora: "puta merda!"

TOBY RAND: A melhor forma de fazer isso é beijar uma garota e também mostrar interesse na amiga dela. Na verdade, acho que a melhor forma é encontrar as garotas certas, porque até lá... elas estão por aí. Na verdade, eu vivi isso no fim de semana passado, é sério. Eu estava no pub e chegou essa garota... eu ia para uma festa na casa de alguém e ela disse: "não, eu quero que você fique". Eu respondi: "não sei se devo" e ela respondeu: "tudo bem", então ela ficou comigo, a gente deu uns amassos. Aí eu olhei para a amiga dela em pé ali perto e disse: "acho que devo ir". Foi quando ela disse para a amiga: "vem cá. Você pode dar uns amassos nele também". Eu dei uns amassos nela, todos nós nos pegamos, aí eu fiquei.

VAZQUEZ: Isso quase nunca me aconteceu, mas sempre rolou quando eu menos esperava. Com uma ex-namorada foi bem estranho: nós estávamos cheios de problemas no relacionamento e parecia que estávamos prestes a terminar. Ela morava na minha casa e a melhor amiga dela também estava ficando lá em casa. Nós três estávamos no sofá e havia toda essa tensão rolando devido ao provável fim do relacionamento. E quando eu dei por mim, nós três estávamos nos pegando. Cara, foi estranho porque a maioria das mulheres não quer fazer isso com a melhor amiga. Foi uma das experiências mais estranhas da minha vida, porque eu jamais pensei que ia acontecer.

Quando se deve revelar suas preferências sexuais a pessoas de fora?

JESSE HUGHES: Sinceramente, desde que eu era garotinho minha mãe trabalhava numa loja de departamentos chamada Bullets e ela tinha muitos amigos gays. Os gays são algumas das pessoas mais divertidas do mundo, é sério. Cresci no sul dos Estados Unidos e o interessante é que para ser gay por lá você tem que ser forte pra caralho. Pense nisso: o primeiro roqueiro foi um cara negro e gay do sul dos Estados Unidos chamado Little Richard. Eu não posso imaginar um lugar mais difícil para se viver, sério! Para fazer isso você acaba sendo como Fred Schneider do B-52, estranho e forte pra cacete. Quando eu me mudei para San Francisco, aprendi algo bem rápido: os caras gays podem te foder. Eles podem lutar que nem uns filhos da puta e te atacar com tudo. Aprendi que existem dois tipos de homossexuais: o gay de trauma e o gay grego ou romano. O gay de trauma é aquele a quem algo de ruim aconteceu quando criança, que o levou a se concentrar em si mesmo e se fixar na própria identidade sexual por algum motivo. Aí acaba virando uma drag queen, faz operação para mudar de sexo e tal. E existem os gays romanos, que eu acredito que nasceram gays. São os que olham para si mesmos e dizem: "ah meu Deus, isso é uma delícia! Quero viver assim" e eles simplesmente namoram pessoas que se parecem exatamente com eles, isto é, fisiculturistas e atores. Muitos na comunidade gay amam ser homens. Quando você anda por San Francisco e vê essa merda do Bear and Cuffs*, puta que pariu! Não tem como não reparar pelo meu estilo que eu amo a comunidade gay.

ROB PATTERSON: Eu não estou nem aí. Sou um livro aberto.

---

* Subgrupo da comunidade gay norte-americana. "Bears" (ursos) são os homens gays gordinhos e peludos e "Cuffs" (algemas) é uma referência ao sadomasoquismo. (N. da T.)

DICAS DE SEXO DE ASTROS DO ROCK

COMO MELHORAR A TÉCNICA

"SE FIZER UMA GAROTA EJACULAR, VOCÊ SE SENTE UM PUTA DEUS. É BOM PRA CARALHO."

Segundo a sua experiência o que sempre as leva à loucura?

ACEY SLADE: Disposição, ter fôlego de maratonista.

TOBY RAND: Eu amo falar no ouvido. Também gosto de pegar a parte de trás do cabelo com força e morder o pescoço dela. Tudo depende do clima do sexo também, porque se for passional e forte assim, então puxar o cabelo, usar espelhos, dizer "olha isso" e guiá-las ao longo do processo, isso é sempre divertido.

VAZQUEZ: Basta você se segurar bastante, cara. É isso, não pode gozar em dois minutos. Eu só vou gozar em dois minutos se for de propósito, porque estou pouco me fodendo. "Já fiz show hoje, estou cansado." É realmente difícil, mas você tem que ser capaz de se segurar. É obrigação. Convenhamos: as mulheres nunca são comidas do jeito certo.

Como aprender novas técnicas?

ACEY SLADE: Eu acho que aprendo mais com minhas parceiras quando me dizem do que elas gostam. Então, basta prestar atenção.

ADDE: Encontrar muitas garotas e ficar realmente interessado no que está acontecendo.

BLASKO: Acho que não há nada errado em fazer perguntas. Também não há nada errado em experimentar. Ter vergonha não é sexy, assim, é melhor dizer: "olha, posso experimentar isso?" ou "vamos fazer isso". Fazer perguntas e tentar coisas diferentes, acho que qualquer pessoa estaria aberta a isso.

DANKO JONES: Basta nunca entrar num padrão na cama, repetindo sempre os mesmos truques. Se você variar um pouco, vai acabar esbarrando em algo novo e empolgante para os dois. É assim que eu vejo. Não faça os mesmos movimentos toda vez que estiver na cama. Tem que haver algo diferente. E eu noto assim que começo a entrar num padrão, fica chato e quero mudar as coisas na hora.

JIMMY ASHHURST: É como a vida, uma obra em progresso. A prática leva à perfeição. Se não der certo da primeira vez, tente de novo.

TOBY RAND: Ver pornografia é sempre divertido. Também acho que é basicamente uma questão de acabar com suas inibições e experimentar as merdas que você sempre quis fazer. Recomendo usar um espelho, porque você pode ver o movimento do corpo dela e pode deduzir, pelos atos, se ela está gostando ou não.

VAZQUEZ: Com certeza pornografia.

Qual é a melhor forma de testar uma nova técnica?

JIMMY ASHHURST: Com uma pessoa com quem você se sinta confortável, espera-se. Se você puder achar alguém que tope tudo, então coloque-a em destaque na sua agenda de telefones.

ROB PATTERSON: Experimente!

VAZQUEZ: Eu amo comer o cu das garotas. Muitas garotas ficam realmente apreensivas, porque alguns caras tentaram isso quando elas tinham uns 16 anos e fizeram a porra toda errada, deu muita merda e elas se machucaram. Então, meu conselho é se você vai comer o cu de uma mulher pela primeira vez, tem que prepará-la para isso. Vai ter que usar os dedos e depois colocar um pequeno vibrar no cu. A melhor forma de começar é quando ela estiver de barriga para cima e você levanta as pernas dela. Geralmente em filmes pornô elas ficam quatro, mas essa é posição de profissional, é quando o cu de uma garota pode aceitar tudo. Primeiro é melhor fazer com que elas deitem na cama, de preferência no canto, assim você pode ficar em pé e ir aos poucos. Cara, as mulheres adoram isso. Gostam pra caralho, é uma loucura.

Conhece algum método que aumente a resposta sexual e funcione?

ROB PATTERSON: Seja passional. Paixão, paixão, paixão. É tudo uma questão de emoções!

VAZQUEZ: Se você puder fazer uma mulher se sentir confortável consigo mesma, toda a experiência vai ser muito melhor. Se ela se sentir sexy e não se sentir esquisita, vai à loucura. Uma vez eu saí com uma garota que ejacula e estava todo empolgado. Àquela altura eu só tinha visto isso em filmes pornôs e não fazia ideia que realmente existia. Cara, foi bom pra caralho. Quando faz uma garota gozar, você se sente um heroi, mas se ela ejacular, seu ego vai lá para a casa do caralho! Se fizer uma garota ejacular, você se sente um puta deus, é bom pra caralho.

DICAS DE SEXO DE ASTROS DO ROCK

BRINQUEDOS & FERRAMENTAS

"ARRUMEI UM ANEL PENIANO HÁ UM TEMPO E REALMENTE FUNCIONA. AUMENTA O PRAZER. AGORA EU NÃO CONSIGO MAIS VIVER SEM ELE".

Qual é o brinquedo sexual mais estranho que você já viu?

ACEY SLADE: Eu vi uma garota foder outra garota usando o pé. Isso foi bem estranho.

ALLISON ROBERTSON: Nós costumávamos ir ao Big Al, em San Francisco. É um grande galpão de brinquedos sexuais e tal. Eu nunca liguei muito para isso, nunca precisei. Acho divertido olhar, brincar e ver o que tem lá. Eu sempre achei (sei que não é mais tão esquisito assim) que bonecas infláveis são meio estranhas. Não me importo se as outras pessoas acham normal, elas sempre me fazem pensar: "putz! Isso é tão bobo". Não entendo como alguém pode tê-las por perto e não achar engraçado, mas eu sei que algumas pessoas realmente usam. Para mim, é mais cômico do que sexy.

ANDREW W.K.: Quando estive em Amsterdã pela primeira vez, tinha 13 anos. Meu pai e eu viajamos para a Europa e Amsterdã foi um dos lugares que visitamos por dois ou três dias. Eu nunca tinha sido exposto a tanta sexualidade em toda a minha vida até então. Foi totalmente impressionante andar pela rua e passar pelas vitrines das lojas com tipos de vibrador, brinquedo erótico e pornografia exibida no vídeo. Foi uma época muito transformadora na minha vida e eu ainda penso nela o tempo todo, foi muito marcante. Foi uma das primeiras experiências eróticas em que vi outras pessoas fazendo sexo. Já tinha assistido a filmes pornô antes, mas nunca desse jeito. Havia alguns brinquedos que eu ainda não tenho certeza se entendi o que faziam, os dispositivos com três partes para estimular as três principais áreas de uma mulher, mas cada parte tinha a forma de um animal diferente e era esculpida num nível de realismo que parecia desenho animado. Isso foi realmente perturbador e também incrível, só de pensar que algum artista primeiro desenhou aquilo e que um grupo de pessoas (a maioria de homens, eu imagino) disse: "tá, vamos produzir isto aqui. Nós trabalhamos nessa empresa que faz brinquedos sexuais, aqui está o novo projeto" e algum cara teve que esculpir aquilo. Muito provavelmente, eles testaram e foi disponibilizado para que as pessoas comprassem e levassem para casa. Isso foi bem além da conta.

BLASKO: Teve um que eu achei hilário pra caralho: provavelmente ele foi feito para lésbicas e era uma espécie de faixa para prender chapéu, mas com um consolo na ponta, que entraria na boceta enquanto a pessoa com o aparato lambesse o clitóris. Era chamado The Accommodator! Acho isso hilário pra caralho.

BRENT MUSCAT: Fizemos um show num museu de filmes adultos outro dia. Tem um cara da Inglaterra que é especialista em hidráulica e faz todo tipo de dispositivos estranhos. Ele inventou um carro de corrida em que você sentava, era parecido com um trenó de corrida, em que a garota se sentava, virada para frente, e dirigia por uma pista de corrida. Havia um vibrador que entrava e saía dela enquanto ela pilotava e, quanto mais rápido o carro ia, maior a velocidade do vibrador. Ele montou três desses carrinhos e fez um tipo de corrida com as garotas. O mesmo cara tinha todo tipo de aparelho esquisito, um deles que comia a bunda de uma garota, uma espécie de máquina. Era meio assustador, dava medo mesmo. Parecia algo do filme *Jogos mortais*. Este foi provavelmente o dispositivo mais estranho que já vi.

BRUCE KULICK: Eles vendem alguns vibradores bem malucos, mas eu sempre volto ao treco do filme do *Austin Powers*, que supostamente faz o seu pênis aumentar ou algo assim. Isso é tão idiota naquele filme, e fico feliz por ter sido motivo de piada, porque é meio bobo mesmo. Há alguns vibradores bem intensos que supostamente algumas mulheres amam, mas eu não namorei muitas garotas chegadas num vibrador, mesmo achando isso divertido. Eu não teria problema em brincar com um desses e levar um brinquedo para o sexo, mas tenho que admitir: a maioria das minhas mulheres prefere o natural mesmo, e eu acho isso legal.

CHIP Z'NUFF: Tinha um vibrador com três partes diferentes, cada uma saindo para um lado, de modo a permitir a participação de mais de uma pessoa. Tem um botãozinho nele, que fazia emitir um ruído de motorzinho e girava em círculos, como se você fizesse movimentos circulares com os dedos. Este foi bem interessante.

COURTNEY TAYLOR-TAYLOR: Não sei. Eu não vivo muito nesse mundo.

DANKO JONES: Um vibrador de 25 centímetros que grudava na parede! O sex shop em que trabalhei em 1999 tinha uma parede cheia de brinquedos e tal. Bonecas infláveis são estranhas, e quando os caras compravam, era bem esquisito. Sempre achei que bonecas infláveis eram estranhas pra caralho. Quer dizer, os caras não disfarçavam dizendo que era para uma festa, porque o amigo estava se casando ou algo do tipo, se fosse uma brincadeira assim tudo bem, mas eu não vendia para esse tipo de gente. Eram uns caras sérios que faziam questão de ver se os lábios estavam perfeitos e a vagina era legal e apertadinha. Era muito bizarro, uma venda estranha. Eu não conseguia acreditar que estava tendo uma conversa séria com alguém sobre uma boneca inflável e se ela funcionava bem. Bonecas infláveis são usadas apenas como piada para a maioria das pessoas, você sabe, mas as que estavam na minha loja eram bem estranhas.

DOUG ROBB: Eu só tive experiências com alguns, mas já vi umas merdas muito estranhas na TV, com certeza. Alguns caras da minha banda me deram uma vagina falsa, há alguns anos, de presente de aniversário. Tinha dois buracos, e tal. Parecia uma vagina de verdade e dentro dela tinha umas protuberâncias de borracha, mas ela quebrou depois de ser usada duas vezes. Isso não quer dizer que eu seja o máximo e tal! O produto é que era merda mesmo, e nem sequer me agradava.

EVAN SEINFELD: Tem que ser um empate entre algo chamado RealDoll, uma boneca em tamanho real de 6.000 dólares (cerca de 9.000 reais), tão parecida com uma mulher de verdade que chega a dar medo. É como foder uma pessoa morta, um andróide ou algo assim. Então, um empate entre isso e algo de São Francisco que tem algumas lojas de couro frequentada por gays. Sou grande fã de couro de qualidade, mas eles estocam alguns itens como braço de borracha com punho e já vi um hidrante de borracha também.

HANDSOME DICK MANITOBA: Eu saí com uma garota nos anos 1970 que era telefonista. Sempre houve uma grande relação entre dançarinas, prostitutas e rock'n'roll, e essa garota trabalhava na casa S&M mais famosa de Nova York, chamada Belle de Jour. Lá havia um quarto cheio de dispositivos de tortura, e me disseram que alguns homens queriam ser humilhados, pendurados de cabeça para baixo ou usar fraldas. Eles tinham que ser espancados ou humilhados para ter uma ereção, então, tem todo esse mundo... já fui a algumas dessas festas e esse mundo era muito estranho para mim. Já vi coisas, sei que existem, mas nunca usei na minha vida pessoal.

"EU NÃO CONSEGUIA ACREDITAR QUE ESTAVA TENDO UMA CONVERSA SÉRIA COM ALGUÉM SOBRE UMA BONECA INFLÁVEL E SE ELA FUNCIONAVA BEM."

JAMES KOTTAK: Estávamos na Alemanha e achamos que havia uma câmera no teto ou alguma pegadinha, porque encontramos um treco imenso que parecia uma bola. Ninguém sabia o que era aquilo na época. Nunca tinha visto nada igual. Parecia um negócio de encanamento.

JESSE HUGHES: Uma ovelha de festa, uma ovelha inflável.

JIMMY ASHHURST: Eles fazem coisas bem legais com látex hoje em dia, incríveis mesmo. E essas porras dessas bonecas em tamanho natural que agora são praticamente humanas, RealDolls. Um amigo tem uma dessas, é uma merda maluca. É o brinquedo mais assustador que já vi. E o pior é que ele não empresta.

LEMMY: Acho que as bolinhas tailandesas são realmente estranhas. Nosso guitarrista uma vez pediu para trazer comida chinesa e, como porção extra, as bolinhas tailandesas; e o cara trouxe. Ele foi a uma sex shop e comprou um conjunto. É do caralho. Ele era um cara legal e topou o desafio de conseguir aquilo. Acho que isso foi na Austrália, na verdade.

NICKE BORG: Cara, hoje em dia as pessoas são surtadas pra caralho. Eu fui a um castelo velho pra caralho no sul da França, com um museu e um vinhedo antigo. E bem na esquina havia um cantinho com vibradores. Porra, eu estou num castelo com séculos de idade e vendem vibradores lá, então tudo mudou. Sou meio imune a isso. Brinquedos sexuais são divertidos de certa forma, mas eu nunca fui assim... se eu fosse uma garota e não conseguisse encontrar um parceiro eu olharia e provavelmente compraria uma porrada de brinquedos. Então, o mais esquisito? Não sei. Tive um vibrador de duas pontas uma vez.

ROB PATTERSON: Um tubo que joga leite dentro de uma bunda.

TOBY RAND: Parecia uma calçadeira, é sério! Eu pensei: "o que isso faz?" A garota colocou... era uma coisa comprida, parecia uma colher. Depois de inserido era quase como se ela estivesse cavando a si mesma com aquilo. Aí eu enfiei meu pau naquilo e o treco deslizava também, então, enquanto meu pau estava lá eu sentia a ponta da colher na cabeça do pau. Foi realmente esquisito, e eu me perguntei o que aquilo fazia para ela. Parecia que a cabeça do meu pau era a colher para ela, então a garota podia virar para um lado e para outro, foi realmente interessante, bem legal mesmo.

VAZQUEZ: Jesus, cara, você vai numa loja em qualquer lugar e encontra todo tipo de merda esquisita, mas nada se destaca, é tudo bem normal. Pelo menos na minha cabeça fodida é tudo normal.

Qual é o melhor brinquedo para levar o parceiro às alturas?

ACEY SLADE: O Rabbit. É aquele vibrador com uma parte que fica por cima e estimula o clitóris. Parece funcionar muito bem.

ADDE: O anel peniano! Arrumei um anel peniano há um tempo e realmente funciona. Aumenta o prazer. Agora eu não consigo mais viver sem ele.

ALLISON ROBERTSON: Nunca precisei usar, mas já ouvi as pessoas falarem do anel peniano que você coloca e tem um vibradorzinho. Parece que é uma maravilha. Não sei. Eu nunca tive que usar nada. Tenho essa sorte, acho.

BLASKO: Cada pessoa é diferente. Você tem que experimentar, eu não acho que exista algo que funcione para todo mundo.

BRENT MUSCAT: Tenho 41 anos agora e às vezes eu acho que há uma distância entre gerações, porque as jovens agora falam: "ah, eu tenho um vibrador" e comentam os seus favoritos. Quando eu era mais novo, nunca ouvi as garotas falarem disso. Se alguma das minhas namoradas tinha, ela mantinha em segredo, mas hoje em dia as garotas são bem abertas quanto a isso. Já ouvi dizer que o Pocket Rocket é uma loucura.

> "SE VOCÊ ENFIAR UM DESSES PEQUENOS VIBRADORES NO CU DELA ENQUANTO ESTIVER COMENDO A GAROTA, ELA ENLOUQUECE!"

CHIP Z'NUFF: Pelo que ouvi, essas borboletinhas são boas mesmo. Você coloca em volta do clitóris e deixa lá. Aí pode beijar toda aquela área enquanto o negócio estiver lá e a garota pode ter orgasmos múltiplos se for usado corretamente. Mas não aperte com muita força.

DOUG ROBB: Meu guitarrista me deu um negócio que parecia uma gelatina, era um anel peniano de látex. Parecia aquele colar usado pelo cachorro São Bernardo, com o barrilzinho de madeira, só que o barrilzinho era um pequeno vibrador. [Ele pergunta ao guitarrista]. Segundo ele, se chama *o-ring*. Se você colocar de cabeça para baixo, de modo que o negocinho fique por cima quando estiver trepando, isso vai vibrar no clitóris da garota. Eu não sei se a levou às alturas, mas foi divertido pra caralho colocar aquilo lá, experimentar e explicar como funciona.

JAMES KOTTAK: Eu ouvi falar que seria um vibrador, mas não sei. Ao natural é sempre melhor.

JESSE HUGHES: Aquele chamado meus genitais... não, estou brincando. Na verdade ouvi falar que o vibrador Pocket Rocket é o mais solicitado.

JIMMY ASHHURST: O Rabbit, um vibrador com um negocinho a mais que vibra. É bom. Tem esse outro que você coloca e tem um controle remoto, então você fica no outro canto do bar ou sei lá onde, aperta o botão e dá um gás para ela, isso é incrível! Deixa a noitada divertida, cara, especialmente se ela tiver senso de humor. Você pode esperar a garota se meter numa conversa bem séria, apertar o botão e dar um orgasmo do caralho para ela. Isso é sempre bom.

LEMMY: Um vibrador, geralmente. Ou a escova de dentes elétrica que vi uma garota usar uma vez, e não foi do lado das cerdas.

TOBY RAND: Bolinhas... sim, bolinhas anais. É sempre bom. Você mergulha em óleo para bebês, insere no orifício que quiser e deixa lá por um tempo. Depois que você pintar e bordar com o resto do corpo aí você as puxa, lentamente, mas com força.

VAZQUEZ: É um empate: a melhor coisa para usar nas garotas geralmente é um plug anal, um pequeno vibrador para colocar no cu enquanto você as fode por trás. Elas ficam loucas com essa merda. E o bom é que isso prepara para o sexo anal caso elas nunca tenham feito. Aí elas se acostumam e ficam: "ah, não é tão ruim assim. Todas as revistas femininas estão erradas. Na verdade, eu gosto disso". Daí, quando você vê, já está metendo na porta de trás sem problemas. Se você enfiar um desses pequenos vibradores no cu dela enquanto estiver comendo a garota, ela enlouquece! O outro brinquedo são as bolinhas anais, aquelas tailandesas. O bom é que depois que você as coloca, pode foder em qualquer posição e elas ficam lá. Enquanto estiver no cu, estimula a garota, e também muda a sensação na boceta enquanto você está trepando, o que é ótimo. Se eu uso as bolinhas, geralmente trepo de todos os jeitos e depois eu a como de costas e faço com que ela me avise quando vai gozar. Aí quando ela diz: "vou gozar" eu puxo as bolinhas lentamente e, puta que pariu, é que nem fogos de artifício! Os asiáticos descobriram o segredo, cara, eles sabem de tudo.

Das frutas e vegetais, quais funcionam melhor?

ACEY SLADE: Tirá-las da cadeira de rodas.

ADDE: Eu nem tenho muita experiência nisso, mas uma vez eu enfiei um morango na boceta da minha namorada só por diversão e ficamos rindo disso. Não foi nada sexual, mas eu enfiei lá, tirei e mastiguei. Não teve nada a ver com sexo, foi algo na linha "vamos nos comportar mal!"

ALLISON ROBERTSON: Não sei. Nunca tentei. Eu realmente acho que se você vai fazer sexo, fruta é bom para comer antes porque não é temperado ou esquisito e não vai causar mau hálito. Frutas são realmente boas para o hálito, então, acho que o sexy é comer a fruta antes. É bem genérico, morangos e tal, mas funciona.

ANDREW W.K.: Eu nunca me envolvi com isso, mas é uma ideia bem interessante. Eu me lembro de ficar imaginando na aula de educação sexual, como geralmente é mostrado em filmes, na cultura pop e também na vida real, quando eles apresentam bananas e/ou pepinos para que as pessoas possam colocar camisinha neles. Eu achava isso muito intenso e ficava intimidado porque os pepinos são geralmente grandes. Muitas dessas frutas e vegetais tem um tamanho que intimida. Imagino que seria muito empolgante com objetos fálicos que, talvez, as mulheres usem nelas mesmas, ou a gente fantasiar sobre mulheres usando frutas nelas mesmas, mas eu nunca fiz isso. Já vi pessoas usando outros objetos, como garrafas e tacos de beisebol, mas nunca fui por esse caminho.

BLASKO: No que diz respeito à comida, tive alguma sorte com uvas, pequenas chicotadas casuais com uvas verdes. Isso parece funcionar bem.

BRENT MUSCAT: Acho que sou baunilha. Não acho comida sexy, mas acho que aquele negócio de morango e chantilly pode ser divertido. Já ouvi falar de pessoas que comem sushi do corpo de garotas, mas eu prefiro comer um bom sushi, levar garota para casa e fazer um bom sexo. Não acho que necessariamente que os dois tenham que se misturar. Se você quiser sobremesa, coma uma bela sobremesa e vá transar em casa.

BRUCE KULICK: Eu já brinquei um pouco com comida. Um pouco de mel, um tanto de morango e tal. Mas não cheguei a inserir muitos comestíveis nos meus encontros sexuais.

CHIP Z'NUFF: Nunca tentei, mas já falei com pessoas que experimentaram algumas coisas. O pepino é grande demais. O palito de aipo eu prefiro comer para me deixar com pau duro, em vez de colocar na mulher. Há todo tipo de truquezinhos diferentes. Sou meio fora de moda, então não gosto dessas coisas.

DANKO JONES: Não gosto dessas coisas. Nada disso funciona para mim.

DOUG ROBB: Não faço ideia. Nunca usei qualquer fruta ou vegetal. Imagino que teria que ser algo na linha do pepino e não do abacaxi.

GINGER: Vendada a mulher pode ser levada a lugares maravilhosos com o uso de frutas suculentas para sentir e comer.

HANDSOME DICK MANITOBA: Comida e sexo combinam. Eu não brinco com comida regularmente, mas o chantilly light em spray é bom porque é divertido. Você sacode, espalha, é doce e é light. Comida fica divertida no corpo das garotas. Acho que o cérebro tem uma sobrecarga de prazer porque você está sexualmente estimulado e tem o açúcar, que é outro estímulo positivo para o corpo. Então você misturou um bando de estímulos e é bem divertido É o mais estranho que eu faço.

JAMES KOTTAK: Já vi muitos campeonatos de comer banana em bares. Não sei se tem algo a ver com isso, mas existe algo rolando ali.

JESSE HUGHES: Pepinos pretos gigantes.

JIMMY ASHHURST: Depende da sua parceira, você não quer chegar lá com uma abóbora. Hahaha! Ou talvez queira, sei lá...

LEMMY: Nunca fiz nada desse tipo.

NICKE BORG: Laranjas pequenas... essa foi uma recente que consigo lembrar.

ROB PATTERSON: Nenhum dos dois. São flexíveis demais (risos).

TOBY RAND: Adoro frutas. Como bom australiano, eu adoro manga, e se a garota também gostar, nada melhor que descascar uma manga, esfregar no corpo dela inteiro e usar o caroço como vibrador. Nisso você pode comer a manga enquanto estiver comendo a garota... é bom para caralho. Sejam pêssegos ou damascos, esfregue uma fruta que os dois gostam no corpo e comam.

VAZQUEZ: Eu adoro comida. Nunca misturei com sexo, mas tenho certeza que seria incrível, comer um belo porco assado enquanto mando ver numa garota.

Existe alguma ferramenta ou dispositivo que ajude a ficar excitado?

ROB PATTERSON: Muitas... muitas.

TOBY RAND: Sim, basta usar os vibradores, cara. Não sei os nomes, mas tem um bem legal que parece uma bala. Não há nada melhor que ver uma garota gozar com um vibrador e te olhar nos olhos, bem séria.

DICAS DE SEXO DE ASTROS DO ROCK

VIRGINDADE

"NADA MELHOR PARA FAZER A OUTRA PESSOA QUERER REALIZAR MILAGRES SEXUAIS DO QUE UMA PRIMEIRA VEZ."

Qual é a melhor maneira de deixar uma virgem tranquila na primeira vez?

ACEY SLADE: Prefiro maturidade à virgindade.

ADDE: Seja legal. Vá devagar, seja legal. Seja um cavalheiro.

ALLISON ROBERTSON: Ter certeza que ela está pronta e ir devagar é sempre bom. Além disso, esteja preparado para o fato de ela mudar de ideia, porque as garotas sempre dizem: "Estou pronta. Não, não estou! Estou pronta! Tire a mão de mim!" Não importa a idade, o cara tem que estar pronto para dizer: "tudo bem. Não tem pressa". Isso é bem difícil para o cara, mas é a dica que eu daria.

ANDREW W.K: Bom, a única vez que isso aconteceu foi na primeira vez que fiz sexo. Felizmente nós dois tínhamos isso para oferecer um ao outro. É a melhor coisa que você pode fazer para tranquilizar a pessoa: esta também é minha primeira vez. Se você usar isso quando não for verdade, está brincando com elementos perigosos e construindo um karma muito estranho, mas imagino que essa provavelmente seja a melhor frase. Se ela vai perder, então você também vai. Agora, você também pode usar essa aqui: "essa vai ser a minha primeira vez desde que eu perdi minha virgindade". Isso é pouco convincente, ou vulnerável, mas é uma primeira vez, e você pode usar essa desculpa umas duas vezes, mas aí você já está começando a apelar. Além disso, é tudo uma questão de fazer a garota se sentir amada e, de novo, se alguma parte disso for mentira, você está brincando com forças sombrias.

BLASKO: Ah, cara. "Isso vai doer mais em você do que em mim." Hahaha! Eu não sei. Essa é a realidade, certo? Voltamos à questão de ser sincero. Eu vou apenas ser sincero: "isso não vai ser uma festa". Não sei se você pode tranquilizá-la.

BRENT MUSCAT: Acho que uma das minhas primeiras namoradas era virgem quando nós fizemos sexo. Ela estava tão nervosa que teve espasmos e quase teve uma convulsão, os músculos se contraíram e as mãos dela se fecharam como garras. Eu me lembro que fiquei me sentindo muito mal. Tive que massagear as mãos dela para conseguir soltá-las, de tanto medo e tão nervosa que a garota estava. Então acho que se você é um cara que está com a namorada, e é a primeira vez dela, apenas vá devagar. Faça muitas preliminares e não tenha pressa, vá um passo de cada vez. É a melhor forma, eu acho. Se você a ama, quer que ela se sinta confortável.

BRUCE KULICK: Geralmente essas coisas só acontecem quando você é jovem. Eu posso até ter feito isso e não lembro, faz muito tempo. Imagino que tenha acontecido uma ou duas vezes comigo. Há sempre essa preocupação que uma virgem vai sangrar muito, e hoje em dia não sei se isso é assim, porque elas dizem "ah, você está rompendo o hímen", mas tem garotas que usam absorventes internos. Eu nem sei mais. Acho que sempre que alguém vá se tornar sexualmente maduro, e esse é um grande passo, ser carinhoso e gentil é o melhor a fazer. Eu me lembro de quando era jovem e eu namorava uma garota pouco mais nova que eu, mas que não era tão sexualmente ativa. Se nós gostarmos um do outro... a dança vai acontecer, e se for benfeita, tudo bem.

CHIP Z'NUFF: Minha recomendação é não correr atrás dela. Se você descobrir que ela é virgem, deixe-a em paz, porque ela vai encarar isso como jeito que o sexo deve ser o tempo todo. Ela nunca vai desprezar o fato de que você não foi uma pessoa egoísta e deu a ela um tratamento especial. Acho que ela vai procurar um cara igual a você pelo resto da vida. Não sou o cara ideal para tirar a virgindade de ninguém, e eu a convenceria a não transar. Acredite ou não, eu faria mesmo, porque não vou ser o cara que vai deixar uma cicatriz dessas nela.

COURTNEY TAYLOR-TAYLOR: Seja virgem você também.

DANKO JONES: Sinceramente, se estou com alguém e descubro que ela é virgem, eu simplesmente falo: "bom, este encontro acabou. Volte daqui a alguns anos. Vejo você depois!" Não tenho tempo de ser professor. É chato e eu não me divirto. Encontre alguém que também seja virgem, percam suas virgindades juntos e divirtam-se experimentando. Conheça seu corpo, sinta-se confortável com ele, depois volte e talvez a gente converse. Eu não tenho tempo para essa merda, porra! Sinto muito, não quero ser o cara que tira a virgindade. Não sou um desses caras que colecionam virgindades como pessoas colecionam figurinhas de beisebol. Não tenho tempo para isso.

DOUG ROBB: Basta não pressioná-la. Acho que, a essa altura, se você vai desvirginar alguém, não importa se você também é virgem ou não, você basicamente tem que passar a bola para ela, deixar que ela defina o ritmo. Se ela estiver pronta, vai fazer, e se não estiver, não tente convencê-la. Ela vai saber quando estiver pronta.

HANDSOME DICK MANITOBA: Nunca tive uma virgem, não sei.

JAMES KOTTAK: Sou da banda Scorpions e temos um álbum chamado *Virgin Killer*, então eu não sei.

JESSE HUGHES: Recomendo [os calmantes] Rohypnol ou Xanax.

JIMMY ASHHURST: Tente convencê-la que você é virgem também! Hahaha!

LEMMY: Foda com ela. É igual àquela piada: "como você engravida uma freira?" Fodendo com ela, certo?

NICKE BORG: Eu já fiz sexo com algumas virgens e elas voltaram a me encontrar anos depois, dizendo: "e aí, como você está, cara? Quer saber, adorei que tenha sido você". E eu respondo "sério? Tá falando sério, porra?", "sim, e eu agora transo com frequência." Então, a melhor maneira é o velho truque do fingimento. Fale um monte de merda, finja que você se importa, e elas são tão jovens que acreditam. Isso é horrível e eu me odeio pra caralho por dizer isso. Com certeza vou queimar na porra do inferno.

ROB PATTERSON: Nunca dormi com uma virgem.

TOBY RAND: A melhor forma é apenas falar com ela. Acho que o mais importante que aprendi com minhas parceiras sexuais foi fazê-las se sentirem iguais a você e fazer com que elas achem tudo divertido e sem pressão. Isso facilita tudo.

VAZQUEZ: Muita conversa, cara. Já faz muito tempo que transei com uma virgem, e sou amigo dela até hoje. Quando se trata de virgindade anal, com as garotas, acho que se resume ao lance do conforto. Ela tem que se sentir segura com você e isso diz respeito a qualquer tipo de virgindade.

É melhor a pessoa virgem confessar antes ou depois do sexo?

ACEY SLADE: Com certeza antes.

ADDE: Por favor, conte-me antes. Seria melhor.

ALLISON ROBERTSON: Antes, eu acho.

BLASKO: Eu diria antes. Na verdade depende do indivíduo. Algumas pessoas gostam disso e outras não. Depende da situação.

BRENT MUSCAT: Acho que a prerrogativa é da pessoa, o que ela quer fazer. Acho que quando eu era virgem eu não contei à garota. Como um cara, eu mal podia esperar para perder a virgindade. Acho que eu tinha uns 15 anos quando aconteceu, e não me lembro de ter falado para ela. Acho que é meio pessoal, e ela pode dizer o que quiser.

CHIP Z'NUFF: Bom, provavelmente antes, porque você vai saber depois quando ela sentir dor. Não tenho experiência com virgens, mas já estive com algumas antes, quando elas quiseram ficar comigo e eu não quis porque as respeitei. Eu não quis ser o primeiro da fila.

GINGER: Antes, com certeza. Nada melhor para fazer a outra pessoa querer realizar milagres sexuais do que uma primeira vez

HANDSOME DICK MANITOBA: Acho que de certa forma pode ser um tremendo tesão. Há algo único e especial nisso. Estou repensando minha vida agora. Se tivesse 21 anos e alguém me dissesse que era virgem... acho que eu estou mais bem-equipado para lidar com isso agora, por ser mais adulto. Eu diria: "relaxe, fique calma". Se fosse fazer isso agora, eu provavelmente tentaria deixá-la o mais tranquila possível, mas acho que também seria estranho ou desconfortável, porque se ela tivesse 28 anos eu pensaria: "o que há de errado com esta mulher?" Isso não faz sentido!

JAMES KOTTAK: Eu não sei dizer. Tenho uma filha de 19 anos, então não posso responder isso.

JESSE HUGHES: Depois, se ela for menor de 18 anos, e antes, se for maior.

JIMMY ASHHURST: Por favor, antes. Obrigado.

LEMMY: Acho que ela deve te dizer, pois dependendo da profundidade do sentimento que você tem pela garota... eu não acho que você deva deflorar alguém por quem não tenha sentimentos profundos.

ROB PATTERSON: Sim!

TOBY RAND: Depois, eu suponho, porque aí eu não vou me sentir tão mal.

VAZQUEZ: Eu diria para contar antes. Hipoteticamente, se eu tivesse a sorte de conseguir isso... vamos colocar desta forma: confesse se você tiver uns 20 anos, mas se confessar aos 35, eu vou sair correndo, porque isso significa que a garota é alguma doida religiosa e que ela vai me encher o saco depois.

Qual é a idade ideal para perder a virgindade?

ACEY SLADE: Essa é difícil, porque eu acho que as crianças estão crescendo muito mais rapidamente hoje em dia. Não só isso, mas quanto mais velho eu fico... eu me lembro que aos 27 anos não tinha problema em fazer sexo com uma garota de 18 anos, mas agora, aos 34, eu olho para as garotas de 18 anos e penso: "meu Deus, elas são bebês!"

ADDE: Pergunta difícil. Perdi minha virgindade quando tinha 14 anos e não era maduro e nem velho o bastante, eu acho. Então 15 anos, talvez, 16?

ALLISON ROBERTSON: Eu diria que é melhor no fim do ensino médio ou depois. Sou fã de esperar.

ANDREW W.K: Parece que, pelo que sei, entre os 15 e 16 anos é bem comum. Foi o que aconteceu comigo. Dizem que as crianças estão amadurecendo cada vez mais rapidamente, então talvez essa idade tenha diminuído, mas acho que é uma idade em que você seja capaz de ter um tempo para que a sexualidade se desenvolva, para que você possa ter ideia do que e como fazer quando transar. Só depende da quantidade de tempo que você é sexualmente ativo, isso varia de pessoa para pessoa.

BLASKO: Uau, eu não sei, cara. Tenho certeza que muitos amigos que têm filhas vão ter uma opinião bem diferente em relação a isso... eu só quero ser realista e achar que quando eu era jovem todos nós perdemos nossa virgindade quando éramos adolescentes, então acho que não mudou muito desde então.

BRENT MUSCAT: Acho que cada pessoa é diferente, cada pessoa amadurece numa idade diferente. Muitas garotas hoje em dia estão perdendo a virgindade aos 13 anos, e acho que é muito cedo. É simplesmente uma loucura. Tenho certeza que existem garotas que perdem antes disso, mas o ideal seria esperar até virar adulta, 18 anos seria bom. Pelo menos ser madura o bastante para lidar com isso. Ser madura o suficiente para tomar pílula, usar camisinha e ter informações sobre sexo. Se você tiver menos de 18 anos, é melhor ser com alguém da mesma idade, em vez de algum velho.

BRUCE KULICK: Sou mais velho e acho que as pessoas variaram sobre essa idade com o tempo. Obviamente, hoje em dia, acho que não tem problema perder a virgindade com 15 ou 16 anos. Já quando eu era jovem, era mais por volta dos 18 anos. Aposto que você pode perguntar por aí e vai ter quem diga: "Não, agora é aos 13 anos!" Então, quem sabe? Eu não tenho filho adolescente, e se tivesse ficaria paralisado. Minha namorada é mais nova e quando nós conversamos sobre coisas assim, ela vem de outra geração, por isso eu fico: "Hein?" Mas, de certa forma, eu sei disso, porque ando por aí e sei que alguém de 16 anos pode ser muito sacana. Por um lado, isso é fascinante, mas por outro é ilegal! Você nem quer pensar na possibilidade, porque sabe que pode parar na cadeia ou ter uma bela ficha de predador sexual porque... "Achei que ela tinha 18 anos!" Em outras palavras, existem campos minados por aí para todos nós. Somos seres sexuais e temos desejos sexuais, necessidades e vontades, e é por isso que um bom relacionamento é uma boa forma de se manter num caminho saudável.

CHIP Z'NUFF: Eu diria 17. Esta geração é diferente. Existem garotas com menos de 17 anos que estão chupando e fodendo neste exato momento, é terrível. Essa nova geração é muito mente aberta e quer experimentar tudo imediatamente. Um cara da minha geração pensaria que o melhor seria aos 17 anos, quando os garotos estão começando a conhecer um pouco o assunto, aprendendo sobre as mulheres; mas levamos anos e anos para aprender.

COURTNEY TAYLOR-TAYLOR: Acho que as crianças fazem sexo cada vez mais cedo. É o que todo mundo vem dizendo desde sempre. Eu penso que 17 ou 18 anos é uma idade realmente boa e respeitável para perder a virgindade.

DANKO JONES: Pelo que venho ouvindo por aí, agora é bem cedo. Os garotos estão mandando fotos sem roupa, e são menores de idade. Houve um caso nos Estados Unidos em que uma garota enviou fotos dela mesma nua e foi condenada por pornografia infantil. Acho que ela vai ser solta, mas é ridículo! Então eu não sei qual é a idade agora. Acho que para os garotos a média é 16 ou 17 anos.

DOUG ROBB: Ah, cara, é difícil dizer. Se alguém quisesse fazer sexo comigo quando eu tinha 14 anos, eu provavelmente teria feito, mas só fiz quando tinha quase 18. Não sei, é difícil dizer. O sexo é bem diferente para os caras e para as garotas, e eu sei que há um grande grau de amadurecimento emocional para as mulheres que vem com o sexo, especialmente tão jovens. Eu não sei. Não acho que haja uma idade específica, mas esperar um pouquinho não dói.

HANDSOME DICK MANITOBA: Ah, 17, 18 anos. Eu me sinto como se estivesse num programa de perguntas e respostas, não sei! É um palpite, porque é mais ou menos a idade em que é permitido fazer tudo legalmente.

JAMES KOTTAK: Bom, como a minha filha tem 19 anos, eu diria 25.

JESSE HUGHES: A melhor idade para perder a virgindade é qualquer idade em que você consiga deixar a casa e as infantilidades da rua e ser independente.

"É PRECISO ESTAR BEM CIENTE DAS LEIS LOCAIS, PARA EVITAR PROBLEMAS."

JIMMY ASHHURST: A internet pode ser uma ferramenta valiosa nesse sentido. Há um site chamado ageofconsent.com que eu acho que todo astro do rock de respeito deve conhecer, se ainda não conhece. É bem interessante. Tem certos países em que a idade faz a gente dizer "puta que pariu", mas é diferente pelo mundo. É preciso estar bem ciente das leis locais, para evitar problemas.

LEMMY: Dez anos. Uma vez eu fiquei com uma de nove anos, mas com corpo de oito. Bom, a idade ideal é a idade que a lei permite, infelizmente.

ROB PATTERSON: Eu diria 19 anos.

TOBY RAND: Provavelmente 15... 16. Infelizmente, está mais para 12 anos.

VAZQUEZ: Cara, se eu pudesse ter perdido aos oito anos, eu teria. Para os caras, é o mais cedo possível. Para as mulheres, se elas forem espertas vão esperar, mas elas não são tão espertas assim.

Como a primeira vez pode virar uma boa lembrança?

ACEY SLADE: Eu diria para não ser com um cara de banda, para começar. Seria uma decepção, com certeza... ou talvez não: eu tive uma experiência em que estava com duas garotas nos bastidores. Nós estávamos fazendo sexo a três. Eu estava trepando com uma delas, mas tentava meter e não estava rolando. Eu perguntei: "você está bem?" Achei que ela tinha um absorvente interno ou algo assim e ela respondeu: "bom, nós nunca fizemos isso antes". Achei que ela estava se referindo ao sexo a três, então eu falei: "tudo bem, basta relaxar". Eu continuei tentando e, como não rolou, perguntei de novo: "você está bem?" Foi quando a amiga falou: "somos virgens. Nunca fizemos isso antes!" Eu falei: "meu Deus!" Acho que foi muito marcante para elas, porque eu não acho que elas pretendiam fazer isso aquela noite.

ADDE: Longas preliminares, muuuito longas. Talvez as preliminares durem semanas... Especialmente para a primeira vez, porque simplesmente pular na cama, ficar bêbado e trepar não vai dar certo. Na primeira vez você deve realmente criar umas preliminares bem longas, com palavras e coisas assim. Acho que sou um cara tradicional.

ALLISON ROBERTSON: Basta se divertir e sentir que você está com a pessoa certa, sem qualquer pressão. Acho que basta se divertir e, com sorte, não se preocupar com os pais flagrarem tudo. Para mim, sexo é mais diversão do que seriedade ou medo ou ser pressionada. Sempre odiei esse negócio de pressão. É idiota e não tem nada a ver.

ANDREW W.K.: Com sorte vai ser uma boa lembrança só pelo fato de você ter feito e ter sido sua primeira vez, mas se você vai ficar com aquela pessoa por mais tempo que uma transa, isso vai melhorar a qualidade da lembrança. Não sei se a primeira vez tem que ser boa ou satisfatória sexualmente, mas você espera que pelo menos não seja muito dolorosa ou traumática também. Acho que fazer isso num lugar que tenha algum significado e um bom ambiente será legal.

BLASKO: Eu imagino que apenas fazer é uma experiência prazerosa. Além disso, não faça algo violento e não seja um babaca em relação a isso.

BRENT MUSCAT: Acho que uma garota tem que estar namorando o cara há um tempo porque a maioria dos caras só quer sexo. Alguns só querem transar e dizem até "eu te amo" para conseguir. Dizem qualquer coisa, e eu sei por que já fiz isso. Eles falam: "ah, sim, querida, você é minha namorada" só para te levar para a cama. Então, o mais importante para uma garota seria namorar o cara um tempo, conhecê-lo de verdade e descobrir, sem pressa, se ele não está com outras garotas. Se ela conseguir dizer "não" algumas vezes e o cara ainda ficar com ela, então ele obviamente gosta dela, porque se ele só quiser sexo, não vai esperar.

CHIP Z'NUFF: A primeira vez pode virar uma boa lembrança se não for algo muito pornográfico. Passe um tempo com ela, converse. Fiquem juntos se tocando, acariciando e fazendo coisas legais sem ir direto ao assunto. Depois que esses garotos começam a foder, eles não sabem de nada, gozam dentro da garota, ela engravida, e aí sua vida inteira muda. Então, acho que a primeira vez ideal envolveria passar um tempo juntos, fazer carícias, dar muitos amassos e beijos, que vão levar ao sexo depois.

COURTNEY TAYLOR-TAYLOR: Não sei. Minha primeira vez não foi uma boa lembrança.

DOUG ROBB: Deixe que ela dite o ritmo. Não entre naquela onda de macho de "vamos foder e vai ser do caralho" porque provavelmente não vai ser do caralho, especialmente na primeira vez. Leva um tempo até que esse tipo de sexo aconteça.

JESSE HUGHES: Eu recomendo gravar para fazer da primeira vez uma boa lembrança. É muito útil também.

JIMMY ASHHURST: Tente não ser um filho da puta babaca. É um bom primeiro passo. A palavra-chave é sempre respeito, não importa como ou com quem você está fazendo. Até os atos mais degradantes podem ser divertidos se forem feitos com respeito.

LEMMY: Depende da força do hímen. Vai doer de qualquer modo, e às vezes dói muito, então, é preciso ser gentil e ir com cuidado.

ROB PATTERSON: Não dá, é sempre horrível! Hahaha!

VAZQUEZ: Eu acho que você não deve ter pressa e deve fazer com que a pessoa se sinta confortável. Faça questão de ter a música certa, tenha uma boa seleção no seu iPod.

DICAS DE SEXO DE ASTROS DO ROCK

O PERFIL DA PARCEIRA PREFERIDA

"ATÉ OS ATOS MAIS DEGRADANTES PODEM SER DIVERTIDOS SE FOREM FEITOS COM RESPEITO."

DICAS DE SEXO DE ASTROS DO ROCK

Então é isso: você já tem todas as respostas deste que é o primeiro grande estudo do mundo sobre astros do rock e sexo. A soma das respostas nos mostra um perfil da parceira preferida do astro de rock. Ao analisar as entrevistas, a parceira sexual ideal de um astro do rock é uma mulher que:

- [ ] **É morena (as louras perdem por pouco).**

- [ ] Tem seios 100% naturais, de preferência grandes.

- [ ] **É madura (provavelmente entre 25-35 anos), não tem inseguranças e exala confiança.**

- [ ] Prefere usar meia arrastão para sair, mas calcinha lisa de algodão branco e camisetinha em casa.

- [ ] **Não tem piercings, mas pode ter algumas tatuagens estilosas.**

- [ ] Toma banho todo dia e mantém os pelos pubianos só com um "bigodinho".

- [ ] **Está disposta a transar se for convidada para o hotel da banda.**

- [ ] Entende a importância das camisinhas.

- [ ] **Não vê problema se o astro de rock quiser vê-la se masturbando.**

- [ ] Ama o sexo na posição cachorrinho e não se importa em transar em público de vez em quando.

- [ ] **Geralmente prefere fazer sexo quando está sóbria, mas é suscetível a um Long Island Iced Tea.**

- [ ] Tem um vibrador Pocket Rocket para quando o pênis circuncidado do astro do rock não estiver por perto.

- [ ] **Toparia encontrar outra garota para um sexo a três, se as circunstâncias forem boas.**

- [ ] Não fica ofendida se o astro do rock não quiser fornecer seus contatos.

Agradecimentos

A todos os astros do rock que gentilmente participaram deste livro e tiveram a coragem de contar tudo sem papas na língua, muito obrigado!

À equipe da Omnibus Press, especialmente Chris Charlesworth e Norm Lurie, por ter acreditado imediatamente e por seu profissionalismo.

Neil Strauss, Anthony Bozza, Jason Martin, Marta Michaud e à equipe da Cinematic Management, Kevin "Chief" Zaruck, Jordan Berliant, Jodi Edmond, Ute Kromrey, Todd Singerman, Shelly Berggren, Pete Galli, Olle Burlin, Kat Sambor, Nicole Gonzales, Adrianne Nigg, Steve Sprite, Sam Norton (pelo inevitável voucher de presente), Peter Lander e Susan Bridgre, da Australian Society of Authors.

E o maior agradecimento de todos vai para minha querida esposa Sara, meu eterno amor!

Mais em www.Paul-Miles.com

Este livro foi composto nas tipologias Berthold Akzidenz Grotesk e Rockwell, em corpo 9/12 e impresso em papel off-set 90g/m² na Yangraf.